Nederland en de zee

Nederland en de zee

Een eeuwigdurende strijd

ONDER REDACTIE VAN
KOEN AARTSMA

ZOMER & KEUNING – WAGENINGEN

ISBN 90 210 3917 6

Inhoud

Nog eenmaal terug

Vijfentwintig jaar geleden beleefde Nederland hopelijk z'n laatste
grote watersnood: de Februariramp van '53.
Voor een aantal mensen dat er destijds nauw bij betrokken was en
zowel de rampdagen als de herrijzing uit het water meebeleefde, was
deze droeve mijlpaal aanleiding om met elkaar in deze dokumentaire
uitgave terug te blikken.
Journalisten en fotografen keerden terug naar diverse rampzalige
plaatsen in Zeeland, Zuid-Holland en West-Brabant, spraken er met
redders en geredden van toen, legden ook op foto's vast hoe het er
sindsdien is veranderd.
Waarnemers, onder wie ook een waterbouwkundige en een
meteoroloog, vroegen zich af: Wat is er destijds eigenlijk precies gebeurd?
Hoe kon het gebeuren? Had men het dan niet zien aankomen?
Is een stormvloed voorspelbaar? Zou het opnieuw kunnen gebeuren?
En wat heeft – op langer zicht – de Februariramp in het deltagebied
zoal losgemaakt, veranderd, versneld?
Deze terugblik kon niet tot de ramp van '53 beperkt blijven.
Want Nederlands strijd tegen de zee is er niet een van 25 jaren, maar
van zo'n 25 eeuwen. Aan deze worsteling met het water is dan ook
een apart hoofdstuk gewijd.
En natuurlijk houden de ontwikkelingen niet op in het heden.
De Deltawerken zijn vergevorderd, maar nog niet voltooid.
Bovendien – wie zal de onberekenbare waterwolf ooit echt kunnen
temmen? Onze waterbouwkundige medewerker schouwt dan ook
verder dan het geplande Deltajaar 1985.
Over zijn schouder kijkt de bioloog kritisch mee. Hij wijdt een
hoofdstuk aan de gevolgen die de uitvoering van de Deltawerken kan
hebben op onze flora en fauna in de wateren van Deltaland en Wadden.
Wij, de medewerkers aan dit boek, stellen het op prijs nog eenmaal
uw gids te mogen zijn in het voormalige rampgebied.

Koen Aartsma

Woord vooraf

door ir. A. G. Maris
oud-directeur-generaal van Rijkswaterstaat

Het is nacht. De radio meldt: de dijk is doorgebroken. De reacties zijn verschillend. – Jongens wij gaan kijken. – We moeten snel wegwezen. – Breng al het vee naar de dijk. – We blijven, het zal zo'n vaart niet lopen, we kunnen altijd nog naar boven.

Niemand voorzag het gevaar. Niemand had het al eens meegemaakt. Het leek een boeiend avontuur. Het werd een ramp.

Het initiatief om over dit gebeuren, dat ons allen tot in de ziel getroffen heeft, een samenvatting te geven, een boek te doen verschijnen, is een goede daad. Het is een eerbewijs aan hen, die het niet overleefden, het is ook een eerbewijs aan hen, die hulp verleenden en daarenboven een waarschuwing: Weest op uw hoede. De zee slaat toe, als hij de kans krijgt. Geef hem geen kans.

Mensen zijn vreemde dieren. Ze leven in groepsverband. Is er een bedreiging van buiten, dat is de eenheid van de groep hun kracht. Is er geen bedreiging van buiten, dat groeit het 'polariseren'.

Maar als er onverwacht een massale aanval van buiten komt, ontstaat spontaan de eenheid.

Zo was het in de tweede wereldoorlog in hoge mate, zo was het in 1953 zonder uitzondering. De eilandbewoners waren één. Heel Nederland was één. En ook de landen om ons heen en ver daarbuiten, hielpen spontaan op grootse wijze. Nederland, bekend om zijn waterbouwkundige werken, was zelf slachtoffer. Nou vraag ik je. Wij zullen helpen.

1835 doden in één etmaal, door de zee, en duizenden, die moesten uitwijken naar het vaste land. Daar werd spontaan hulp geboden, transport, onderdak, kleding, voeding en berichten doorgeven, voor zover mogelijk. – Waar zijn de anderen. – Wat is er met ons vee, ons huis, ons land. – Wanneer kunnen wij terug, – over een maand, over een jaar, – en wat dan? Er zijn toen wonderen van medemenselijkheid verricht.

De dijken moeten dicht, maar hoe? De Zuiderzeewerken werden stopgezet. Alle mogelijkheden werden geconcentreerd op de stroomgaten. Iedere aannemer kreeg een taak toegewezen. Maar... geen begaan-

bare wegen, geen huisvesting, geen werkterrein; alleen water. Dus drijvende huisvesting en drijvend materieel.

Het leek alsof er niets gebeurde. Alleen wat 'kleingoed', Men werd onrustig. De Eerste Kamer attaqueerde minister Algera. Wat gebeurt er eigenlijk? Op dat moment kwam er een telegram uit Voorne: Het eerste stroomgat is dicht. Het laatste stroomgat werd op 6 november '53 gesloten. Een nationale opluchting. Een prestatie van aannemers en hun mannen, van overheid en wetenschappers.

'Dit nooit meer' was de basis van het Deltaplan. Al ver voor de ramp had dr. ir. Joh. van Veen zich met dit vraagstuk beziggehouden. Modelonderzoek en metingen in de zeearmen en berekeningen leverden de basis voor diverse plannen. Dit voorbereidend werk stelde de Deltacommissie in staat op korte termijn met voorstellen te komen, met een tijdschema en een raming.

'Wat gaat dat kosten?' vroeg een Engelsman in Londen.
'$2^1/_2$ miljard gulden.'

'Hoe staat uw minister van Financiën hier tegenover?'
'Hij ondertekent de wet met zijn ambtgenoot van Verkeer en Waterstaat.'
'Hoe staan de politieke partijen hier tegenover?'
'Ik verwacht geen tegenstemmers.'
Verbazing. Maar het was wél zo. De eenheid in ons Holland was toen fantastisch.
Metzelaar geeft in dit boek een heel goed overzicht van wat er gebeurde. In de dagen van de Deltacommissie beperkt de schade aan het milieu zich tot de oesters en de mosselen. De oesters zouden verdwijnen. De mosselen zouden verwaterplaatsen kunnen krijgen, óf achter de afsluitdijk van de Oosterschelde, óf op de Waddenzee, waar 80% van de mosselen vandaan komt.

De jaaromzet van de oesters was toen 5 miljoen gulden ('net zoveel als mijn kartonnagefabriek', zei iemand uit Groningen.)

Dr. Wim Wolff vertelt hoe het milieu steeds meer de aandacht kreeg. Eerst van de wetenschappers, toen van de bevolking, dus van de politieke partijen. De gekozen oplossing, deelt de minister half augustus 1977 mee aan de ministerraad, zal een geraamd bedrag van 5,7 miljard voor het totaal der Oosterschelde-werken, naar hij verwacht, niet overschrijden. Laat ons hopen, dat als dat allemaal klaar is, milieu en recreatie elkaar in een harmoniemodel kunnen vinden.

Hoe hou je 't hoofd boven water?

De Lage Landen voeren een eeuwige strijd tegen een vochtige vijand

door Anneke Geluk

'De Nederlander heeft zijn eigen land moeten scheppen; een moerassig, met wouden bedekt, voortdurend door zout- en zoetwater bedreigd hoekje der aarde is door hem bewoonbaar gemaakt niet alleen, maar veranderd in een welvarend land.'

(R.P. Bos – Beknopt leerboek der Aardrijkskunde, Groningen, 1876)

'Le Bon Dieu a créé le monde entiers,
hors les Pays-Bas, qui ont été créés par les Hollandais.'

(bekend Frans gezegde)

Als we de hoogtekaart van Nederland bezien, blijkt een vierde deel beneden de gemiddelde zeespiegel te liggen. We kunnen ons met enige fantasie dan ook wel voorstellen hoe het noorden en westen van ons land er in het begin van de jaartelling zonder dijken hebben uitgezien: een moerasdelta waar de zee vrij spel had.

Tot aan het begin van de jaartelling vormde onze kust op enkele riviermondingen na een gesloten front van strandwallen, dat vanaf 5000 voor Christus ontstaan moet zijn. Maar omstreeks 500 v. Chr. begint een periode van overstromingen, die wel transgressiefasen worden genoemd – perioden waarin de zeespiegel sterk stijgt, hetgeen overstromingen tengevolge heeft. We onderscheiden de Romeinse, de Karolingische en de laat-middeleeuwse fase. De strandwallen die aanvankelijk door de zee waren opgeworpen, worden nu door de zee bedreigd. Het Flevomeer en de Waddeneilanden ontstaan. En omstreeks 275 n. Chr., tijdens het hoogtepunt van de Romeinse transgressiefase, is de gesloten duinkust voorgoed aangetast. De Romeinen die aan het begin van

de jaartelling tot aan de kust van onze lage landen waren doorgedrongen, trekken zich uit West-Nederland terug. Hun nederzettingen zijn gevonden onder de dikke vruchtbare kleilagen die zich in de navolgende perioden afzetten. Steeds meer land wordt door het water opgeslokt. Het Flevomeer wordt een gevaarlijke binnenzee, rivieren treden buiten hun oevers.

Maar dan begint de mens in te grijpen.

De eerste wapens: terpen en dijken

Vanaf de eerste overstromingen hebben onze verre voorouders op allerlei manieren geprobeerd het water te slim af te zijn. Langs de waddenkust, waar de vroegste bewoners van vóór onze jaartelling aanvankelijk op het opgeslibde land woonden, werden sinds 500 v. Chr., toen het gevaar voor stormvloeden en overstromingen toenam, al woonheuvels gebouwd. Deze terpen of wierden, die aanvankelijk één tot twee meter hoog waren, werden in de loop der eeuwen hoger en hoger gemaakt – noodgedwongen in verband met de stijging van het zeeniveau en de toenemende over-

9

Het terpenonderzoek van prof. Van Giffen (1930) in de wierde van het Groningse dorp Ezinge, bracht goedbewaarde resten van boerderijen uit 500 v. Chr. Daaruit kon deze reconstructie worden gemaakt. Tot de bodemvondsten behoorden ook benen kammen en schaatsen.

eten mee te koken en hun door de noordenwind verstijfde ledematen mee te verwarmen. Hun enige drank is regenwater, bewaard in putten bij de ingang van hun huis.'

Omstreeks 1930 heeft prof. dr. A.E. van Giffen bij een terpenonderzoek in de wierde van het Groningse Ezinge goedbewaarde resten van boerderijen gevonden uit 500 jaar voor onze jaartelling.
Uit de vondsten die daarbij zijn gedaan, valt af te leiden dat Plinius onze Friese voorouders wel erg primitief heeft afgeschilderd. Er werden beenderen gevonden van paarden,

stromingen, en spontaan ten gevolge van mest en huisafval.
Aan de voet van de terpen zaaide men koren, en omdat er een tekort aan bouwgrond was, maakte men de terpen steeds een beetje groter, soms tot een oppervlakte van wel bijna 10 ha (Hogebeintum). Er waren terpen waarop maar één familie woonde en terpen, waarop enkele hoeven bij elkaar stonden, de groepsterpen. Daaruit zijn de terpdorpen ontstaan. De namen van die dorpen eindigen veelal nog op 'werd' of 'wier': Holwerd, Ferwerd, Wanswerd, Jorwerd, Janswier.

Het oudste reisverslag over het noordelijk terpengebied is van Plinius de Oudere, een Romeins officier, die aan het begin van onze jaartelling onze waddenkusten bezocht.
Omstreeks het jaar 47 schreef hij in zijn 'Naturalis Historia':

'De mensen behoren tot de armste schepselen ter wereld. De oceaan dringt er tweemaal per dag met onmetelijke golven het land binnen, zodat men bij deze eeuwige strijd in de gang der natuur er aan twijfelt, of de grond tot het vasteland of tot de zee behoort. Daar woont een armzalig volk in hutten op opgeworpen heuvels. Zij lijken op zeevaarders wanneer de zee het land rond overstroomt en op schipbreukelingen als het water is teruggeweken. Ze hebben geen vee en geen melk. Ze kunnen niet op jacht gaan, want er zijn geen struiken waar het wild zich zou kunnen verbergen. Van zeegras en biezen maken ze touw, waarvan ze visnetten knopen. Als brandstof gebruiken ze modder, die zij meer nog in de wind dan in de zon drogen om er hun

Al zo'n 25 eeuwen geleden begonnen onze voorouders in de lage landen zich te verdedigen tegen de zee. Langs de waddenkust bouwden ze woonheuvels, zoals in Friesland, waar alleen al in de 6 km tussen Tzum en Wommels tientallen wierden moeten zijn geweest (op het kaartje aangegeven met gestippelde vlekken).

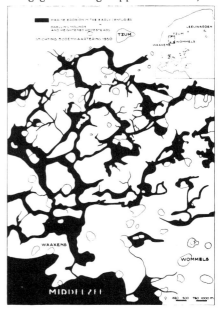

runderen en varkens, benen kammen, kandelaars en schaatsen, vondsten die wijzen op een vrij hoog beschavingspeil.

Ook aan de Zuidnederlandse kust werden vluchtheuvels gebouwd, waarvan we er in Zeeland nog enkele aantreffen. Deze hillen of vliedbergen (de naam zegt het al) dienden evenwel niet voor permanente bewoning, maar als vluchtplaatsen voor het vee.

Het leven op een terp lijkt ons nu misschien erg knus toe, maar het had natuurlijk wel zijn beperkingen. Met vloed vormden de terpen nog steeds eilandjes in het landschap en de landbouwgrond werd steeds vaker bedreigd door het water.

Omstreeks het jaar 1000 begon men in Friesland en Groningen dan ook met de bedijking van de hoge kweldergronden die alleen bij vloed nog onderliepen. Op sleden en burries werd de grond van 'stek' naar 'stort' gedragen. Met een vork werd de harde klei vergruisd. Langzaam verrees de dijk, een simpele constructie, niet meer dan een aarden wal. Het voorland slibde aan en na 20-30 jaar kon weer een nieuw stukje worden bedijkt.

Ook in Zeeland en Zuid-Holland bedijkte men de aangeslibde vlakten, de zogeheten slikken en schorren. Zo ontstonden Overflakkee en Rozenburg en groeiden de eilanden Walcheren, Schouwen en Beveland. In West-Friesland werd de Westfriese omringdijk als een bolwerk tegen het dreigende water opgeworpen en in Zuid-Holland werden rivieren bedijkt. Langs de Zuiderzee werden afsluitdammen aangelegd. Bij die dammen ontstonden plaatsen als Amsterdam, Edam en Volendam. De bedijking vond aanvankelijk plaats onder toezicht van de grootgrondbezitters en de kloostergemeenschappen, want in de vroege

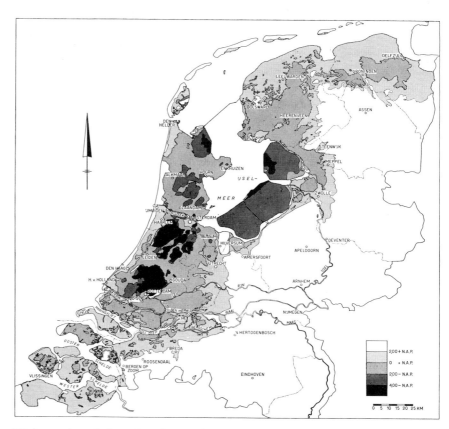

Dit hoogtekaartje laat zien, dat een kwart van ons land beneden de zeespiegel ligt. Zonder een goede kustwering zou een groot deel hiervan (weer) onder water komen te staan.

middeleeuwen maakte de kerk ook in wereldlijke zaken de dienst uit. Later kwam het gezag in handen van de graven van Holland. Met name graaf Willem I (1203-1222) zette zich in voor de bedijking. Uit zijn ambtsperiode dateren de Krimpenerwaard, de Grote of Zuidhollandse Waard, bezuiden Dordrecht en de Spaarndam.

Maar met de bedijkingen was het gevaar voor overstromingen niet bezworen. In 1170 en 1196 overstroomden Noord-Nederland en het Zuiderzeegebied, in 1214 Zuid-Nederland, in 1219 Noord-Nederland. Schriftelijke bronnen maken melding van 16 vloeden in de 13e eeuw en 20 in de 14e eeuw.

Gedurende de eerste kerstvloed in 1277 (in de navolgende eeuwen zouden er op kerstmis nog verscheidene vloeden plaatsvinden) ontstond op de grens van Groningen en Oost-Friesland de Dollard. Tal van dorpen werden toen en in de navolgende jaren weggespoeld. Namen als Westerreide, Ludgerskerk, Ewelveer en Wundeham verdwenen van de kaart. Pas in later eeuwen werd het verdronken land op de zee teruggewonnen.

In 1287 werd dit gebied opnieuw getroffen. De kloosterkroniek van de

abdij Bloemhof te Wittewierum maakt melding van die overstroming, de St. Aagtenvloed, op 14 december, toen tussen de voornacht en het hanegekraai de saamgedreven en sterk bewogen wateren onbekommerd over de dijken liepen. Volgens deze kroniek kwamen tussen Staveren en Lauwers 30.000 en tussen Lauwers en Eems 20.000 mensen om. Aantallen, die gezien de bevolkingsdichtheid waarschijnlijk aan een te grote fantasie ontsproten zijn. Maar dat er talloze slachtoffers vielen, is wel zeker.
Ook Zeeland werd door de St. Aagtenvloed getroffen. Melis Stoke maakt er melding van in zijn Rijmkroniek:

'Al Zeelant verdranc sekerlike,
Sonder Walcheren ende Wolfaertsdike,
Anders hoirdic noit lant noemen.'

In 1404 werden de Zeeuwse en Belgische kust getroffen. Vooral Duiveland ondervond daarvan grote schade.
Jan Jansz. Reygersberch van Cortgene schrijft hierover in zijn kroniek van 1551:

'Duvelant inundeerde te selver tijd aende oostzide maer wort corts daer nae weder beverscht. En daer wordt een grote schor en veel lants aende selve side

bedijct van heer Claes van Borssele, heere van Brigdamme en van Duvelant, met hulpe en toedoene van theerschap van den Abeelde, joncker Henrick ghenaemt.'

Aan de overstromingen lijkt geen einde te komen. Oude kronieken maken melding van grote en kleine overstromingen. De namen van sommige zijn overbekend, zoals de St. Elizabethsvloed van november

---

De dijkdoorbraak en overstroming van het eiland Texel op 15 november 1775 werd door de kunstenaar Fokke in deze ets voor het nageslacht in beeld gebracht.

GEZICHT VAN DE DYKBREUK, AAN DEN DOUK, OP TEXEL; IN DE OVERSTROOMING, DEN 15ᵈᵉⁿ NOVEMB. 1775.

1421. Daarover hebben vele verhalen de ronde gedaan. Wie kent niet het ontroerende verhaal van de kat die een wiegje met baby en al in evenwicht hield tot het op de Kinderdijk aanspoelde?

En in één nacht zou de Biesbosch zijn ontstaan.

In werkelijkheid is dat geleidelijk gegaan. In november 1421 richtte een zware storm schade aan langs de gehele Noordzeekust. Bij Broek, ten zuiden van het huidige Strijen, brak de dijk door. De Zuidhollandse Waard liep onder. Het gat werd gedicht, maar de dijk brak in 1422 opnieuw door. De heer Van Zevenbergen, op wiens gebied de doorbraak was ontstaan, zat in de problemen. Hij verwaarloosde de dijk, die dus steeds meer in verval raakte. Bewoners van de randgebieden begonnen nieuwe dijken aan te leggen, bij Strijen, Raamsdonkveer en het Land van Heusden en Altena. Na verloop van tijd werd de Grote Waard een binnenzee, de Biesbosch. Na de St. Elizabethsvloed volgden nieuwe overstromingen: in 1434, 1437, 1438, 1440, 1446, 1470. In 1509 teisterde de Tweede Cosmas- en Damianusvloed Friesland, Groningen en Zeeland. Een stuk land van de Groningse kust dreef met koeien en al over de Dollard naar Oost-Friesland.

Maar de strijd tegen het water werd voortgezet. Bij Petten werd een zeedijk aangelegd; ten noorden van Schagen breidde Noord-Holland zich polder na polder uit. Niet alleen langs de kust, maar ook in de moeraslanden, Hollandse Moer, bond men de strijd tegen het water aan. Het veengebied van de Hollands-Utrechtse laagvlakte werd ingepolderd. Er werden kaden opgeworpen en de afwatering vond plaats door een stelsel van loodrecht op elkaar staande sloten.

Nieuwe wapens: molens en aflaten

'Een prins die treckt int veld
Om Victori te behaalen
Door Gods seegen ben ik gesteld
Tot burgerdienst te malen'

Ondanks inpoldering en afwatering stonden uitgestrekte gebieden van de Lage Landen een groot deel van het jaar onder water doordat de drooggelegde gronden verzakten, begonnen 'in te klinken'.

Een deel van het overtollige water werd aanvankelijk weggewerkt door schepradmolens, die met de hand of met behulp van paarden werden aangedreven. Maar die schepradmolens waren op den duur onvoldoende om de polder droog te houden. De uitvinding van de windwatermolen omstreeks 1400, door Floris van Alkemade en Jan Grietenzoon uit Groet, was dan ook zeer welkom. Deze molen kon meer water 'uitslaan' en in menige polder sloeg hij zijn wieken uit. Een vooruitgang, hoewel die eerste molens ook weer niet zùlke wonderen van techniek waren. De kap was aanvankelijk niet draaibaar en bij harde wind waaiden de molens om. Geen nood, de molenmakers verplichtten zich de omgewaaide molens zelf weer overeind te zetten.

In de loop van de 15e eeuw werden de molens verbeterd en in steeds meer polders maalden ze water weg. De schepradmolens verdwenen daarbij niet. In een verbaal van het Hof van Holland van 1570 over de waterstaatkundige toestand is zowel sprake van 'Wintmolenkens' als van 'Paerde- en Hantmolenkens'.

'In 't algemeen zeer slegte en ellendige Dijcken en meestendeel van fatsoen als aarde wallen, aan beijde zijden steijl en boven spits als een houten peert.'

13

Deze schampere uitspraak over de kwaliteit van de eerste dijken is van Thomas van Seeratt, een ambtenaar van Stad en Ommelanden in Groningen, die zich vooral na de kerstvloed van 1717 voor het herstel van de dijken heeft ingezet.

Een duidelijke uitspraak, maar niet alleen de constructie van de dijken liet te wensen over, ze werden ook niet altijd even goed onderhouden. Omstreeks 1515 was de jonge Karel V tijdens een rit over de Spaarndammerdijk hevig geschrokken van de abominabele toestand waarin deze zich bevond. Daar moest snel iets aan gedaan worden, vond hij, en hij schreef een dijkaflaat uit. Iedereen die ter kerke ging, zijn geld in de dijkofferbussen stortte en boetvaardig biechtte, werd volle aflaat beloofd. De Paus gaf zijn zegen, op voorwaarde dat hij een derde van de opbrengst van de dijkaflaat kreeg. Het geld stroomde binnen, maar niemand weet waar het bleef. In ieder geval kwam het de dijken niet ten goede.

De organisatie van het dijkonderhoud liep ook niet altijd even soepel. Oorspronkelijk diende iedere landeigenaar te zorgen voor dat deel van de dijk waar zijn land aan grensde. Later werden de dijken in stukken of 'slagen' verdeeld ('verhoefslaagd', 'verstoeld' of 'verkaveld') en elke landeigenaar kreeg het onderhoud van een stuk aangewezen. Maar als één persoon zijn onderhoudsplichten niet nakwam, kon dat ook de anderen noodlottig worden en dat was dan ook het grote nadeel van dit systeem.

Op den duur werd het dijkwezen gecentraliseerd. Holland werd in waterschappen (hoogheemraadschappen) verdeeld, bestuurd door dijkgraven en (hoog)heemraden die toezicht op de dijken moesten houden. De dijkplicht werd uitgebreid tot alle ingelanden die van de dijk profiteerden, en niet alleen, zoals voorheen, over degenen wier land aan de dijk grensde. Drie keer per jaar vond de dijkschouw plaats. Dan inspecteerden de dijkgraaf en het dijk-

bestuur – de (hoog)heemraden – de dijken. In het voorjaar de keurschouw, in de zomer de aardschouw en in de herfst de naschouw.

Het kwam voor dat een dijkplichtige niet meer in staat was aan zijn dijkplicht te voldoen. Als dan de dijkgraaf en heemraden langskwamen, stond de dijkplichtige hen symbolisch in zijn hemd bij zijn dijkvak op te wachten. Hij stak – ook al weer symbolisch – drie zoden van de dijk en verklaarde daarbij dat hij niet meer in staat was zijn slag te onderhouden. Bij spadesteek deed de man afstand van zijn land en boerderij. De dijkplichtige die moedwillig zijn onderhoudsplicht verzaakte, werd ernstig berispt en kreeg soms een boete. Als tijdens de naschouw in de herfst bleek, dat hij zijn slag nog niet had hersteld, kom hij erop rekenen, dat de dijkgraaf en heemraden op zijn kosten hun intrek in een nabijgelegen herberg namen tot hij het karwei geklaard had.

Bij gevaar voor dijkdoorbraak en overstromingen kwam het dijkleger in touw. Voor dat leger bestond een algemene dienstplicht. Als de noodklok luidde en 'den borger uyt syn ruste wekte' – en dat gebeurde vaak – moesten alle mannen tussen achttien en zestig zonder aanzien des persoons met spade en vork, en eventueel met kar en paard, op de plaats des onheils verschijnen om onder toezicht van het dijkbestuur het gevaar te bezweren.

Tussen de dijkbesturen onderling bestond nog wel eens onenigheid. De ene polder overdijkte de ander en de dijkbesturen schoven de veran-

woordelijkheid graag op elkaar af. Het kwam voor, dat ingelanden van een hoger gelegen polder het overtollige water gemakshalve lieten afvloeien naar een lager gelegen polder, wat fikse ruzies veroorzaakte. Er werd ook moedwillig schade aan de dijken toegebracht. Dat gebeurde zelfs zo vaak, dat oude verordeningen in een speciale straf voorzagen: 'Wie zeedijcken doorsteket, alsoo dat het soltwater daar in loopet, dien sal men in dat selve gat levendigh versmoorden ende bedemmen.' Toch vermocht deze gruwelijke straf niet iedereen af te schrikken. Bij het afgraven van oude dijken in Groningen werden geraamten gevonden die daar stille getuigen van zijn.

'Slegte en ellendige' dijken, destruc-

tieve lieden, maar de grootste vijand bleef de storm. In 1530 op 5 en 6 november brak een stormvloed los, die de geschiedenis is ingegaan als de St. Felixvloed. Reygersberch vermeldt hierover:

'Binnen den selven jare (1530) den V dach van Slachtmaent op Sinte Felix dach wast enen so groten storm wten noortwesten, en twas snoenens te XII uren so hooge ghevloeyt, dat dwater over sommighe straten ende dijcken liep, hoe wel dattet noch twee uren vloeyde daer na eerst vol zee was. En opten selven Saterdach als sommighe scrijven overvloeyden in Hollandt, Brabandt,

GEZIGT VAN DE INBRAAK DER ZEEDIJK EN INLAGE EN DE POLDER VAN KRUININGEN, IN DEN NACHT VAN DEN 15 JANUARIJ 1808.

Zeelandt, en in Vlaenderen vier hondert ende vier prochiën, nochtans leedt Zeelandt die meeste schade met Hollandt.'

Het land ten oosten van Yerseke, de Oost-Watering werd met 18 dorpen en de stad Reimerswaal door het water verzwolgen. Noord-Beveland veranderde in een schorrengebied, waarboven alleen de toren van Kortgene uitstak. Ook andere eilanden liepen zware schade op. Over Schouwen schrijft Reygersberch, dat het 'ontrent 18 dage wt en in dreef'.
De overlevenden vervielen na de ramp tot pure armoede. Namen uit

oude adellijke geslachten komen sindsdien voor in zeer eenvoudige daggeldkerskringen.
Na de St. Felixvloed volgden nieuwe overstromingen, waarvan die in 1570, de Allerheiligenvloed, het meest catastrofaal was. Tijdens de 48 uren durende storm liepen grote delen van Friesland, Groningen, Holland en Zeeland onder water. De Zijpepolder bij Schagen liep onder. Grote delen van Saaftinge overstroomden. Een deel van dat gebied is nooit meer herdijkt en zou de geschiedenis ingaan als het Verdronken land van Saaftinge, thans een van de rijkste natuurgebieden.
Duizenden mensen verloren het leven. Vooral in Noord-Holland was de angst voor overstroming groot. In iedere stormnacht zette men de vluchtkoffertjes gereed.

Nieuwe ontwikkeling: meren droogleggen

'De Wintvorst, om den rouw
van Hollants Maeght te paeien,
Vermits door storm op storm
zij schade en inbreuk leê,
Schoot molenwiecken aen, en
maelde, na lang draeien,
Den Beemster tot een' beemt,
en loosde 't meir in zee.'

Joost van den Vondel

De eerste windwatermolens, waarvan de toepassing al zo'n vooruitgang betekende, hadden een scheprad en konden het water tot hooguit 2 meter opvoeren. Later werd de windvijzelmolen uitgevonden, die een veel groter opvoerend vermogen heeft. In laag gelegen polders plaat-

---

...en in de Talingstraat te Vlissingen moesten met bootjes de bewoners worden gered, zoals de tekenaars van toen het dramatisch verbeeldden.

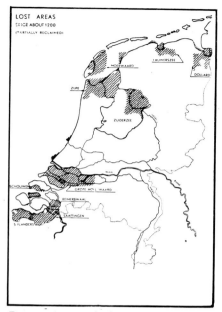

De arcering op dit kaartje geeft aan welke delen van ons land sinds het jaar 1200 door de zee werden verzwolgen en (gedeeltelijk) konden worden teruggewonnen. Vooral de St. Felixvloed (1530) en de Allerheiligenvloed (1570) waren rampzalig. Saaftinge en Reimerswaal verdwenen voor altijd in de golven.

ste men meerdere molens op verschillende hoogten. Ze maalden het water naar elkaar toe, zodat het hoogteverschil trapsgewijze werd overwonnen tot het niveau van de ringvaart.

Door de verbetering van de molens en door de trapsgewijze bemaling konden lager liggende polders worden drooggehouden. De stap naar het droogleggen van plassen en meren lag dan ook voor de hand. Tengevolge van de turfwinning, die zelfs in binnendijkse gebieden plaatsvond, waren heel wat plassen ontstaan die nu door de molens drooggemalen konden worden. In 1564 werden het Egmonder- en het Bergermeer drooggelegd – de eerste droogmakerijen.

Allengs rijpte het plan om ook de Beemster droog te leggen. Het initiatief daartoe kwam niet van de boeren, maar van kapitaalkrachtige zakenlieden uit Amsterdam, waaronder Dirck van Oss en Rombout Hoogerbeets, die hun geld wilden beleggen. Zij kregen in 1607 van de Staten van Holland en West-Friesland vergunning voor de drooglegging. Onder toezicht van Jan Adriaensz Leeghwater maalden de molens 'den Beemster tot een beemt' en in 1608 had Holland er 6700 ha grond bij. Maar tal van boeren waren allerminst gelukkig met die landaanwinst. Sommigen voor wie het rapen van eieren een belangrijk bestaansmiddel vormde, zagen een prachtig broedgebied verdwijnen.

Ook de vissers waren boos, want zij verloren hun palingstek. Ze staken de ringdijk door en beschadigden de molens. De gaten werden gebrekkig gedicht en na een storm in 1610, toen de Zuiderzeedijken doorbraken, liep de Beemster vol. Maar al in 1612 werd opnieuw de drooglegging gevierd. Een beetje voorbarig eigenlijk, want de eerste jaren was het maar tobben met de Beemster. De afwatering deugde niet en er wilde niets groeien. De meeste beleggers bleven bij die tegenvaller buiten schot, maar de pachtboeren hadden er aanvankelijk een zware strop aan. Eerst omstreeks 1630 werd de Beemster een welvarend gebied.

Na de Beemster volgden de Wormer, de Heer Hugowaard, de Schermer, de Wieringerwaard en de Purmer.

Nederland groeide, en dat was voor de beleggers zeer lucratief.

In Zeeland verrijkte de dichter Jacob Cats (1577-1660) zich met het droogleggen en inpolderen van schorren op Walcheren. Maar Vrouwe Fortuna was hem niet altijd welgezind. In 1621, toen het Twaalfjarig Bestand ten einde liep, werden de dijken van zijn polders om strategische redenen doorgestoken. Zijn eigen financiën lagen hem nader aan het hart dan het vaderland, en hij stortte zich in zelfbeklag:

'Vier polders nieuw gedijckt,
die hadden konnen geven,
Daer op een deftigh man
had eerlijck konnen leven,
Daer was een grote schat
of hope van gewin,
En, naer mijn oordeel draeght,
daer stack een rijkdom in.
Maer dit gingh soo het mocht,
waartoe een droevig klagen?
Wat van den Hemel komt
dat doet men willigh dragen.'

Inundatie om strategische redenen is ook later nog diverse malen voorgekomen. Het meest recent tijdens de Tweede Wereldoorlog door de Duitsers (de Wieringermeer) en later door de geallieerden (Walcheren).

Nieuwe vijanden: paalworm en dijkval

Thomas van Seeratt schreef in 1717 wel denigrerend over de dijken, toch werden die in de loop van de eeuwen sterk verbeterd.

Bij de dijkbouw werd behalve klei, leem en graszoden ook wier gebruikt, dat voor de dijk in 'wierriemen' samengestouwd een elastisch stootblok vormde. Voor die wierriemen werden houten palen geplaatst die als golfbrekers fungeerden. Dat alles bij elkaar vormde een hechte en vrij duurzame constructie. Tot in de 18e eeuw de paalworm zijn intrede deed. Dit schelpdiertje (de *Teredo navalis*, dat wel op een worm lijkt maar in feite een weekdier is) richtte een ware ravage aan door de gangen die het raspend in het hout groef. Omstreeks 1730 vond in Zeeland en West-Friesland een invasie van deze

17

diertjes plaats. De schade was onvoorstelbaar. In Noord-Holland plaatste men de palen achter de wierriemen in de hoop, dat de paalworm het hout minder goed zou kunnen bereiken. De kosten daarvan bedroegen vijf miljoen gulden. Maar het resultaat bleef uit. De paalworm boorde rustig voort.

Het 'woedend knagen' van de paalworm bracht de gemoederen hevig in beroering. Was dit een straf van God of een vingerwijzing om andere materialen te gebruiken? Menig prediker maande de bevolking tot zelfonderzoek. Later werden de dijken met bazalt verzwaard.

Niet alleen de paalworm had het op het hout voorzien. Meer dan eens gebeurde het, dat er palen of andere dijkmaterialen werden gestolen. Op 13 april 1764 werd Reinderts Janszoon de Boer in Hoorn veroordeeld tot 'geseling onder de galg en eeuwige verbanning uit Holland en West-Friesland'. Aan de Zuiderdijk had Reindert Janszoon de Boer losgeslagen palen en gordingen weggehaald en op zijn erf verkocht. Hij ving 15 stuivers voor de eiken en grenen delen en verkocht het overige hout voor of als brandhout.

Een verschijnsel dat alleen in Zeeland en op Goeree voorkwam (en nog wel voorkomt) is dat van de zogenaamde 'dijkvallen'. Het gebeurde soms, dat een ogenschijnlijk sterke dijk plotseling verzakte en met een gedeelte van het achterliggende land in de golven verdween. Men stond voor een raadsel, maar bij nader onderzoek bleek, dat de grondlagen onder de klei uit zand, veen en schelpgruis bestaan die onderling weinig samenhang vertonen. Het water dringt daar gemakkelijk in door, de dijk wordt ondermijnd en kan plotseling in het water verdwijnen. Op plaatsen waar zo'n 'dijkval' had plaatsgevonden of men er één vreesde, werd enkele honderden meters achter de zeedijk een nieuwe dijk, een zogenaamde 'inlaagdijk' of 'slaper' gelegd.

Lag er eenmaal zo'n inlaagdijk, dan

werd de zeedijk dikwijls niet goed meer onderhouden. De funktie van de eigenlijke zeewering werd door de inlaagdijk overgenomen. Brak de oorspronkelijke zeedijk, dan kwam er achter de inlaagdijk een nieuwe slaper. Ook nu nog komen dijkvallen voor.

Nieuwe taak: strijd òm water

Na de Allerheiligenvloed in 1570 vonden nog wel talrijke overstromingen plaats, maar toch bleek het water even bedwongen te zijn.
In de 17e eeuw braken echter in groten getale nieuwe stormvloeden los. In 1675 richtten overstromingen schade aan in West-Friesland, in 1682 liepen honderden polders in Zuidwest-Nederland onder.
In 1682 moest vooral de provincie Groningen het ontgelden. In Aduard woei de toren om. Rond de Martini-toren stond acht voet water. Uithuizen, Uithuizermeeden en Pieterburen werden vrijwel weggespoeld.

'Omtrent Waatum sat een man met syn vrouw en een kint, hetwelk noch aan de Moeders borsten lagh, in een Boom, doch alle drie doodt.'

Zo meldt een kroniek over deze ramp van 1682. Minstens 1600 mensen zijn toen verdronken.
De kerstvloed van 1717 was nog rampzaliger. Alleen al in Groningen verdronken 2300 mensen. In 1775 en 1776, 1825 en 1861 volgden nieuwe overstromingen. Vooral die van 1825 is berucht. Friesland, Waterland, de Wormer en het land langs de Eem overstroomden. Zeker 800 mensen kwamen om.
Elke overstroming leek wel een uitdaging te zijn om nieuw land te winnen. Nieuwe droogmakerijen ontstonden: Hazerswoude, Hillegersberg, Nieuwkoop.

De komst van de verwoestende paalworm omstreeks 1730 schokte ons volk. Was deze 'Worm der Zonde' een straf van God of een waarschuwing?

(30)

AAN DE
BEWOONDEREN
D E R
VEREENIGDE NEDERLANDEN,
In 's Volks grooten nood, door de Verschriklyke uitwerkinge van den
DYKPAALWORM.
IN 'T JAAR 1732

Terwyl al 't Land, in nood, schrikt voor Gods slaande
De Staaten zwoegen om de Dyken te bewaaren, (hand,
Gods Tolken smeken, God moog' dog deze Landen sparen,
Scherpt elk op reddinge door konstruig zyn verstand.

Elk roept: van waar kwam dog die Paalplaag in ons Land?
Bragt z'eenig Schip ons mede uit d'Afrikaansche baaren,
Of heeft Verrotting baar geteelt by drooge Jaaren?
Hoe, en wanneer, kwam dog die Zeepest aan ons strand?

Weit niet haar oorzaak aan den invloed der Planeeten,
Maar zoekt z' in 't binnenste van 't stinkende geweeten,
En toont door waar berouw, dat gy vertoont Gods Beeld.

Verbetert u door deugt; dog, vaart gy voort met vraagen:
Van waar dog, kwam ons toe deze yslykste aller plaagen?
De Worm der Zonde heeft den Paalworm voortgeteelt.

H. VAN DEN BURG.

STRAF.

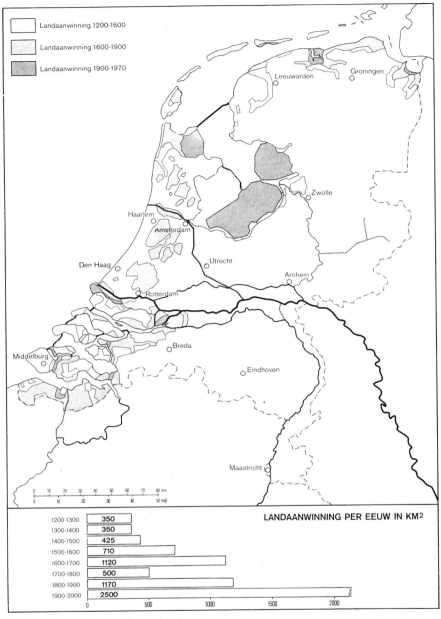

1200-1300	350	
1300-1400	350	
1400-1500	425	
1500-1600	710	
1600-1700	1120	
1700-1800	500	
1800-1900	1170	
1900-2000	2500	

LANDAANWINNING PER EEUW IN KM²

Sinds 1200 kon er heel wat land worden gewonnen. Vooral in de laatste honderd jaren zijn er duizenden vierkante kilometers wateroppervlak ingepolderd en drooggelegd.

Aan het einde van de 18e eeuw doet het stoomgemaal zijn intrede. Nu zal zelfs een bijna-binnenzee als het Haarlemmermeer drooggelegd kunnen worden. Jan Adriaensz Leeghwater had daar in zijn Haarlemmermeerboeck (1641) al een ontwerp voor gemaakt. Hij dacht er 160 molens voor nodig te hebben. De oppervlakte van het Haarlemmermeer was in vier eeuwen bijna verdubbeld tot 17.000 ha. Steeds meer land kalfde af. Een aantal dorpen, waaronder Vijfhuizen en Vennep, was al ten prooi gevallen aan de 'waterwolf'.

Aalsmeer, Uithoorn en Amstelveen leefden onder voortdurende dreiging van overstromingen.

Maar de drooglegging had heel wat voeten in de aarde. Leiden en Haarlem betwistten elkaar het recht op de eventuele droogmakerij. Na veel geharrewar gaf een immense overstroming in 1836 eindelijk de doorslag. In 1839 kwam de officiële toestemming tot droogmaking af. Er werd begonnen met de aanleg van een brede ringvaart en in 1848 draaide het eerste van de drie stoomgemalen, de 'Leeghwater', het water uit het meer.

In juli 1852 was het Haarlemmermeer droog. De grond, waarvan de prijs f 738,-- per ha bedroeg, werd pas een jaar later verkocht aan beleggers die de winst al roken. Maar voor het zover was, moest er nog veel gebeuren. De eigenaars huurden polderjongens die de inmiddels in een wildernis van riet en wilgen veranderde 18.000 ha moesten ontginnen. Het was onmenselijk zware arbeid die in barre omstandigheden werd verricht. De 'kolonisten' woonden in primitieve hutten. Sommigen leden aan malaria en allen zochten vergetelheid bij de jenever. Maar na verloop van tijd verrezen toch de boerderijen in het landschap, voornamelijk gedreven door pacht- en zetboeren. In 1855 werd de Haarlemmermeer een zelfstandige gemeente die onder Noord-Holland ressorteerde. De droom van Leeghwater was na twee eeuwen in vervulling gegaan.

In de tweede helft van de 19e eeuw raakt Nederland volop in de greep van de vooruitgang.

Inpoldering en droogleggingen volgen elkaar op, activiteiten, die uitmonden in een fantastische onderneming, de aanleg van de Afsluitdijk.

De eerste plannen daartoe dateren al uit de 17e eeuw.

Hendrik Stevin heeft in zijn boek 'Wisconstigh en Filosofisch Bedrijf' (1667) een plan tot droogmaking van de Zuiderzee gelanceerd. Pas in het midden van de negentiende eeuw worden de droogmakingsplannen

serieus overwogen en in 1891 had ir. Cornelis Lely, die tot driemaal toe minister van Waterstaat is geweest, een definitief ontwerp klaar. Het zou nog bijna dertig jaar duren voor men met de uitvoering daarvan begon. Na een vreselijke watersnood in 1916 wordt er vaart achter gezet. In januari van dat jaar richtte een stormvloed vooral in Noord-Holland grote schade aan. De Anna Paulowna-polder liep onder. De omgeving van Edam en Purmerend stond blank. Muiden, Bunschoten, Spakenburg en Eemnes stonden onder water. Ook in Friesland braken dijken door. Grote aantallen vee kwamen om. Het eiland Marken was zo snel door het water overspoeld, dat sommige mensen niet meer konden vluchten. Zestien bewoners van Marken verdronken. Verwezenlijking van de inpoldering

kon nu niet langer uitstel lijden. In juni 1920 wordt begonnen met de aanleg van de dijk tussen het eiland Wieringen en het vaste land. In januari 1927 starten de werkzaamheden aan de eigenlijke afsluitdijk. Op 28 mei 1932 gaat het laatste stroomgat dicht.

Weer wordt water tot land ontgonnen: De Noordoostpolder, Oostelijk-Flevoland, Zuidelijk-Flevoland. Nieuwe steden verrijzen: Emmeloord, Lelystad, Dronten, Almere. Nog één keer, in 1953, zou het water genadeloos toeslaan, maar verder

In 1855 – drie jaar na de drooglegging van de Haarlemmermeer – werd de nieuwgewonnen grond een zelfstandige gemeente. Maar in hetzelfde jaar werd ons land geteisterd door een watersnood waar deze litho van J. Weissenbruch een beeld van geeft dat sterk doet denken aan de latere ramp van 1953.

Nog één keer – in 1953 – zou de zee genadeloos toeslaan. Zoals de peilmerkstenen in deze dijkwoning in Willemstad aangeven, overtrof de Februariramp alle vorige overstromingen die ons land in de laatste eeuwen hadden getroffen.

lijkt het land het definitief van het water gewonnen te hebben.

En nu, na twintig eeuwen, wil de ironie van het noodlot dat de strijd tegen het water soms omslaat in een strijd om behoud van het water.

De actievoerders van de Vereniging tot behoud van het IJsselmeer en de Landelijke Vereniging tot behoud van de Waddenzee vinden dat er genoeg land is gewonnen. Ze verdedigen natuurgebieden die schaars zijn geworden in Nederland. We zullen moeten leren zuinig te zijn op ons water.

Als een dief in de nacht

De ramp van februari 1953

door ing. W. Metzelaar
oud-hoofd Voorlichting Rijkswaterstaat

In de nacht van zaterdag 31 januari op zondag 1 februari 1953 jaagt een orkaanachtige noordwester storm het water in de trechter van de Noordzee voor zich uit. De zee wordt tot een zodanig hoog peil opgestuwd, dat langs de gehele Nederlandse kust de duinen en dijken worden geteisterd en op vele plaatsen, vooral in het zuidwestelijke eilandengebied, doorbraken ontstaan. Laag gelegen polders stromen onder en het naar binnen kolkende water vernielt met onvoorstelbare kracht boerderijen en huizen. Wegen verdwijnen onder water; telefoon- en telegraafkabels en -leidingen worden verbroken; de drinkwatervoorziening stagneert. De verwarring en ontreddering is totaal. Wie dicht bij de dijk woont, tracht zich te redden met medeneming van wat handbagage. Maar voor velen, vooral ouderen en zieken, is dit een onhaalbare zaak. Zij zoeken beschutting op zolders of vluchten naar iets hoger gelegen huizen of kerken in de dorpskernen.

Het beschrijven van wat er in zo'n rampsituatie precies gaande is geweest, is vrijwel onmogelijk.
Het beeld van het rustig slapende dorp dat zich veilig waant achter de dijk, doch dat midden in de nacht wordt overvallen door een stormvloed, is een bedriegelijk beeld. De polders liggen er midden in de winter kaal en zwart bij. De wind raast over het land en buiten de dijk kolkt het brede water met witte schuimkoppen op de golven. De storm loeit over de daken, de regen klettert tegen de ramen. Weer om binnen te blijven. Maar wie met het water te maken heeft, de polderopzichter, de sluiswachter, de visser gaat toch af en toe in de haven of bij de dijk kijken hoe het er bij staat.

Aanval in de rug
Een mosselschipper in Bruinisse vertrouwt de zaak niet. In de haven liggen 30 schepen, het is zaterdag, de vloot is thuis, maar aan de haven is het niet druk. Om vijf uur 's avonds staat het water enkele decimeters op het haventerrein. Op zichzelf niet verontrustend; dat gebeurt vaker met hoge vloeden. Maar nu ebt het water niet weg! Laat in de avond, om 11 uur moet het eb zijn, maar in plaats daarvan staat er evenveel water als anders bij vloed. En dan komt daar bovenop de vloed doorzetten.

De visserman waarschuwt de 'mannen van de vloedplanken'.*)

In vrijwel alle plaatsen is men tot diep in de nacht bezig extra schotbalken**) te plaatsen, de tweede en de derde plank voor de voordeur aan te brengen en maatregelen te nemen die bij storm en watergeweld in dit gebied nu eenmaal bij het leven horen.

---

*) Dit vereist enige toelichting: In veel steden en dorpen langs de eb- en vloedgebieden van de Zeeuws-Zuidhollandse eilanden waren de kozijnen van de voordeuren uitgerust met sponningen, waarin men – als het water 'op de kant' kwam – vloedplanken plaatste en vaak de kieren met klei aansmeerde om het water buitenshuis te houden.

**) Veel dijken hadden zgn. 'coupures'. D.w.z. dat bij de doorgang naar het haventerrein een stukje van de kap van de dijk was vervangen door ter weerszijden gemetselde grondkerende muren met flinke sponningen, waarin tijdens zeer hoog water een dubbele rij balken (zgn. 'schotbalken') werd aangebracht. De ruimte tussen de beide schotbalkwanden werd in ernstige gevallen snel gevuld met zandzakken of klei.

Dijkdoorbraak bij Papendrecht. Een van de zeldzame opnamen van het moment van doorbraak in de nacht van zaterdag op zondag. Vlak bij het gemaal van Papendrecht ontstond een stroomgat waardoor een groot gebied verdronk. Het kon op 5 februari worden gedicht.

Maar dit was geen normale storm. De hoogste waterstand om ± 4 uur in de nacht van zaterdag op zondag steeg tot ruim 3 meter boven het normale vloedpeil. De dijken om de eilanden waren sterk genoeg voor een waterstand tot 2 à $2^{1}/_{2}$ meter boven de regelmatig optredende vloeden. Daarbij zijn de dijken aan de noord- en westzijde hoger en

zwaarder dan die aan de zuidelijke en oostelijke kant van de eilanden, omdat de gevaarlijke stormaanvallen vrijwel altijd uit het noordwesten komen. De zuidzijde is de leizijde waar normaal de golftongen bij noordwesterstorm niet zo hoog oplopen. Nu was de zee egaal zo hoog, dat het water vooral aan die lage kant over de dijkkruin heen sloeg en de dijken van binnenuit uitspoelde en wegzoog.
Een blik op de kaart met de plaats van de grote dijkgaten leert dan ook, dat de meeste doorbraken aan de zuidzijde van de eilanden te vinden zijn. En op veel plaatsen ontstonden

doorbraken bij haventjes door het bezwijken van de genoemde 'coupures'. Daarbij komt nog dat in de meeste gevallen direct achter de coupures een dorpje of een bewoningskern ligt, zodat een doorbraak juist daar ernstiger gevolgen heeft dan een doorbraak van een dijk die een betrekkelijk lege polder beschermt.
De eerste nachtelijke aanval van de zee veroorzaakte op vele plaatsen doorbraken die naar hun aard wel ernstig waren, doch beperkt van omvang. De zee liet haar prooi echter niet los. Na een ebstand op zondagmiddag, die op de meeste

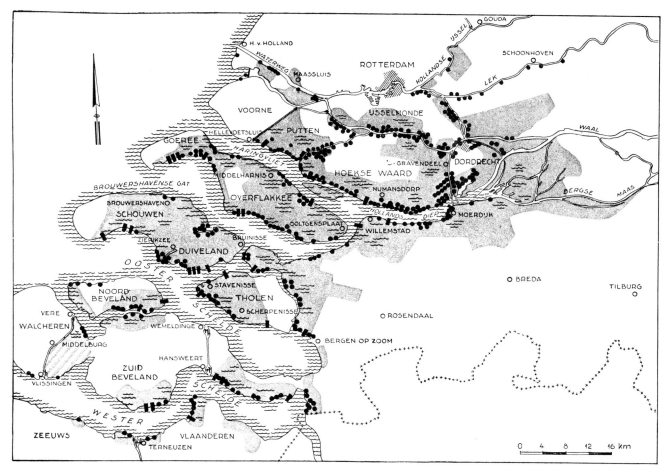

De tweede vloed van zondagmiddag 1 februari 1953 verdiepte de dijkdoorbraken en stuurde nog meer zeewater de polders in. Die middag vielen dan ook de meeste doden: in totaal 1835. Meer dan 750.000 bewoners van Zuidwest-Nederland werden getroffen.
De grijze gedeelten geven de overstroomde gebieden aan; de dijkdoorbraken zijn aangeduid met zwarte stippen, de gevaarlijkste met zwarte vierkantjes.

plaatsen ook weer hoger was dan de normale vloedstand, kwam het water opnieuw opzetten. In de meeste gevallen was het niet gelukt de in de nacht ontstane gaten te dichten. Daarvoor waren er teveel en men

had, door het uitvallen van de communicatie-middelen, geen enkel overzicht over de omvang van de ramp. Bovendien waren de toegangswegen naar de wat afgelegen dijkbressen onbegaanbaar.
De tweede vloed van zondagmiddag verwijdde en verdiepte de doorbraken en bracht massale 'muren van water' in de polders. Het peil in het overstroomde gebied steeg angstwekkend. Die middag vielen dan ook de meeste slachtoffers: mensen die zich misschien zondag in alle vroegte nog hadden kunnen redden, maar die dachten dat het ergste achter de rug was. En die bij het op-

nieuw opkomende water, in paniek op de vlucht gingen en vaak hun dood tegemoet liepen.

1835 doden

Iedere familie kan haar eigen drama vertellen. Zoals dat boerengezin op Zuid-Beveland. Vader en moeder wonen met de jongste twee kinderen in Kapelle. De oudste drie beheren het familiebedrijf in de polder waar de jongeren het weekend doorbrengen. Alle vijf worden in de nacht verrast door het water. Hun eerste gedachte is: het vee! En allen trekken er op uit om het vee in de stallen los te snijden, zodat de koeien en paarden zwemmend de dijk kunnen bereiken. Een muur van water sleurt ze alle vijf mee, drie jongens en twee meisjes. Noch het woonhuis, noch de dijk kunnen ze meer bereiken. Alle vijf komen ze jammerlijk om. Het is slechts één familie-drama. Maar iedere wat oudere Zeeuw die de

---

Hoewel het water voortdurend steeg en de dijk overspoelde, gingen ze er steeds weer op uit, uren achtereen, om nog te redden wat er te redden viel. Deze opname van Brabantse boeren met een krijsend varken op de schouders werd gemaakt tussen 's Gravendeel en Strijen.

ramp meemaakte en overleefde, kan het aanvullen met de eigen belevenissen.

Het Zeeuwse wapen toont een leeuw, half onder, half boven water. Met als wapenspreuk 'Luctor et emergo' (worstel en ontzwem). Nimmer werd het zo duidelijk als in die rampdagen, hoe juist dit beeld is voor de lage landen aan de zee. Er is geworsteld. Maar voor velen was het een te ongelijke strijd, die zij moesten bekopen met hun leven.

De televisie stond in 1953 nog in de kinderschoenen. De actuele

nieuwsvoorziening draaide om de radio. En ook daarin zien we de afspiegeling van het feit, dat in de eerste dagen het totaalbeeld ontbrak. De rampmeldingen kwamen ieder uur door en pas langzaam bleek de omvang van de ramp. Het eerste bericht kwam zaterdagnachts tussen half 4 en half 5 uit Zwijndrecht, waar het water over de dijken sloeg.

Zondagochtend: 'De watersnood die vannacht en vanochtend in ons land is ontstaan, heeft de omvang aangenomen van een nationale ramp. Helaas zijn de laatste uren,

behalve berichten over doorbraak en overstroming, ook mededelingen binnengekomen dat er slachtoffers zijn. Verscheidene polders zijn ondergelopen of worden op dit ogenblik overstroomd. De toestand is echter nog zeer onoverzichtelijk. Mensen, die op het moment van de doorbraak onderweg waren, werden door het water verrast. Anderen zitten op zolders, op daken en zelfs in de bomen.'

En dan komen, uur na uur, de berichten met de aantallen slachtoffers en de namen van de zwaarst getroffen dorpen: Oude-Tonge, Ouwerkerk, Nieuwerkerk, Oosterland enz., enz.

Op de vierde dag na de ramp zijn er al 1223 doden geteld. Twee dagen daarna 1355. De laatste opgave telt 1835 doden.

Velen werden nooit gevonden en vonden hun graf in het water. Honderden anderen werden begraven op noodkerkhoven, soms langs een droog gebleven binnendijk.

1835 doden, maar ongeteld is het aantal nog daarbij komende, indirecte slachtoffers, die zo geknakt waren of kwalen opdeden, dat zij soms na enkele jaren toch nog overleden aan de gevolgen van de ramp.

Radio-zendamateurs in actie

Reeds zondags, langs de rand van het rampgebied, komt een massale hulpactie op gang. Eerste doel: het redden van mensen en dieren. En meteen ook: het werken aan de dijken om de gaten provisorisch te dichten of, als dit niet lukte, uitbreiding van de beschadigingen tegen te gaan.

Particulieren varen met eigen boten en bootjes naar het rampgebied.

Wonderen worden verricht door de vissers uit Zierikzee, Yerseke, Bruinisse en Stellendam en niet te vergeten de Urkervloot die onver-

Mens en dier, wadend door het water, op zoek naar een veiliger plaats.

vaard te hulp snelt. Evenzo de schippers uit Wemeldinge, Hansweert en andere havenplaatsen. Uren achtereen, overdag en 's nachts blijven ze varen, soms bijna niet vooruit komend. Storm en stroom zorgen voor een felle tegenstand en onzichtbare obstakels maken het werk dubbel zwaar.

Boten varen af en aan. Volgeladen met vrouwen, kinderen, mannen. Koud en met vertrokken gezichten. Murw geslagen door alle leed en ellende.

Temidden van de volledig ontwrichte communicatie duikt een nieuw fenomeen op: de radio-zend-amateurs, die door de P.T.T. nog altijd als een stel lastige klanten worden beschouwd. Maar nu blijkt plotseling dat zij nuttig werk doen met het doorgeven van plaatselijke berichten die langs andere wegen niet verspreid kunnen worden. Er wordt zelfs een noodnet tot stand gebracht met Den Haag als centraal punt.

Amateurs met draagbare apparatuur trekken per boot, lopend, maar ook wel per helikopter naar geïsoleerde plekken. In Zierikzee bouwen amateurs een noodzendertje, waarvan later bekend wordt dat hun berichten zelfs in Engeland, Frankrijk en Italië zijn opgevangen!

De meer van bovenaf georganiseerde hulp komt een dag later in actie. Militaire hulp. Mariniers, maar vooral ook de Luchtmacht. Verkenningsvliegtuigen doen belangrijk werk door vanuit de lucht overzichtfoto's te maken die de overheid eindelijk inzicht geven in de totale omvang en de plaats van de doorbraken. Maar ook foto's van vee dat hulpeloos temidden van de waterwereld is gevlucht naar een punt dat iets hoger ligt. En van mensen op de daken van huizen en schuren. Soms hangend uit een raam en zwaaiend met een laken of een vlag om de aandacht te trekken.

Voor de redding van mensen spelen

27

de helikopters de belangrijkste rol. Eerst alleen de Nederlandse, maar al spoedig geassisteerd door Engelse en Amerikaanse toestellen, overgevlogen vanuit Duitsland. Zonder de hulp van de helikopter-piloten zouden er vele honderden watersnoodslachtoffers meer te betreuren zijn geweest. Behalve voor de directe redding van mensen worden vliegtuigen ingezet om goederen te droppen waar onmiddellijk behoefte aan bestaat. Zoals rubberboten, zandzakken, drinkwater en voedsel, schoppen, laarzen en medicijnen. Ook rubberhandschoenen voor het

bergen van dood vee. Want een groot gevaar in dit soort situaties is het uitbreken van epidemieën als gevolg van vergiftiging bij het contact met bedorven voedsel, dode dieren etc.

Bij het provisorische dijkherstel in de eerste dagen wordt de Landmacht ingeschakeld. Ook particulieren spoeden zich spontaan naar de dijken om te helpen. Verscheidene universiteiten lassen de colleges af en de studenten begeven zich massaal naar de meest bedreigde punten.

Zo wordt de westelijke dijk langs

het Voorns Kanaal door honderden studenten en burgers opgehoogd met een kade van zandzakken, om te voorkomen dat water uit het overstromingsgebied ten oosten van het kanaal de kop van Voorne zal binnendringen. Een opzet die gelukt.

Het meer georganiseerde dijkherstel wordt direct na de ramp met kracht ter hand genomen. Onder supervisie van Rijkswaterstaat wordt al wat helpen kan ingeschakeld: aannemingsbedrijven, technische diensten van de polders, waterschappen, provinciale waterstaat. Vanuit de rijksdienst worden specialisten uit het gehele land ingeschakeld en naar het rampgebied overgeplaatst. De werkzaamheden aan de Zuiderzeewerken worden tijdelijk stopgezet en het hele apparaat: directie, aannemers, arbeiders en het materieel wordt ingezet op Schouwen-Duiveland, het moeilijkste probleem, het zwaarst getroffen eiland. Er wordt een noodwet afgekondigd, waarbij alle kosten van het dijkherstel voor Rijksrekening worden genomen. Per provincie worden tijdelijke diensten voor het dijkherstel opgericht. Dat alles overkoepeld

In Heiningen spoelden in één slag tientallen huizen weg. Reddingsploegen zagen hier vlak voor hun ogen mensen in de metershoge golven voorgoed verdwijnen. ▸

Tot ver over hun middel staan jonge boerenzoons in het ijskoude water om de honderden dode koeien te kunnen bergen. Een bijzonder zwaar karwei, maar noodzakelijk want het gevaar is niet denkbeeldig dat door de kadavers vergiftiging ontstaat die een epidemie kan veroorzaken.

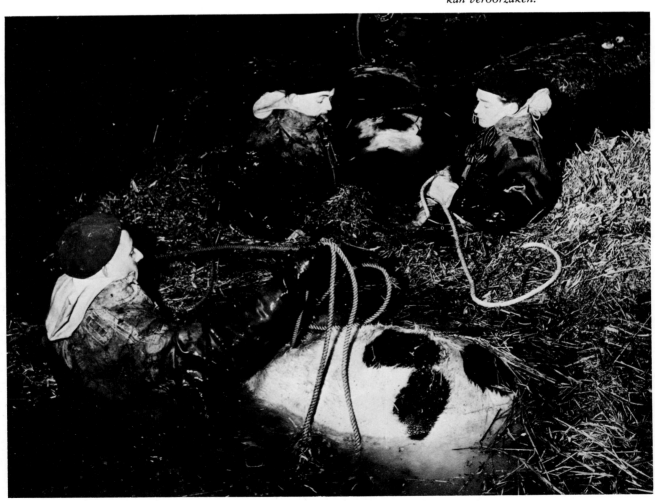

door een dienst voor de coördinatie van het geheel, opdat overal volgens dezelfde beginselen zou worden gewerkt.

Ook elders in Nederland zijn calamiteiten, bijvoorbeeld op Texel, maar 'het' rampgebied omvat het zuidelijke deel van Zuid-Holland, West-Noord-Brabant en de gehele provincie Zeeland.

Het vaste land van Zuid-Holland heeft nagenoeg geen hinder van overstroming gehad. Toch was het langs de Hollandse IJssel een dubbeltje op zijn kant. Schielands Hoge Rijndijk langs de noordoever van de Hollandse IJssel beschermt het gehele hart van Holland. De dijk had een kruinhoogte van 4 m boven N.A.P. Het water steeg tot 3,98 m boven N.A.P.: de golven kabbelden hier en daar op en over de dijkkruin. Achter de dijk ligt het laagste deel van Nederland, de diepe polders Prins Alexander bij Rotterdam en de Zuidplaspolder bij Gouda met polderpeilen tot 6,20 m beneden N.A.P. Dat wil zeggen: tien meter waterdruk tegen een dijklichaam dat rust op slappe veenlagen. Een doorbraak kon gelukkig worden voorkomen, dank zij de plaatselijke bevolking en de mariniers uit Rotterdam. Reeds zaterdagnachts om 11.00 uur werd

de bevolking gealarmeerd. Maar wellicht zou de gehele zaak toch nog uit de hand gelopen zijn, indien niet aan de overzijde (bij Ouderkerk a/d IJssel en in de Stormpolder bij Krimpen a/d IJssel) de dijken waren gebroken, waardoor een deel van de Krimpenerwaard vol liep. Hierdoor zakte het peil op het meest kritieke moment plm. 15 cm en dat werd de redding van een der gevaarlijkste delen van ons land.

De gevolgen van een gat in Schielands Hoge Rijndijk zouden rampzalig zijn geweest, want dit gebied heeft geen compartimenteringsdijken die daartegen bestand zouden zijn geweest. De Rijndijk langs de Leidse Rijn en de Gouwe-kade ligt ongeveer op N.A.P. En het is dan ook niet ondenkbaar, dat als hier een 'stroomgat' was ontstaan, de polders tot rond Amsterdam zouden zijn ingestroomd.

Bijzondere situatie

Het is misschien goed hier even stil te staan bij de bijzondere situatie van Nederland bij een catastrofe zoals in 1953.

Jaarlijks beleeft de mensheid enkele malen 'ergens' een watersnoodramp. Met dezelfde taferelen van menselijke ellende en dezelfde ontreddering. Maar in vrijwel alle gevallen valt na enige tijd, als de zee is uitgeraasd of de rivieren weer minder water afvoeren, het land droog en kan de opruiming en de wederopbouw ter hand worden genomen. In ons land echter liggen de polders met hun akkers en woonerven meestal lager dan de dagelijks optredende ebstanden. Als een dijk bezwijkt en het kolkende water een gat spoelt, waarvan de bodem reikt tot beneden het dagelijkse laagwater, dan spreekt de waterbouwkundige van een 'stroomgat'. Want dat wil zeggen dat er 24 uur per dag een

uitschurende waterstroom ontstaat dwars door het gat. Bij vloed van buiten naar binnen, bij eb net andersom. (Viermaal per etmaal, ongeveer om de 6½ uur is er stilstand. Dan draait de stroom om. Die kenteringstijd duurt slechts kort, maar dat zijn juist de momenten waarop zinkstukken kunnen worden afgezonken of caissons tot zinken kunnen worden gebracht.) In de polder ontstaat een gedempte eb- en vloedbeweging. Ook daar altijd stromend water, dat fundamenten ondermijnt en de woningen doet volslibben met decimeters dikke lagen drab en modder. Het zoute water vreet aan de kalkspecie tussen de voegen. Maar het ergste is, dat het dijkgat de neiging heeft steeds wijder en dieper te worden, terwijl er in de polders enorme geulenstelsels ontstaan, waardoor het water steeds gemakkelijker tot diep in het binnenland kan doordringen. Wanneer de dijkgaten niet snel en geforceerd gesloten kunnen worden, wordt de omvang van de ramp, ook na het uitwoeden van de storm, steeds groter. Een schoolvoorbeeld is de Biesbosch. In vroeger tijden een vruchtbaar, agrarisch gebied. Ondergestroomd tijdens de Elizabethsvloed in 1421. En bij gebrek aan middelen, ook de technische hulpmiddelen, sindsdien een zoetwaterdelta, waarin tot voor kort eb en vloed vrij spel hadden.

Gelukkig werd centraal Holland net op het nippertje veilig gesteld. Want juist in deze streek wonen veel vaklui die op dit gebied van wanten weten en dan ook nog toevallig met het week-end thuis waren. Meestal zwerven ze de gehele week door Nederland met hun baggervaartuigen, draglines of ander grondwerkmaterieel. Vóór het gat bij Ouwerkerk werd nog in de nacht een tweetal schepen aan de grond gezet.

Dank zij direkt optreden van de plaatselijke bevolking van Ouderkerk a/d IJssel kon de Krimpenerwaard voor een algehele overstroming worden behoed. Nadat de dijk was doorgebroken lieten de Ouderkerkers reeds die zondagmiddag twee schepen vóór het gat aan de grond zetten en werd achter de schepen een dam van zandzakken opgeworpen. Daardoor gelukte het de volgende dag al om het gat weer te sluiten.

Pas later werd duidelijk, dat ook het dorp Stavenisse (Tholen) zwaar getroffen was. Toen deze foto werd gemaakt – drie weken na de rampzalige nacht – waren er nog maar veertig van de ruim tweehonderd vermisten geborgen. Vaak werden ze kilometers verder gevonden. ▶

Achter deze schepen werd een zand-zakkendam opgebouwd die het bij het volgende hoogwater hield, waarna het gat verder kon worden aangevuld en de glooiing aan de waterkant afgewerkt met betonzuilen.

In het Mekka van de baggerwereld, de Alblasserwaard bij Sliedrecht en Papendrecht ontstonden twee gaten.

28 juli 1953: met één klap wordt hier – met een uit kleinere eenheden samengestelde caisson – het gat bij Stevensluis (Schouwen-Duiveland) gesloten. De caisson is voorzien van een stalen neus die als een soort guillotine het driehoekige gat tussen caisson en talud afdicht. De stalen persbuis, die direct na het plaatsen zand zal spuiten, vaart reeds mee en kan onmiddellijk worden aangesloten op de zandzuiger.

Vlak bij het gemaal van Papendrecht ontstond een stroomgat, waardoor een uitgestrekt gebied langs de Giessen, de Alblas en de Graafstroom onder water ging. Het tweede gat, ten oosten van Sliedrecht, kon nog dezelfde dag door het er in laten zinken van een zolderschuit worden bedwongen. Het gat bij Papendrecht kon op 5 februari worden gesloten. En zo heeft eigenlijk ieder eiland zijn eigen belevenissen in deze geschiedenis. Van de Zuid-Hollandse eilanden was Goeree-Overflakkee het zwaarst geteisterd. Onder leiding van de Provinciale Waterstaat van Zuid-Holland werden over kilometers lengte geheel nieuwe dijkvakken aangelegd, waarbij, voor het eerst op grote schaal, asfalt werd toegepast als dijkbekledingsmateriaal.

Door snel en doeltreffend optreden werd de dijkring rond het eiland Tholen provisorisch gesloten met inzet van de eigen bevolking, aangevuld met plm. 1000 militairen, waaronder Belgische en Franse compagnieën, alsmede een paar honderd Brabantse arbeiders. Honderdduizenden zandzakken werden daar verwerkt zonder gebruik te maken van groot materieel. Een schitterende prestatie! In een later stadium werden de zandzaksluitingen met inzet van groot materieel afgewerkt tot echte dijken.

Zwaar waren de gevechten tegen het stromende water langs de oevers van de Westerschelde. In Zeeuwsch-Vlaanderen viel de schade erg mee. Wel waren de dijken en duinen zwaar beschadigd, doch van West-

Zeeuwsch-Vlaanderen was slechts 1% en van Oost-Zeeuwsch-Vlaanderen ± 7% geïnundeerd. De grootste problemen lagen langs de noordoever van de Oosterschelde op het eiland Schouwen-Duiveland.

Dijkherstel in drie fasen

Het dijkherstel is te splitsen in drie stadia. Het herstel van de eerste weken, als met kunst- en vliegwerk, soms georganiseerd, vaak improviserend, met zandzakken, in dijk-

Het 500 meter brede en 40 meter diepe dijkgat bij Schelphoek (Schouwen) kon alleen worden gesloten door er een vier kilometer lange inlaagdijk achter te bouwen. Daaronder bevinden zich 236 eenheidscaissons en een grote (60 meter lange) caisson.

gaten ingevaren scheepjes, opzinkingen van rijshoutconstructies, kistdammen en dergelijke middelen getracht wordt (en vaak met succes) te redden wat er te redden valt.

Het belang van deze eerste fase kan moeilijk te hoog aangeslagen worden, want snelle hulp is dubbele hulp! Men ontneemt de zee de tijd haar vernielende werk te voltooien. Het knelpunt bij de eerste actie is vaak het transportvraagstuk; en in deze eeuw leverden hierbij het amfibievaartug en de helikopter belangrijke bijdragen. Duizenden zandzakken werden gedropt, mensen en materiaal per dukw. vervoerd. Mobilofooninstallaties en draagbare zend- en ontvangapparaten waren de moderne hulpmiddelen voor herstel van verbroken verbindingen.

In deze eerste fase was de inzet van militaire en buitenlandse hulpcolonnes belangrijk. Dan blijkt in de gegeven situatie plotseling het enorme belang van goed georganiseerde bevelsverhoudingen bij de hulpcolonnes.

De tweede fase wordt gevormd door herstel van de middelgrote dijkbressen onder daartoe aangewezen vakbekwame leiding door aannemersbedrijven met alle hun ten dienste staande middelen.

Zo werden er van de totaal 67 stroomgaten, (d.z. bressen welke zo diep zijn dat ook tijdens eb het water uit de geïnundeerde polder verbinding heeft met het buitenwater) in de eerste drie maanden na de ramp 58 gesloten.

Het herstel van de daarna nog aan-

wezige dijkgaten vormt de derde fase. De eerste grote caissonsluiting was op 28 februari bij Oudenhoorn langs het Haringvliet ten oosten van Hellevoetsluis.

Een voorbeeldig voorbereide en uitgevoerde operatie die meteen al een groot succes was en de met de totale leiding belaste ingenieurs de nodige moed en inspiratie gaf om ook de andere nog open liggende grote gaten op deze manier aan te pakken.

Op Zuid-Beveland was de zuidzijde zwaar beschadigd met als grootste gat de doorbraak in de Kruiningse Veerhaven. Dit gat werd op 24 juli met een enorme caisson gesloten. Het definitieve herstel duurde tot eind 1954, omdat de oude veerhaven gelijktijdig werd gemoderniseerd.

Op Schouwen-Duiveland lagen bij het begin van de derde fase nog ze-

ven grote gaten open, waarvan die bij Schelphoek en Ouwerkerk de grootste waren.

Bij Schelphoek was het aanvankelijk kleine dijkgat uitgespoeld tot een bres van bijna 500 meter breed en bijna 40 meter diep. Door dit gat stroomde ieder tij 140 miljoen m³ water in en uit. Een enorm geulenstelsel, met geulen, die langer dan 1,5 km en op vele plaatsen 100-150 meter breed en 10-18 meter diep waren, maakte het noodzakelijk een omtrekkende beweging, achter de geulen om, uit te voeren. In 5 maanden tijds werd hier, met inzet van alle krachten, de zee bedwongen. De sluiting vond plaats op 27 augustus 1953. Een 4 km lange inlaagdijk is de stille getuige van deze strijd! Onder deze dijk bevinden zich 236 caissons, op één na alle zgn. eenheidscaissons. (11 meter lang, 7 meter breed, 2-4 meter hoog). De enige grote caisson (60×18×18 m) steekt nog boven het dijklichaam uit.

Het gebied tussen de oude en de nieuwe dijk is inmiddels omgebouwd tot werkhaven voor de Deltawerken, ten behoeve van de Oosterschelde-afdamming. Bij dit sluitgat zou een geschikte aanlegplaats voor toeristenboten gemaakt kun-

nen worden, want daar bevindt men zich op historische grond, op de plaats in Nederland waar de grootste slag tegen de zee ooit werd uitgevochten!

De sluiting van de dijk bij Ouwerkerk is beroemd geworden. In de nacht van 6 op 7 november 1953 werd de laatste van de vier enorme Phoenix-caissons, waarmede het gat gedicht werd, ingevaren. Maar hoe? In aanwezigheid van H.M. de Koningin, vele ministers, kamerleden en andere autoriteiten en met het gehele Nederlandse volk aan de radio. Dit was geen dijkdichting zonder meer! Dit was een nationale gebeurtenis.

Door het oog van de naald

De ramp heeft ons volk geschokt. De beurzen gingen open. Het medeleven was internationaal. Maar ook in de maanden van het gevecht langs de dijken leefde het volk mee. Elke geslaagde dichting werd met voldoening begroet. En elke tegenslag voelde men als een dreiging, want als het niet zou gelukken de zee vóór het stormzeizoen de baas te worden, dan zou het herstel nog veel moeilijker worden. Bij Ouwerkerk was deze dreiging in haar volle omvang aanwezig. Het aanvankelijke plan om de dijk in augustus te sluiten, had men moeten laten varen. Een vroege zomerstorm vernielde het voorbereidende werk. Men moest overgaan op een tweede linie, een nieuw plan ontwerpen en, laat in 't seizoen, een kolossaal bezinkingsprogramma uitvoeren... En hopen op niet te veel storm in september en oktober!

Het lukte, al kroop men nu en dan door 't oog van een naald en al moest men om de werkdagen te kunnen verlengen, het werk met een soort voetbalveld-verlichting uitrusten.

De sluiting van de Schelphoek omvatte twee caissonsluitingen in de geulen en twee zgn. 'maaiveldsluitingen', waarbij lange rijen kleinere caissons werden afgezonken op de bodem die van tevoren met rijshouten zinkstukken was verdedigd.
Deze foto dateert van 27 augustus 1953, toen de sluiting werd voltooid. Op de achtergrond: het dorp Serooskerke (nog) in het water.

De meest geruchtmakende (en tevens de laatste) sluiting was die bij Ouwerkerk, waarvan de climax in de nacht van 6 op 7 november 1953 plaatsvond. Met vier immense caissons werd in een spannende race tegen tijd en tij het laatste gat bedwongen. Thans kan men dezelfde vier caissons nog terugvinden, midden in het boerenland. Later is de dijk op de oude plaats weer opgespoten en afgewerkt, zodat de betonnen kolossen nu achter de dijk liggen, als stille getuigen van een heroïsch gevecht.

Met de dichting van dit laatste van alle dijkgaten stond het succes van het geheel en daarmede de eer van ons volk als waterbouwkundige natie op 't spel.

Toen heeft men het kunnen beleven, dat op zaterdag 7 november 1953, naar aanleiding van het geslaagde dijkherstel, in geheel Nederland de nationale driekleur van de torens en de woonhuizen wapperde.

De dijkringen waren weer gesloten en de zee was binnen 9 maanden tijds door de mens terug verwezen naar haar eigen domein.

Maar wat achterbleef waren troosteloze landschappen, waar de natuur dood, de grond verzilt, het huizenbezit ofwel totaal verdwenen of

beschadigd was.

Een Hercules-opgave om dit land zo te bewerken, dat het weer goed zou zijn om er te wonen. Maar ook deze taak werd krachtig aangepakt. De dienst Landbouwherstel nam de plaats in van de dijkenbouwers. Op vele plaatsen werd van de nood een deugd gemaakt en werden ruilverkavelingen uitgevoerd. Elders werden uitgespoelde geulen dichtgespoten of omgebouwd tot natuur- en recreatiegebieden. Nieuwe wegen vervingen de oude polderwegen.

En ook op het gebied van de bouwbedrijvigheid werden grote dingen

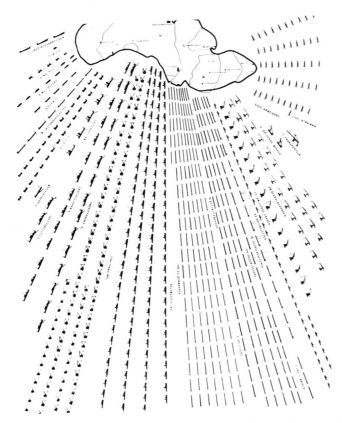

Om de zeven dijkgaten van Schouwen-Duiveland te kunnen sluiten, waren zo'n 5.000 arbeiders vele maanden in touw met een gigantische hoeveelheid materieel: 49 kranen, 43 motorvletten, 283 bakken en overslagschepen, 126 sleepboten, 105 draglines, 38 zuigers, 30 lokomotieven, 8 motordekschuiten, 5 dukw's, 9 bulldozers, 5 walsen, enz.

gedaan. Reparaties, renovaties, maar ook geheel nieuwe woonwijken vervingen het verloren gegane. Weer andere ploegen sleepten de verroeste en verzopen landbouwwerktuigen bij elkaar en wisten vaak op knappe wijze er toch weer bruikbare instrumenten van te maken. Maar de allergrootste bewondering moet men opbrengen voor de jeugd. Uit eigen land, maar ook van ver over de grenzen stroomden idealistische jongeren naar het droog gevallen rampgebied om de woningen te ontdoen van aangespoeld mossel-

zaad, om karrevrachten stinkende modder uit de huizen te kruien, om ruiten te repareren, daken weer provisorisch te sluiten, enz. En als men bij hen een kijkje kwam nemen, dan hoorde je al van ver hun gezang of vrolijk kwetterende gesprekken onder het werk door, in alle talen. Hartverwarmend.

Ook voor de dijkenbouwers was echter de kous nog niet af.

De regering had inmiddels een commissie in het leven geroepen, die moest adviseren over te nemen definitieve maatregelen die een herha-

ling van een ramp als deze in de toekomst menselijkerwijs zouden kunnen voorkomen. Al spoedig werd het uit interim-rapporten duidelijk welke kant men op wilde: afsluiting der grote zeegaten en een gigantische ingreep in de Nederlandse zoetwaterhuishouding. Het Deltaplan. Voor de tijdsduur van de uitvoering van dit plan werd een tijdvak geraamd van ± 25 jaar.

En om in deze uitvoeringsperiode toch ook in het gebied een redelijke veiligheid te garanderen, werden in de jaren na 1954 alle dijken aan een vergelijkend onderzoek onderworpen. Onder het motto: een keten is zo sterk als de zwakste schakel, werden alle zwakke plekken opgespoord en 'op de schop genomen'. En wel zodanig dat de dijkring van ieder eiland een volslagen gelijkmatige sterkte verkreeg. Een goede greep. Want weliswaar zijn er in de inmiddels afgelopen kwarteeuw na de ramp geen vloeden meer geweest die vergelijkbaar zijn met 1953.

Maar wel, vooral in de laatste jaren, zware stormen waarbij de oudere Zeeuwen de schrik van toen weer in de benen voelden.

Er zijn evenwel geen calamiteiten van betekenis te boekstaven, hoewel het er in het gebied met eb en vloed van de Oosterschelde (en dat omvat nog altijd 225 km zeedijk) hier en daar wel om heeft gespannen, doch mede dank zij de dijkverbeteringen van na 1954 hebben de wachters tegen de zee de krachtproeven steeds met succes doorstaan. Veel is in dit hoofdstuk onbesproken gebleven; veel leed, veel spanningen, veel onbekend gebleven heldendaden hebben zich onttrokken aan de algemene bekendheid. Maar duidelijk is wel dat de mens een taai wezen is. En speciaal de mens, die geboren en getogen is langs de zeekant in polders diep beneden de waterspiegel.

Hoe kon het gebeuren?

door Hans de Jong
meteorologisch publicist

Hoe het groeide

Wat waren de oorzaken van de stormvloed, die de februariramp van 1953 deden ontstaan? Hoe is zo iets in deze moderne tijd toch mogelijk? Had men het dan niet zien aankomen? Om die vragen te beantwoorden, moeten we een duik maken in de meteorologische archieven.

Hoe het groeide
In de dagen, die aan de ramp voorafgingen was, als zo vaak, een krachtige westelijke circulatie gaande boven de Atlantische Oceaan. Een koufront verplaatste zich hiermee naar het oosten. Aan de warme oostelijke flank ervan ontwikkelden zich golfvormige storingen, die zich naar Scandinavië verplaatsten en vandaar naar Rusland doordrongen.

Wanneer er in de algemene luchtdrukverdeling niets veranderd was, zou de marathon van 'hardlopers' op deze route zonder twijfel gewoon zijn doorgegaan, zoals dat zo vaak gebeurt.

Maar er veranderde wel degelijk iets.

Op de middag-weerkaart van donderdag 29 januari bespeuren de meteorologen de eerste aanwijzingen, dat zich aan het warmtefront van de Azoren tot Schotland een storing begint te ontwikkelen. De kern beweegt zich tamelijk langzaam naar het noordoosten en neemt bij IJsland een oud lagedrukgebiedje in zich op, dat enkele dagen tevoren nog flink de bloemetjes buiten had gezet. Gaandeweg krijgt het systeem meer 'body'. Op zichzelf is zo'n depressie-ontwikkeling voor weerkundigen nog geen reden om alarm te slaan. Maar er ontstaan complicaties.

Op het westelijk deel van de Atlantische Oceaan ontwikkelt zich geleidelijk een rug van hoge druk, die zich weldra met een krachtig hogedrukgebied boven Groenland verbindt tot één maximum. Dit hogedruksysteem, dat voortdurend in sterkte toeneemt, verplaatst zich in oostelijke richting en komt dus steeds dichter bij Europa, waar al een depressie bezig is.

Wanneer twee van zulke 'tegengestelde' systemen (een luchtberg en een soort vacuüm) elkaar te dicht naderen, krijg je bonje. In het overgangsgebied tussen 'hoog' en 'laag' gaat de wind dan ook op een verschrikkelijke manier te keer.

Vrijdagmiddag 30 januari om twaalf uur naderen we het moment, dat beslissend zal blijken te zijn voor het verdere weersverloop.

In de hogere lagen verandert de luchtstroming van west naar noordwest. Onze depressie regelt zich daarnaar en krijgt nu een zuidoostelijke koers, dus veel meer gericht op ons land.

Vanaf dit moment wordt een stormveld ten westen van het lagedrukgebied in korte tijd almaar groter en sterker. Geen wonder, want de depressie wordt steeds dieper en het almaar krachtiger wordende hogedrukgebied komt voortdurend dichterbij. Eenmaal boven de Noordzee aangekomen, wordt de luchtdruk in het depressiecentrum snel lager. Het tekort aan lucht wordt er zelfs zo groot, dat de warme zuidwestelijke stroming (aan de oostkant) gaat inbreken in de binnenbaan van de koude noordelijke stroming (aan de westkant). De kern wordt door die warme lucht in de hogere lagen afgesnoerd.

Als dit gebeurt, zo leert de ervaring, ontstaat doorgaans een zware storm die een uitgebreid gebied beslaat en slechts langzaam afneemt. In de nacht van 30 op 31 januari verplaatst een veld met zware storm zich over Engeland in de richting van ons land. 's Morgens om zeven uur bereikt de depressie de Noordzee. Langs onze kust is de zuidwestenwind dan slechts hard (windkracht 7), maar dat verandert in de loop van de dag. Die zaterdagavond om zeven uur melden de lichtschepen Terschellingerbank en Texel een westerstorm van windkracht 11. Om acht uur rapporteert een schip op de Noordzee windkracht 12. Om tien uur bereikt de wind voor onze kust (lichtschip Goeree) eveneens kracht 12. De orkaan is in volle hevigheid losgebarsten.

Vlak na middernacht bereikt hij z'n hoogtepunt.

Op zondag 1 februari neemt de orkaan in de loop van de dag geleidelijk in kracht af. 's Maandags vervangt het KNMI de waarschu-

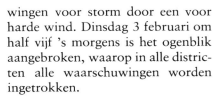

HOOGTEPUNT STORMVLOED

Het water van de stormvloed komt uit de Atlantische Oceaan de Noordzee binnen rond de kust van Schotland, volgt de oostkust van Engeland en steekt de Noordzee over op de breedte van de Waddenkust. Een klein gedeelte volgt zijn weg nog tot in de zuidelijke Noordzee.

De tijdstippen, waarop het hoogwater de peilschalen 1 tot en met 21 passeerde, zijn op de figuur aangegeven.

wingen voor storm door een voor harde wind. Dinsdag 3 februari om half vijf 's morgens is het ogenblik aangebroken, waarop in alle districten alle waarschuwingen worden ingetrokken.

Te laat gewaarschuwd?

Hadden de weerkundigen dit alles niet wat eerder kunnen zien aankomen? Een feit is, dat het KNMI de stormdepressie tijdig in het vizier had. Vrijdag 30 januari, 's avonds om kwart over acht, meldde De Bilt voor het eerst: 'Alle districten waarschuwingen voor harde zuidwestenwind.'

Ik heb de indruk, dat er de volgende morgen wel iets sneller gereageerd had kunnen worden, toen de waarschuwingen voor harde wind gewijzigd moesten worden in een waarschuwing voor storm. Toen de depressie die zaterdagochtend 31 januari boven de Noordzee arriveerde en de luchtdruk (volgens rapporten van zeven uur) tot onder 970 mbar gedaald was, zou er voldoende aanleiding zijn geweest, om die verscherping al in de waarschuwing van 8.15 uur aan te brengen. Maar de waarschuwing voor harde zuidwestenwind werd alleen gewijzigd in een voor harde westenwind. Nog niets dreigends in de terminologie.

Had men wellicht de uitgewerkte weerkaart met zeven-uur-gegevens pas in de loop van de ochtend in handen gekregen? Of dacht men in dat stadium nog, dat de depressie een west-oost-trekrichting zou aanhouden, waardoor het zwaarste geschut ten noorden van ons land zou voorbijschuiven? Hoe het ook zij, een uitvergroting met details van de weerstoestand in het Noordzee-gebied op basis van de zeven-uur-gegevens, zou een uur daarna al een alarmering voor zware noordwesterstorm hebben gerechtvaardigd.

Om half tien werd storm tussen west en noordwest aangekondigd.

's Middags om vijf uur werd gewaarschuwd voor zware storm.

Maar niemand dacht aan rampzalige dijkdoorbraken. Het stormt in ons lieve landje immers wel vaker. Enkele jaren daarvoor – in maart 1949 – was Nederland door een n.w.-orkaan geteisterd en hadden de dijken het toch ook gehouden.

Maar de storm van 1953 was anders.

Bijkomende factoren

Dat in 1953 de dijken wel braken, was het gevolg van een samenspel van factoren.

Zoals de lange duur van de storm. Niet minder dan 23 uren aaneen, raasde de wind met een gemiddelde snelheid van meer dan 72 km/uur. Het langste stormtijdperk sedert 1898.

Kijk verder eens naar de richting van de wind: noordwest, dus pal op de Nederlandse kust. In een zo ondiepe zee als de Noordzee moet dat een enorme opwaaiing van het water tot gevolg hebben. Men heeft berekend, dat in vergelijkbare situaties de opwaaiing zeker 2,70 meter kan bedragen. De toestand op 31 januari, 's avonds om zeven uur, was uitgesproken ongunstig. Over de volle lengte van de Noordzee, over een baan van bijna 1000 km, werd water naar de zuidelijke kusten opgestuwd, als in een trechter. Met een windveld, dat als geheel in kracht toenam. Deze ontwikkeling heeft achttien uren geduurd.

Springtij

Tijdens de storm was het toevallig juist springtij. Op zichzelf niet ongewoon, want elke vijftien dagen is de vloed hoger. Waardoor komt dat? Het verschijnsel van de getijwisseling (eb en vloed) wordt teweeggebracht door de aantrekkingskracht, die de zon en maan uitoefenen op de aarde en wel speciaal op het wateroppervlak. De maan oefent de grootste kracht uit, omdat hij het dichtst bij de aarde staat.

Stellen we de kracht van de maan op 11 en van de zon op 5. Bij nieuwe maan staat de maan tussen de aarde en de zon. Zon en maan brengen dan op dezelfde plaatsen op aarde hun vloeden teweeg. De hoogten ervan zullen groter zijn dan normaal: 5 + 11 = 16. Zon en maan werken samen en ... er is springtij.

Gelukje bij ongeluk

Nu is er bij de storm van 1 februari 1953 toch nog een gelukje geweest bij een ongeluk.

Het springtij van die datum was nl. lager dan het eerstvolgende op 14 februari zou worden. De extra verhoging was volgens de getijtafel in het eerste geval + 19 cm, in het tweede (vervolg op blz. 46)

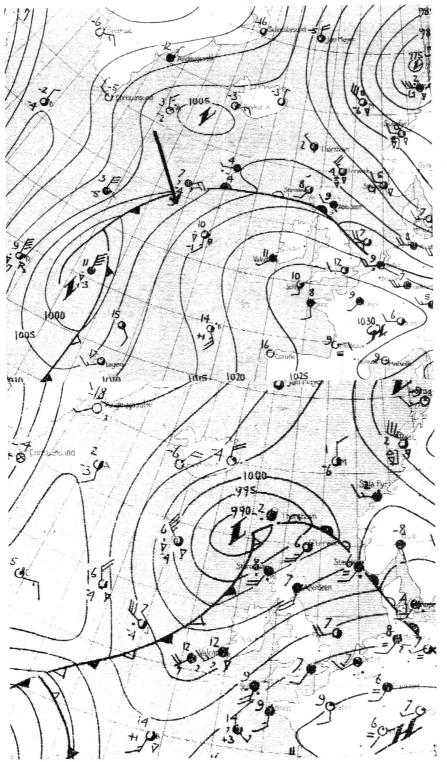

I. Donderdag 29 januari 1953, 's middags om een uur.

De geboorte van een boosdoener. De pijl geeft de plaats aan. Een jonge depressieloot ontwikkelt zich uit een groter lagedrukgebied op de Atlantische Oceaan, als een vlinder uit een cocon. De uitrekking in noordoostelijke richting van de isobaren (lijnen van gelijke luchtdruk) vormt een duidelijke aanwijzing voor de depressiegeboorte, maar er kan door de weerkundigen nog geen gesloten kern worden getekend. Niemand kan bevroeden, dat dit nog zeer onschuldige minimum over niet al te lange tijd een zware stormvloed zal veroorzaken. Boven Groenland en op de Atlantische Oceaan ten zuiden ervan, begint zich een hogedrukgebied verder op te bouwen.

II. Vrijdag 30 januari 1953, 's middags om een uur.

En daar is-ie dan! Ten noordwesten van Schotland ligt nu een veel meer volgroeide depressie. Zij heeft en passant een kleine restant-depressie ten zuidwesten van IJsland (zie kaartje I) opgeslokt. Zo'n depressie-ontwikkeling wekt op zichzelf nog weinig argwaan. De sturende stromingen in de hogere luchtlagen komen uit het westzuidwesten. Op grond daarvan zou men verwachten, dat het minimum Zuid-Scandinavië als reisdoel heeft. Toch stemt het feit, dat het ten zuiden van IJsland een zuidoostelijke koers is gaan volgen, tot nadenken. Want depressies die van die kant komen, kunnen soms raar uit hun slof schieten. Zachte lucht uit het zuidwesten stroomt over Engeland naar de Noordzee. Het Groenlandse hogedrukgebied (net niet zichtbaar) met bijwagen op de Atlantische Oceaan, verschuift naar het oosten en wordt met het uur sterker.

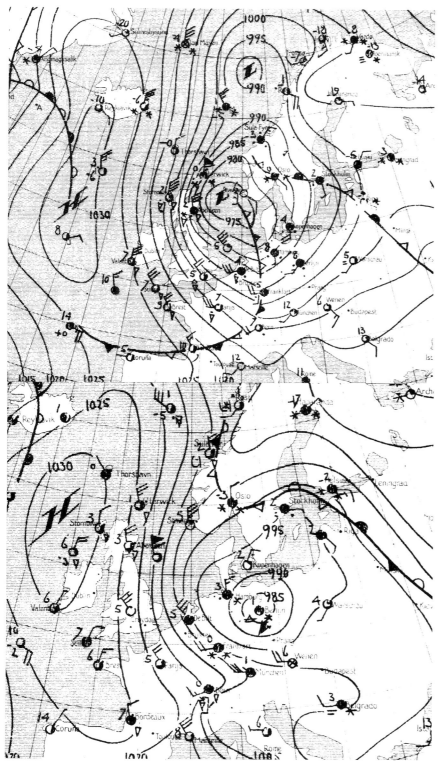

III. Zaterdag 31 januari 1953, 's middags om een uur.

Wat is er in vierentwintig uur veel gebeurd!

Een schip op de Noordzee meldt, dat in het depressiecentrum de luchtdruk tot onder 965 mbar is gedaald. En dat bij een gelijktijdige opbouw van het Atlantische hogedrukgebied tot boven 1030 mbar. De luchtdrukverschillen nemen enorm toe. In de voorafgaande nacht hebben schepen ten noordwesten van Schotland al winden van orkaankracht 11 tot 12 Beaufort gerapporteerd. Stornoway op de Hebriden meldt noordwest 10 Beaufort. In Schotland leggen ca. vier miljoen bomen het loodje als gevolg van gemiddelde windsnelheden van ongeveer 125 kilometer per uur en uitschieters van 180 kilometer per uur.

IV. Zondag 1 februari 1953, 's middags om een uur.

De stormdepressie is tot Berlijn gevorderd en opgevuld tot 985 mbar. Het hogedrukgebied met luchtdrukwaarden boven 1030 mbar ligt ten noordwesten van de Britse eilanden. Op het westelijk deel van de Noordzee wordt nog windkracht 12 Beaufort waargenomen.

45

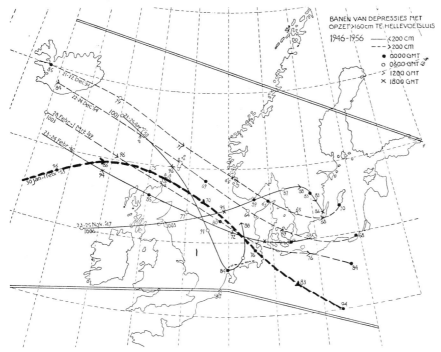

BANEN VAN DEPRESSIES MET
OPZET >160 cm TE HELLEVOETSLUIS
1946-1956 ——— <200 cm
- - - - >200 cm
● 0000 GMT
○ 0600 GMT
⊃ 1200 GMT
✕ 1800 GMT

BANEN VAN STORM(VLOED)DEPRESSIES

De banen van de voornaamste de-
pressies, die tussen 1946 en 1956
hoog of zeer hoog water veroor-
zaakten.

De rampdepressie van 'Zeeland' is
duidelijker dan de andere aangege-
ven.

+ 63 cm. Dat scheelt dus 44 cm.
Zou dezelfde storm bij dezelfde
meteorologische omstandigheden
op 14 februari zijn losgebarsten, dan
zou het water dus nog hoger zijn gekomen.
Uitgaande van gegevens van Vlissingen, Bergen op Zoom en Hoek van
Holland kan vastgesteld worden,
dat de stormvloed van 1 februari
1953 alle stormvloeden na die van
1894 ver heeft overtroffen.
In Zeeland werden hogere standen
waargenomen dan tijdens de be-
ruchte stormvloed van 1825. Het
verschil bedroeg in Zierikzee maar
liefst 62 cm, Brouwershaven 50 cm,
Veere 68 cm en de Goese Sas 58 cm.
Nog even de oorzaken op een rijtje.
a. Een zware noordwester storm, die

de hele Noordzee besloeg en langer
aanhield dan enige andere storm in
deze eeuw.
b. Het samentreffen van de storm
met springtij, ook al was dit dan niet
extreem hoog.
c. Het bijna samenvallen van de
grootste windsnelheden langs onze
kust met het tijdstip van hoogwater.

Is een stormvloed voorspelbaar?
In weerkundige kringen is bekend,
dat dieper wordende depressies van
IJsland op weg naar de Duitse Bocht
of Sleeswijk-Holstein met de grootst
mogelijke argwaan bekeken en gevolgd moeten worden. Vooral als er
tegelijkertijd ten westen van de Britse eilanden of boven Ierland of
Schotland een hogedrukgebied is of

ontstaat. In dat geval is er gevaar
voor (zware) noordwesterstorm.
De stormvloeden aan de Nederlandse kust worden meestal gedreven
door stormen uit richtingen tussen
west en noord.
De Duitse onderzoeker M. Rodewald heeft eens, aan de hand van 74
stormvloeddata in de Duitse Bocht
16 kenmerkende grondweerkaarten
getekend. Het KNMI heeft onder-
zocht, welke weertypen er bij die
grondweerkaarten werkzaam waren. Het bleek, dat er voor de helft
westelijke circulaties in het spel waren, voor 20 procent meest noord-
westelijke en voor 30 procent noordelijke. Het zijn uitsluitend deze
circulatietypen, die bepalend zijn
voor het optreden van stormvloeden
in het Noordzee-gebied. Het is
moeilijk, zo niet onmogelijk, een
stormvloed effectief te voorspellen.
Dat komt, omdat hij het resultaat is
van een keten van oorzaken zoals:
de baan en de treksnelheid van de
depressies, de grootte van het lucht-
drukverval, de plaats en de duur van
het windveld boven de Noordzee en
daarmee samenhangende windrich-
ting en -snelheid, het voorkomen
van secundaire storingen en astro-
nomische invloeden zoals springtij.
Deze complexe keten van verschijnselen is niet vooraf te berekenen.
Op grond daarvan concludeert F.
IJnsen, dat het optreden van een
stormvloed te veel aan het toeval gebonden is om er vooraf greep op te
krijgen. En wat wij dan toeval noemen, is in wezen de ingewikkelde
reeks van verschijnselen die stuk
voor stuk gebonden zijn aan wetma-
tigheden. Daarom zal het ook in de
toekomst erg moeilijk zijn al tijdens
het beginstadium van een depres-
sieontwikkeling vast te stellen, of er
al dan niet een stormvloed als in
1953 op komst is. Computerhulp
schiet daarbij te kort.

Zo beleefden zij de ramp

Vier Nederlanders die de Februariramp van nabij meemaakten,
vertellen elk hun zeer persoonlijke ervaringen van die emotionele en spannende dagen.
Hun verhalen leest u op de volgende bladzijden.

De tv-journalist *Ad Koolwijk*, in 1953 redacteur-verslaggever bij het Zeeuwsch Dagblad, die al op zaterdag het water zag komen en de publiciteitsmedia waarschuwde;

NOS-tv-directeur *Carel Enkelaar*, destijds sterverslaggever van de Volkskrant, die als eerste boven het rampgebied vloog en de regering alarmeerde;

Jan Geldof, particulier chauffeur van Zeelands commissaris der Koningin, destijds de zo populaire jonkheer De Casembroot, die de allereerste hulpverlening vanuit z'n huiskamer organiseerde;

Adjudant b.d. *J. Bout*, tijdens de ramp schipper van de Rijkspolitie te Water in Zeeland, die met z'n boot nachtelijke reddingen verrichtte in de verdronken polders.

De ramp begon op zaterdagmiddag

door Ad Koolwijk die in 1953 als redacteur-verslaggever werkzaam was bij het Zeeuwsch Dagblad

Het water stroomde over de veerdam. De zwarte, statige limousine, waarin Zeelands commissaris der Koningin, Jhr. Mr. A. F. C. de Casembroot, naar officiële gebeurtenissen placht te rijden, stopte en maakte 'halt en front' voor de woelige golven.

Het is zaterdag 31 januari 1953. Daar, op de veerdam van Wolphaartsdijk op Zuid-Beveland begon voor mij de geschiedenis van de 1 februari-stormvloed, de ramp die 1835 doden zou eisen, waarvan 873 in Zeeland.

Het was feest op Noord-Beveland. De Casembroot zou die middag het gemeentehuis van Kortgene feestelijk openen. Ik had me wat verlaat, omdat m'n auto niet wilde starten. En zo stond ik daar, nadat ik de wagen aan de voet van de dijk aan landzijde had geparkeerd, te wachten om met de veerpont overgevaren te worden. Die pont was nu onbereikbaar. Er stroomde heel wat water over de veerdam. Dat werd nattevoeten-werk.

Op dat moment ontmoette mijn blik die van de commissaris in de auto. Hij zei iets tegen zijn chauffeur, Jan Geldof. Die draaide het portierraam open en riep: 'Moet je ook naar de overkant? Kom d'r maar in, zegt meneer...' En zo reed ik even later droog en veilig naar de veerpont. Het water stroomde onder de auto door, die door Jan Geldof voorzichtig werd gereden. En ik hoor De Casembroot nog zeggen: 'Pas op Jan, dat we er niet afdrijven.' En Jan: 'Komt in orde, meneer...'

Zaterdag 31 januari. Om 11 uur die ochtend, had het KNMI de waarschuwing uitgegeven: 'Flink hoog water verwacht in Rotterdam, Willemstad, Bergen op Zoom en Gorkum.' Dat bericht werd om half een herhaald.

Maar om zes uur die middag luidde die waarschuwing als volgt:
'Boven het noordelijk en westelijk deel van de Noordzee woedt een zware storm tussen noordwest en noord. Het stormveld breidt zich verder uit over het zuidelijk en oostelijk deel van de Noordzee. Verwacht mag worden, dat de storm de gehele nacht zal voortduren. In verband hiermee werden vanmiddag om half zes de groepen Rotterdam, Willemstad en Bergen op Zoom gewaarschuwd voor gevaarlijk hoog water.'

Niemand in dat kleine vriendelijke dorp Kortgene, waar de vlaggen strak stonden in de felle wind en waar in het nieuwe stadhuis de burgemeester een gloedvolle toespraak hield, wist wat hem te wachten stond.

Want op dat moment draaide de orkaan, die langs de Engelse kust joeg, zich in de richting van ons land. Over de gehele lengte van de Noordzee werd een baan van duizend kilometer water opgestuwd. Een vloedgolf die acht à negen uur later tonnen en tonnen water tegen de dijken zou laten donderen.

Die middag was het laag water, maar het was volle maan en dat betekent springvloed.

De dijk bij Wolphaartsdijk was toentertijd 5,60 m + N.A.P., waaronder begrepen een muurtje van 1,10 m. En net als aan de overkant op Noord-Beveland stond het water die middag al bedenkelijk hoog tegen de kruin aan.

Terwijl op de Noordzee de watermassa's naderden, hield burgemeester Schuit van Kortgene zijn toespraak tot de genodigden.

Hij was altijd een voorvechter van een vaste verbinding tussen Noord- en Zuid-Beveland. Waar hij de kans maar kreeg, pleitte hij voor zijn brug tussen noord en zuid. En in het vuur van zijn betoog, waarin hij de autoriteiten op het hart bond nu eens over de brug te komen, riep hij uit: '... en we laten ons de kaas niet van het brood eten...' Dat had hij niet moeten doen.

Want Jhr. De Casembroot, altijd sportief en breed van opvatting, voelde dit als een persoonlijke aanval. Vrijwel direct na de openingsceremonie verliet hij het nieuwe raadhuis.

'Je kunt weer mee terugrijden', zei hij kortaf tegen me. Collega's van andere kranten trachtten me nog te verleiden met de vooruitzichten van een leuk feest, dat tot diep in de avond zou kunnen voortduren en féésten konden ze op Noord-Beveland. Maar ik ging weg. Waarom weet ik niet. Misschien een voorgevoel?

In de auto, terug naar de pont, brak de gramschap bij De Casembroot los. 'Hoorde je dat Jan, wat de burgemeester zei? De kaas van het brood...' Maar Jan, onverstoorbaar als hij was, nuchtere Zeeuw, antwoordde – en dat tekende in dergelijke situaties de nauwe band

tussen deze gezagsdrager en zijn chauffeur: 'Ach meneer. Laat 'm toch. We rijden lekker naar huis. Ik zet een kopje thee en dan gaan we vanavond fijn naar het concert in Hulst...'
Daar zijn zij die avond dan ook geweest. Ze reden over Antwerpen terug. Dat gebeurde in de nacht van zaterdag op zondag. Ze waren nauwelijks door de tunnel in Antwerpen gereden, toen hij volstroomde.
Op de Kreekrakdam tussen Brabant en Zeeland moest Jan de wagen even stilzetten om de voorruit, die grijs werd van overwaaiend zout water, schoon te maken. Ze zijn ook teruggereden door de Kruiningerpolder en ook die polder liep kort nadat ze er doorheen waren gereden onder water.

Zaterdag 31 januari. Mijn auto stond, toen ik afscheid had genomen van de commissaris en van Jan Geldof, nog veilig geparkeerd aan de binnenzijde van de zeedijk. Was ik blijven feesten en blijven slapen zoals de collega's, dan was ik die auto kwijt geweest. En ik zou ook dagen achtereen opgesloten hebben gezeten op dat Noord-Beveland, waar tussen half vier en vier uur die nacht 600 meter zeedijk van de Willem Adriaanpolder door de waterwolf werd verslonden. De binnendijken, slechts drie en een halve meter hoog, gingen er ook aan, zodat de stadspolder van Kortgene volliep en het dorp onder water kwam te staan.

In die dagen woonde ik in het stadje Goes, midden op Zuid-Beveland. Ik was toen verslaggever bij het Zeeuwsch Dagblad, maar werkte ook voor het Parool en het ANP.
Die zelfde zaterdag voor de ramp belde 's avonds om acht uur collega Gerard de Voogd uit Middelburg,

correspondent uit Veere, en nu PTT-voorlichter. 'Er is in Veere een oude baas die op de dijk woont en die zandzakken voor zijn deur legt. Hij zegt, dat het water vannacht heel hoog zal worden...'
Een mededeling, belangrijk genoeg om het ANP te tippen. De dienstdoende nieuwsdienst-redacteur incasseerde de melding met een: 'Oké, zeg. Hou je het in de gaten...?'
Chef Nieuwsdienst Gerrit Stants van Het Parool reageert feller: 'Gaat het mis, dacht je? Ik trommel een paar man op. Bedankt.'
's Nachts twee uur. Opnieuw rinkelt de telefoon en weer is De Voogd aan de lijn. 'Kom snel, Veere loopt onder...' In de auto springen is het werk van een ogenblik. Door de pikdonkere nacht rij ik over de toenmalige rijksweg richting Walcheren.
De Sloedam. Nog feller dan eerst zwiept de stormwind de wagen heen en weer. Dan rij ik Walcheren binnen. Voor me glimt de weg; asfalt... Asfalt? Dat kan niet. Het moet een klinkerweg zijn. Te laat! Met een vaart van negentig kilometer per uur vlieg ik een watervlakte in. Hoog, als bij een raceboot, stuift het water omhoog. De auto slipt, draait tweemaal om z'n as, staat stil.
De motor is afgeslagen. Op de weg staat 15 cm water, dat stil en verraderlijk onder de auto door stroomt.
Later hoor ik, dat de zeedijk van de Suzannapolder over een lengte van 80 meter is weggeslagen. De spoordijk kon het water niet tegenhouden. Het stroomde door een tunnel onder de dijk het achterliggende land in.
Vijftien centimeter water. Wat zal ik doen? Terugkeren? Doorrijden? Ik besluit tot het laatste. Ik moet naar Veere.
Gelukkig start de motor weer en langzaam rij ik over de rijksweg

richting Middelburg. Niet wetend dat inmiddels op Zuid-Beveland ook Kruiningen overstroomd wordt; dat Ellewoutsdijk, Baarland, Waarde, Wolphaartsdijk het water zien komen.
In de rijksweg is een coupure, die de Nieuwerkerkepolder moet beschermen tegen het water, dat uit de Suzannapolder komt aanstromen. Niemand te zien om de deuren te sluiten. Ik claxonneer om mensen in een dichtbij gelegen boerderij te wekken. Maar het water stijgt onder de auto en ik moet weg. Net op tijd bereik ik de dijk, waarachter Nieuw- en Sint-Joosland veilig ligt. Nog is er niemand te zien. Dan Middelburg waar ik De Voogd ophaal en samen rijden we naar Veere.
Vlak voor Veere ligt het dorp Zanddijk, een gehucht waar de weg doorheen slingert. Dan een brug en de kreet van De Voogd: 'Stop... water...' Ik trap op de rem, maar er gebeurt niets. De wagen schiet door, over de brug heen in een gat, dat achter de brug is uitgevreten door het snel stromende water. De auto staat er dwaas in, de neus omhoog, het achterstuk stroomt vol. We klauteren er verschrikt uit. Wat nu? Een landbouwer, die vlak bij de brug woont, heeft het zien gebeuren. Hij komt aanlopen en brengt twee forse paarden mee, van die echte zware Zeeuwse knollen. Een paar stevige touwen en 'Uto...'; de paarden spannen de spieren en trekken haast moeiteloos de wagen weer op het droge. De auto is niet eens beschadigd.
Veere blijft onbereikbaar en daarom draaien we om en rijden terug naar Middelburg; daarna naar Vlissingen. Ook daar is het water de stad binnengestroomd. Opnieuw moeten we terug.
In Middelburg bel ik naar huis. Daar hoor ik, hoe correspondenten uit al-

le delen van Zuid-Beveland hebben gebeld dat het mis is. Mijn vrouw heeft al die meldingen al aan het ANP doorgegeven. Toen kon het nog. Later vallen de verbindingen uit en moeten er andere wegen gevonden worden om het nieuws door te seinen.

We besluiten dat De Voogd op Walcheren zal blijven. Ik moet terug naar de basis, naar Goes. Bij Nieuwland kan ik niet verder. De polder staat onder water.

Er staan veel mensen op de dijk te kijken. Een man komt op me toe. 'Moet je naar Zuid-Beveland?' Hij weet een weg. Over een smalle dijk manoeuvreren we de auto in de richting van de Sloepolder. Het is een nieuwe polder en de dijk aan de Westerschelde-kant is hoog en hecht. Er stuift wel wat water overheen, maar we bereiken veilig de Zuidbevelandse kant. Bij Nieuwdorp zet ik hem af, dan rijd ik naar huis.

Goes is nog droog en is het gebleven. De maatregelen die mijn vrouw al snel had genomen, waren – gelukkig – overbodig. Ze had al van alles naar boven gesjouwd, tot een kleine potkachel toe.

De polder 'De Breede Watering', bewesten Yerseke is gespaard gebleven, hoewel het water daar ook tot 40 cm onder de kruin heeft gestaan en overvloeiend de binnenkant van de dijken heeft aangevreten. Die schade is snel hersteld met zandzakken. En zowel bij Kattendijke als bij Wemeldinge hebben ze gezien hoe, juist toen de toestand kritiek begon te worden, het water plotseling zakte. Op dat moment wist men dat ergens anders, op Schouwen en op Tholen, de dijken het begaven.

Die dag, het is zondag, moet de maandagochtend-krant worden gemaakt. De toestand is chaotisch. Je kunt aan de rand van het rampgebied op Zuid-Beveland gaan kijken. Bij Kruiningen worden heldendaden verricht door Yerseker schippers. Van Schouwen, van Tholen weten we nauwelijks iets af.

Later hoor je de verhalen. Verhalen over bejaarde mensen die, verrast door het water, vanuit hun eenkamerwoninkje op het dak waren geklommen. In hun nachtgoed. Mensen, die anders, als ze een bakje kolen gingen scheppen, zich dik inpakten om maar geen kou te vatten. Nu zaten ze soms een nacht en een dag in koude en sneeuwstormen en bleven in leven. Een arts zei me: 'De doodsangst moet het zijn geweest, die de uitgeputte lichamen als het ware verwarmde, en ze immuun maakte.'

Ik heb ze gezien, later, die oudjes van Noord-Beveland. Sommigen waren nog nooit van het eiland af geweest. Hadden zelfs nog nooit in de trein gezeten.

Een helikopter, met achter het stuur een kauwgom kauwende vastberaden Yank, pikte hen op en bracht hen naar het sportveld in Goes. Na een medische verzorging reden ze per trein naar een veilig, warm evacuatie-adres. Zo snel ging het in die dagen.

In die dagen deed je alles per fiets. Het gemakkelijkste voertuig om je te verplaatsen over modderige dijkjes. Op de fiets reed je naar Wemeldinge of Yerseke, waar een visser je meenam naar de overkant. Op de fiets kwam je die eerste dagen in Stavenisse of in de buurt van Waarde. Je deed je werk, schreef je verhalen en maakte je foto's. Ik herinner me nog de aannemer Kees Verstoep. Op de fiets was ik naar een poldertje in de buurt van Waarde gereden, waar ze een nooddijkje aan het aanleggen

waren. Ik kwam net op tijd. Verstoep en een aantal waterstaatsmensen keken toe, hoe het dijkje met zandzakken dicht ging. Een foto. Op hetzelfde moment bezweek dat dammetje weer, zoals de zee op het strand bezit neemt van een door kinderen gelegd dammetje van zand. In zijn teleurstelling, woedend om al dat werk dat voor niets was, wilde een van de waterstaatsmensen mij het fototoestel uit de hand slaan. De harde stem van Verstoep: 'Laat dat. Die man doet zijn werk.' En tegen mij: 'Ik wil die foto's wel van je hebben. Breng ze vanavond maar in hotel De Korenbeurs. Daar logeer ik . . .'

Het zijn maar grepen. Hier geen verhalen over mensen die meer dood dan levend over de Oosterschelde kwamen aandrijven op balken of stukken van een dak. Nog één verhaal. Het speelt zich af in de polder Vierbannen van Duiveland. Dat was de polder, waarin Ouwerkerk lag. Drie gaten sloegen er die nacht in de dijk ten zuiden van dit dorp. Het werden stroomgaten, variërend in breedte van 80 tot 200 meter en in diepte van 13 tot 21 meter. Het meest oostelijke gat, 200 meter breed en 21 meter diep, werd op 6 november 1953 gedicht.

Negen maanden had hier de zee vrij spel gehad. Op die zesde november 's nachts om vier minuten voor middernacht werd het geblokkeerd met een caisson. Daarmee was de laatste bres in het zuidwestelijk rampgebied gedicht.

Die bres is de geschiedenis ingegaan als 'het gat van Ouwerkerk'. Koel, nuchter rekenwerk van waterstaatsmensen en aannemers. Maar achter die nuchterheid zat een brok spanning, die zich uitte in een wild concert van sleepboot-toeters en gejuich van honderden mensen, die dit im-

mense karwei gadesloegen.

De pers was geconcentreerd op een grote rondvaartboot. Ik meen dat het de 'Jan Lely' was. Doet er niet toe.

Terwijl gewacht werd op 'het moment, dat de stroom in het gat door de wisseling van eb en vloed zou stilvallen, maakte ik in de grote kajuit enkele notities. Er waren weinig mensen binnen op dat moment. Schuin tegenover me zat een bejaarde kleine dame, zilverwit haar rond een vriendelijk gezichtje. Ze keek peinzend naar buiten. De vrouw van een gepensioneerd waterstaatsingenieur, zou je zo zeggen.

Plotseling wenkte ze me. 'Wat is er hier precies aan de hand?' vroeg ze in het Frans.

Ik moet haar stomverbaasd hebben aangekeken, want ze glimlachte en vervolgde: 'Weet je, ik ben moderedactrice van Le Monde. Ik was in Den Haag en ze belden me op met de vraag of ik hierheen wilde gaan. Maar ik begrijp er niets van. Wat is er aan de hand?'

Ik geef het u te doen. Mijn leraar Frans zou zich waarschijnlijk de ogen uit de kop hebben geschaamd, als hij me bezig had gezien een Franse mode-redactrice uit te leggen dat er negen maanden geleden dijken waren doorgebroken; dat die gaten stuk voor stuk waren gedicht en dat dit nu het laatste gat was. Ik geef het u te doen een kleine Parisienne uit te leggen, hoe ze met caissons dijken dichten. Maar ze begreep me. Noemde me 'un bon garçon'.

En toen het zover was, stond ze, met de anderen aan dek, diep weggedoken in duur bont en haar broze stemgeluid ging verloren in het tumult.

'Meneer was een sjouwer en je sjouwde mee...'

Gesprek met Jan Geldof, particulier chauffeur van de commissaris der Koningin in de provincie Zeeland

"'s Ochtends om half zes werd ik uit bed gebeld door de politie: "Of je direct naar Middelburg komt."
Ik zei meteen: "Is er iets met meneer De Casembroot?"
"Nee", zei hij, "er zijn dijken doorgebroken."
Ik zeg: "Oh, is het anders niet." Gek hè, zo'n reactie?'

Jan Geldof, chauffeur van de commissaris der Koningin in Zeeland De Casembroot, daarna Van Aartsen, nu Boertien. Met De Casembroot heeft hij de ramp beleefd. Zijn 'meneer', voor wie hij door het vuur ging en die het altijd voor hem opgenomen heeft.

'Meneer De Casembroot, dat was een sjouwer en je sjouwde mee van 's morgens vroeg tot 's avonds laat. Mensen opvangen, mensen helpen, met mensen praten.
Ja, ik weet het nog, we waren 's zaterdagsmiddags naar Kortgene geweest en 's avonds naar Hulst en we waren erg laat thuis.
Toen ik die zondagochtend vroeg, om zes uur, bij meneer thuis kwam, zaten hij en mevrouw en majoor Potteboom van de kazerne er reeds

om al die telefoontjes op te vangen. Ik zei toen: "Meneer, laten we naar de griffie gaan, daar zijn meer lijnen." Toen heb ik wat ambtenaren opgehaald en het dienstmeisje, want die kon dan mevrouw eens voor de telefoon aflossen. Zo hebben we die eerste dag gewerkt. Vanuit de griffie had meneer de touwtjes in handen en dat liep erg goed.
Later zijn we met bootjes door de rampgebieden gaan varen en hebben we al die dorpen bezocht. En dan denk ik nog altijd – hoe erg het ook was – met plezier aan de ouwe burgemeester van Ouwerkerk, Romeyn. Hoe die met zijn vrouw de mensen opving. Ja, dat waren Koos en Marietje. Zo kende iedereen ze. Prachtmensen, die hebben zich geweldig gedragen. Dat was boven alles verheven.
Ja, en dan ging je naar Tholen en daar kwam je mensen tegen, waarvan ze gezegd hadden dat ze verdronken waren. Zo vreemd hè!
Gekke dingen maakte je mee. Zoals bijvoorbeeld, toen Koningin Juliana met een helikopter op dat smalle dijkje, midden in het water, bij Bruinisse landde. Vandaar zou ze gaan varen. Burgemeester De Jong had een prachtig plankier laten leggen.
Het gebeurde waarschijnlijk in de zenuwen, maar toen hij haar naar de boot begeleidde, liep hij over het plankier en de Koningin in haar rubberlaarzen door het water. Maar daar maakte ze niks van, hoor. Ze lachte maar eens.
Meneer kon goed met haar overweg, maar dat kon híj doen, want als er eens iets was, dat beter niet in de krant kon komen, dan hoefde hij het maar te zeggen en iedereen was ermee akkoord.
Het mooiste dat ik heb meegemaakt, was op een zaterdag. Meneer had een bespreking op het gemeentehuis

van Stavenisse met burgemeester Verburg. We konden er toen al met de auto komen, maar daarna zou hij met de boot van de rijkspolitie overvaren naar Burghsluis op Schouwen-Duiveland.
We rijden erheen en ik had zijn tas bij me. Je weet wel, meneer had erg last van astma en daarom had hij altijd een inhaleerspuit en poeders bij zich, waarvan hij er een stuk of vijf, zes per dag moest innemen.
Enfin, hij in het gemeentehuis met de burgemeester en de commandant van de rijkspolitie in Zeeland, Ballegooyen de Jong.
Op de kop van de haven staat een café en ik zet daar de auto neer en ga het café binnen. Daar zat een kapitein van een sleepboot van de Amsterdamse Ballast-maatschappij en ook wat mannen van de rijkspolitie. Ik drink een glaasje met die mensen, maar na verloop van tijd denk ik: kom, ik ga maar eens kijken waar ze blijven. Ik loop naar het gemeentehuis en de zaak is op slot. Wat nou?
Enfin, ik vraag een paar mensen: "Hebben jullie de commissaris niet gezien met de burgemeester en een paar politiemensen?" "Oh", antwoordden ze, "die zijn de dijk opgegaan, al een hele poos geleden."
Ik stap in m'n auto en de sleepbootkapitein zegt: "Mag ik mee?" Oké, we rijden tot aan de voet van de dijk en we komen bij het water en zien de rijkspolitieboot wegvaren. Nou, dat was wat!
Meneer had zware astma en ik wist, dat hij beslist niet zonder zijn inhaleerspuit en de medicijnen kon. Bovendien zaten ook zijn nachtgoed in de tas en zijn scheerspullen.
Hij zou 's zondagsavonds pas terugkomen en ik zou hem dan afhalen van Flipland (St.-Philipsland – K). Ja, wat nu. Ik zeg tegen die sleepbootkapitein: "Wil je me varen?"

"Altijd", zegt-ie. "Waar moet het naar toe?"
Ik zeg: "Naar Burghsluis."
Hij: "Dat kan ik niet doen. Daar ben ik nog nooit geweest. Maar ik wil wel voor je naar Zierikzee varen."
Ik zeg "akkoord" en tegen twee politiemannen die ook meegereden waren: "Gaan jullie dan mee." Nou waren die gedetacheerd op Stavenisse en ze zeiden dan ook: "Dat gaat niet, want we hebben dienst." Ik

---

Koningin Juliana bezoekt het rampgebied en laat zich op Schouwen voorlichten over de situatie door burgemeester A. A. van Eeten. Rechts: de Zeeuwse CdK jhr. mr. A. F. C. de Casembroot. Links (half zichtbaar) Hare Majesteits adjudant, baron W. F. K. Bischoff van Heemskerck.

zeg: "Dat maak ik wel in orde met jullie baas."
Kort en goed, via radio Scheveningen heb ik de rijkspolitie in Zierikzee gebeld, dat was de enige mogelijkheid, en de zaak uiteengezet. Daarna ben ik langs Bergen op Zoom gereden en via de gewone telefoonlijn – dat kon vanaf daar toen wel – weer gebeld en toen hoorde ik dat de sleepboot net binnenvoer.
Nou, en toen moest de rijkspolitie van Zierikzee met de tas rijden naar Brouwershaven en dan langs de kust helemaal tot Scharendijke langs het strand. Vervolgens heb ik de burgemeester van Burgh gebeld en die zei dat meneer er net was.
De Casembroot kwam aan de lijn en

zei: "Ik was het helemaal vergeten, Jan, we hebben het zo druk gehad."
Nou, toen is hij 's nachts samen met Van Ballegooyen de Jong, bij laag water, over het strand gelopen en de rijkspolitie kwam van de andere kant in een jeep aangereden met de tas en de spullen en om drie uur 's nachts had hij zijn tas weer.
Weet je, dat deed je gewoon, dat deed iedereen gewoon zo voor hem. Want hij had voor een ander ook alles over.'

53

'Daar hebben ze in Den Haag geen weet van!'

Gesprek met Carel Enkelaar, die in 1953 als speciale verslaggever werkzaam was bij de Volkskrant

'Ik had die nacht de storm wel gehoord en er waren pannen van ons huis in Bovenkerk gewaaid, maar voor de rest, niks aan de hand. Zondagmorgen om half tien gaat de telefoon, naast m'n bed. Een collega op de Volkskrant-redactie belt me en zegt: "Nou, da's me ook een toestand!" Ik zeg: "Wat is er dan?" En hij weer: "Zet de radio maar eens aan, half Nederland staat onder water..."

Nou vraag ik je. De grote verslaggever ligt in z'n nest, terwijl er zo iets gebeurt. Op de redactie hadden ze me wel gebeld, maar kennelijk was ik door de telefoon heen geslapen. Enfin, ik hoorde dat ze er al een stel verslaggevers op af hadden gestuurd, maar hun rapporten kwamen hierop neer, dat ze door het water gewoon niet verder konden.'

Carel Enkelaar, hoofd NOS-televisieprogramma's, in z'n werkkamer, in een van de NOS-villa's aan de Hilversumse Emmastraat.

"'t Is al weer zo lang geleden, maar ik herinner me het nog goed. Wie niet trouwens. Toen dacht ik, als je met de auto niet verder kunt, dan moet je vliegen en dus begon ik te bellen met een goede vriend en medewerker, die ik op verzoek van hoofdredacteur Lücker had aangetrokken: Willem van Veenendaal, toenmalig gezagvoerder van de KLM. Nou, Willem dacht het wel te kunnen regelen. Maar ja, Lücker moest toestemming geven, want het kostte natuurlijk wel een flink bedrag. Ik meen 1200 gulden.

Lücker gebeld. Zegt zijn vrouw: "Joop zit in het bad." Zo ging dat. Het land onder water en Lücker onder water. Maar hij vond het goed en zei dat we een goeie fotograaf mee moesten nemen: Jan Stevens. En zo stegen we 's middags om half twee op van Schiphol met een Dakota. Stevens mee, Willem van Veenendaal mee, want die kende ons land op z'n duimpje en nog wat collega's van de Volkskrant, want hoe meer mensen, hoe meer je ziet.

Ik zie het nog allemaal voor me. Jan Stevens met touwen vastgebonden in het open deurgat. Eerst vlogen we richting Petten, maar daar was nauwelijks iets aan de hand. Toen terug richting Zuid-Holland en Zeeland. We zagen Oude Tonge en Stavenisse en de andere rampgebieden. Stevens heeft prachtige opnamen kunnen maken.

Om vijf uur 's middags waren we terug op Schiphol en het bleek dat we de enigen waren, die gevlogen hadden.

Willem van Veenendaal kwam toen met een uitstekende suggestie. Hij zei: "Wat wij hebben gezien, daar hebben ze in Den Haag geen weet van. Dat moet Drees weten." Enfin, hij heeft Plesman opgebeld en die heeft toen contact met de regering opgenomen.

In Den Haag waren ze zeer onder de indruk van de opnamen van Stevens, die trouwens de gehele wereld over zijn gegaan. Ze hebben beslist ook in het buitenland geleid tot die massale hulp die toen op gang is gekomen. Wij hebben toen onze verhalen gemaakt voor de maandag-krant met een grote fotopagina.

Weet je, het was voor mij toch een grote voldoening, dat ik, hoewel ik eerst had achtergelopen, nu toch weer op kop liep.

De volgende dag werd besloten dat ik naar Bergen op Zoom zou gaan om de hele verslaggeving in het rampgebied te coördineren. Als teamgenoten had ik onder meer Cor van Heugten en Ton Nelissen. We hebben daar toen met een hele club samengewerkt en dat liep erg goed. Na een week, op zaterdag, was ik weer terug op de redactie. Lücker zei toen tegen me, dat we een heel goed samenvattend sfeer-verhaal moesten hebben. Daar had je bijvoorbeeld Stavenisse. Daar mocht je niet in. Daar hebben zich ook verschrikkelijke tonelen afgespeeld, met dat kerkhof dat opengespoeld was. Ik ben nooit in Stavenisse geweest, ook tot op heden niet. Maar ik weet nog, dat toen in die tijd in Frankrijk het proces werd gevoerd over de vernietiging door de Duitsers van het plaatsje Oradour.

In mijn verhaal heb ik toen Stavenisse vergeleken met Oradour, maar het "Oradour, besprongen door de zee". Dat verhaal heb ik die zaterdag op de krant zitten schrijven, met mijn rubberlaarzen nog aan. Je kwam zo van dat macabere gebied vandaan. Je had weinig slaap gehad, een week lang, gewoon je werk gedaan; die aandrang om je ambacht uit te oefenen. Dat hield je gewoon op de been. Maar toen kwam ik die avond thuis in Bovenkerk. En daar in die nette, schone, gezellige huiskamer, met de brandende kachel, daar kreeg ik het te pakken. Toen ben ik in elkaar geklapt. Voor het eerst. Ik heb een uur lang, daar voor de kachel, zitten huilen. Ik moest het

Vastgebonden in het open deurgat van de door KLM-gezagvoerder Willem van Veenendaal gevlogen Dakota, maakte persfotograaf Jan Stevens op zondag 1 februari 1953 deze opname van het dodendorp Stavenisse. De foto's van Stevens maakten indruk op onze regering. Ze gingen de gehele wereld over en brachten internationale hulpakties op gang.

kwijt. Al die ellende moest ik kwijt. Die dag daarop zouden de eerste begrafenissen zijn. Ik ben er samen met Willem van Veenendaal heen gegaan. Ik heb van zo'n begrafenis een verslag gemaakt en toen dat geschreven was, toen was ik eroverheen. Ik was het kwijt.

Daarna wilde ik niet meer naar Zeeland terug. Ook niet, toen negen maanden later in november het laatste gat bij Ouwerkerk dicht ging. Het was een groots gebeuren met veel ceremonie en ik zou er heen moeten, maar ik wilde niet meer. Ik kon er gewoon niet meer naar toe. Zo van: "een-twee-drie, hoera, het gat is dicht." Ik ben trouwens daarna nooit meer naar Zeeland geweest. Nou ja, wel eens een enkele keer over de nieuwe rijkswegen er snel doorheen gereden, maar echt in Zeeland, nee."

55

''t Is kiele, kiele, majesteit...'

Gesprek met adj. J. Bout, van de rijkspolitie te water in Zeeland

'Op een dag vaart de koningin naar Zierikzee. Het was op de "Christiaan Bruninckx", een stomer van Rijkswaterstaat. Nou had dat schip nogal wat diepgang en wij moesten de Koningin overnemen op de boot van de rijkspolitie.

Ze staat naast de schipper en vraagt: "Wat dacht u, halen we het met het tij?" Zegt die schipper: "Nou, 't is kiele, kiele, Majesteit."

"Wat zegt u?"

"'t Is kiele, kiele, Majesteit."

"O. Wat betekent dat?"

"'t Zal net gaan, Majesteit.'"

Adjudant J. Bout, van de rijkspolitie te water in Zeeland, toen in die dagen nog schipper Bout en inmiddels met pensioen, lacht nog eens na.

Hij zegt: 'Je maakte van alles mee. Het was in die dagen natuurlijk vreselijk, wat je zag, maar soms was er ook de humor en dan krikte dat de mensen weer op.

De koningin en ook prinses Wilhelmina waren fantastisch. Ze gingen overal doorheen, waterlaarzen aan.

Ik herinner me nog goed, dat de koningin naar Ouwerkerk moest. Burgemeester Romeyn was nog in zijn verdronken dorp. Die regeerde nog vanuit het gemeentehuis. We waren er met de RP 4 heen gevaren. Na enkele uren kwam koningin Juliana weer aan boord en die had een pak papier onder de arm. De mensen in het dorp hadden haar van hun armoedje toch nog wat willen meegeven.

In de kajuit zat de commissaris van de koningin, Jhr. De Casembroot, al op de bank, toen ze binnenkwam met dat pak onder haar arm en ik zal nooit 't zinnetje vergeten, waarmee hij haar begroette.

Hij zei: "Mè, m'n émel, Majesteit, leur je noe mie ellehoed...?" (Vertaald: "Maar, m'n hemel, Majesteit,

---

De RP-4 varend in het verdronken dorp Ouwerkerk.

loopt u nu met ellegoed te leuren?"; ellegoed is Zeeuws voor stoffen, die per el werden verkocht.) Dat zinnetje was verbazend, hè? Dat was helemaal De Casembroot en de koningin kon er hartelijk om lachen.'

'Ik weet nog goed, hoe hoog het water stond die zaterdag voor de ramp. Toen meerde de RP 4 even in de buitenhaven van Wemeldinge. Lopend door de straten zag je toen het schip ver boven de dijk uitsteken. Ik dacht toen al: "Nou, da's niet mis." Om vier uur 's nachts stond ik op de zeedijk, samen met een man van Van der Taks Bergingsbedrijf. Er waren geweldige golven en iedere keer voelde je de dijk schudden. Het water stroomde ook over de kruin soms en dat veroorzaakte afschuivingen die meteen met zandzakken werden gerepareerd.

Plotseling zegt die man van Van der Tak: "Hé, zie je dat?" Het water begon heel snel te zakken, zeker 40 centimeter, terwijl het toch nog een uur moest wassen. Het was duidelijk voor ons een aaneenschakeling van rampen: Stavenisse, Ouwerkerk, Noord-Beveland en Bergen op Zoom kregen het water binnen. Dat ontlastte de Oosterschelde. Als dat niet was gebeurd, zou waarschijnlijk de rest van Zuid-Beveland eraan zijn gegaan.

Later zijn we ook met de politieboot naar Kruiningen gevaren. Met zwemvesten en dergelijke. We hebben in de polder gelukkig toen heel wat kunnen coördineren. Want we waren de enigen met radio aan boord en konden dus ook Middelburg snel op de hoogte stellen.

Wij zijn ook met de boot naar het haventje van Flaauwers op Schouwen-Duiveland gevaren, tussen Burghsluis en Zierikzee in. We vonden er het cafeetje van Simon 't Hart vol met geredden, die apathisch uit-

keken over die watervlakte. Twaalf kilometer diep tot aan de andere kant van het eiland, alleen maar water. We hebben ook toen met de politievlet gevaren en allerlei mensen uit boerderijen gehaald. Ik herinner me nog, hoe we uit een schuur een stuk of wat mensen konden redden. We konden met de vlet net onder de opening van de mendeuren door. Er zaten nog anderen, maar die moesten wachten, omdat de vlet maar een man of wat kon bergen. Toen we naar binnen voeren, dacht ik: "Als het water nou maar niet verder stijgt, anders kunnen we er niet meer uit varen." Maar het ging. En daarna, toen je buiten was op weg naar de dijk, om de mensen af te zetten, dacht je weer: "Als die schuur het maar houdt", want dat ding zwabberde gewoon heen en weer in de golven.

Ergens braken we een dak open om mensen te zoeken en toen zagen we aan de andere kant die mensen door een zijkant van een huis, dat was weggeslagen, naar vliegtuigen kijken die rubberbootjes uitwierpen.

Ja, het was vaak "als". Net als toen in Burghsluis. Ik vaar het haventje in – 't was in het donker – en meteen zie ik in ons zoeklicht een schuimstreep. D'r zat een groot gat in de kademuur en daar zouden we zo doorheen zijn gesleurd, als ik niet meteen de motor op volle kracht had gezet. Ik voel nog de klap, waarmee we tegen de loswal werden geslagen. Maar goed, we waren binnen. Geen sterveling meer te zien en dus er weer uit. Hetzelfde spelletje. Als je de polder in was gezogen, nou, dan was je mooi verloren geweest.

Als ik dan denk aan visser Huub Koster van de Yerseke IV, die bij Ouwerkerk als eerste het gat binnen is gevaren. Hij zei tegen z'n jongens: "Hou je vast, ik zet 'm d'r dóór." In totaal onbekend wild, woest water

is hij naar het dorp gevaren en heeft z'n schuit achter de pastorie vastgelegd en mensen aan boord genomen.

Later waren we verbindingsvaartuig. Je sliep soms nachten lang niet. Maar ja, ik was toen 35. Kon je nog wat hebben. Je schip was erop gebouwd en jij was erop getraind.

Nog één mooi geval. Op een dag moeten we met zes autoriteiten uit Den Haag naar Schouwen. De districtscommandant van de rijkspolitie in Zeeland, Ballegooyen de Jong is er ook bij. Ik heb ze in Anna Jacobapolder aan boord genomen; daar staan hun auto's. We brengen ze naar Brouwershaven. Daar rijden ze het eiland over om allerlei rapporten te maken en zo, en 's avonds moet ik ze daar weer ophalen om ze terug te varen naar Anna Jacobapolder.

We zijn net de haven uit en daar zie ik de mist als een dikke deken op me af rollen.

"Ja, schipper, we móeten vanavond in Den Haag terug zijn om maatregelen te nemen."

Ik zeg: "Nou, dat doen we dan toch?"

"Hoe lang duurt dat, schipper?"

"We zullen proberen het in drie uur te klaren, meneer."

Nou, de Grevelingen, toen net hoogwater voor de eb, potdikke mist, dus dat werd navigeren, puur op de kaart, het kompas en met de chronometer. Je weet hoe dat gaat; ik beneden met de kaart en dan maar varen, blazen, varen, blazen. Het hele gezelschap zat in de stuurhut, als lammetjes. En maar wachten, waar de klap zou vallen.

Na enige tijd varen komt kolonel Van Everdingen naar beneden. "Schipper, waar zitten we nu? Weet je dat ook?"

Ik zeg: "Ja hoor, dat weet ik." Ik pak de koerslijn en de passer en zeg:

57

"Hier zitten we nu."

"O ja?" zegt-ie.

Ik zeg: "U gelooft het niet, hè? Nou ziet u op de kaart deze boei, spitse boei nummer 10?" Hij knikt. Ik zeg: "Dan zullen we die even aanlopen." Ik verleg de koers, een paar graden stuurboord, even varen en dan "stop". Dan het zoeklicht overboord. "Gaat u maar even kijken." En daar lag de boei in het zoeklicht; op 4 meter afstand.

"Da's sterk", zegt-ie. "Da's sterk." Enfin, we komen ten slotte in het Zijpe; veel bochten. Nu ligt daar ook een boei, een gasboei. We hebben dik stroom tegen en nog steeds dikke mist. Twee en een half uur varen. Geen boei te zien. Want als je twaalf meter uit de koers ligt, zie je geen boei meer. En toch moeten we uit komen bij de tramhaven, waar hun auto's staan. Ik zeg: "Bakboord aan boord, zoveel graden", en jawel

hoor, daar staan de auto's.

En het hele koor maar roepen van "hoe is het mogelijk, hoe is het mogelijk?". Maar ze vergaten, dat wij al jaren op de Zeeuwse stromen rondvaren.

Ik ben er nog altijd trots op, dat Jhr. De Casembroot onze RP 4 beschouwde als zijn lijfboot en dat we in die ramptijd zoveel hebben mogen doen. Daar ben ik en de hele bemanning erg trots op.'

58

Het wonder van de saamhorigheid

Hulp uit heel de wereld
door ing. W. Metzelaar

De jaarwisseling 1952-1953. Dag- en weekbladen publiceren jaaroverzichten waarin geconstateerd wordt, dat ons land met veel succes bezig is uit het dal te kruipen van de vernielingen en ellende van de ruim zeven jaar achter ons liggende wereldoorlog.

Op Walcheren beginnen de bomen weer te groeien. De puinhopen van steden als Rotterdam, Middelburg, Tiel, Arnhem en vele andere zijn verdwenen en de wederopbouw geeft aan vele vertrouwde historische plekjes een nieuw silhouet.

De Wieringerwaard pronkt weer in haar oude luister. Nieuwe wegen worden aangelegd; de bruggen over de grote rivieren zijn opgevist en herbouwd.

De gehele koninklijke familie was in mei 1952 present bij het in gebruik nemen van het nieuwe Amsterdam-Rijnkanaal, en bij Velsen ontstonden nieuwe tunnels, één voor het spoorwegverkeer en de ander voor de langzaam maar zeker in aantal toenemende auto's.

De economie kreeg een staartje mee van het Duitse 'Wirtschaftswunder'. En de pessimisten die na de oorlog een zwarte toekomst voorspelden met veel ontbering en gebrek, bleken ongelijk te hebben gehad.

Eén ding was tegengevallen. De optimisten hadden gehoopt dat na de oorlog de eenheid en de saamhorigheid, in de zware jaren ontstaan door het geweld en de wreedheid waarmee op het volk was ingehakt, van blijvende aard zou zijn. Ook zij kregen ongelijk. De volksvertegenwoordiging had weer evenveel partijen als voordien en ook in het dagelijkse leven groeiden tegenstellingen en splijtzwammen naarmate de welvaart toenam.

En in die situatie wordt het Nederlandse volk, na een stormachtige nacht, op zondagmorgen 1 februari op wrede wijze wakker geschud.

Overal wordt de radio aangezet, buren lopen te hoop. Wie vrienden of familie bedreigd weet, tracht op te bellen, maar ineens is daar de chaos, de onzekerheid.

En dan geschiedt in één flitsend moment het wonder. Eensklaps is daar die saamhorigheid weer.

Instinctief voelt men, dat we als volk opnieuw worden bedreigd en getroffen.

En in dit land van individualisten schiet plotseling een vonk, de vonk van het 'wij' en het 'ons', waardoor het 'ik' ineens naar de achtergrond wordt gedrukt en wekenlang totaal afwezig blijft.

Men loopt te hoop, nog op diezelfde zondag, en vindt elkaar in allerlei verbanden: kerkelijk, Rode Kruisafdelingen, maar ook in allerlei verenigingsverbanden, tot sportclubs toe.

En een ieder wil actie. Iets doen. Maatregelen nemen. Velen vertrekken hals over kop, voorzien van goede regenkleding, oliejassen, eten en drinken naar het rampgebied om te helpen. Per boot, per auto of op de fiets. Hulp aan de dijken, hulp bij het redden van mensen en dieren.

Ook dit wordt een chaos. Want niemand heeft overzicht. In het algemeen strandt deze stroom aan de randen van het rampgebied.

Omdat het onmogelijk is zonder goed aangepaste hulpmiddelen door te dringen tot het hart van het verdronken land.

Anderzijds hebben duizenden juist in die randgebieden de eerste dagen fantastisch werk kunnen doen: het opvangen van mensen, het sjouwen van duizenden zandzakken of het ravitailleren van de honderden sjou-

Nederland voelt zich plotseling weer één. Men loopt te hoop en snelt te hulp om te helpen in deze grote nood. Velen vertrekken hals-over-kop naar het rampgebied, waar de stromen hulptroepen en wegvluchtenden in elkaar vastlopen. Deze opname werd gemaakt bij de pont naar 's-Gravendeel, waar een kolonne wacht om overgezet te worden: een Rode Kruisauto uit Rotterdam, een trailer met bootjes uit Friesland en tientallen andere vrachtwagens met dekens, medicamenten en warme kleding. Op de voorgrond: mensen die evacuees komen afhalen. Op de achtergrond: geredde koeien.

wers die daar al bezig waren.

Het meer georganiseerde hulpwerk wordt al meteen op zondag 1 februari aangepakt. Het Hoofdbestuur van het Nederlandse Rode Kruis telext aan alle afdelingsbesturen goederen in te zamelen, vooral dekens en warme kleren.

Verder wordt via alle beschikbare media bekend gemaakt dat geld kan worden gestort op het gironummer van het Nationale Rampenfonds, opgericht tijdens de ramp door de windhoos bij Borculo. Het fonds heeft sindsdien een slapend bestaan geleid en had wat kasmiddelen om te kunnen helpen bij voorkomende rampen. Maar die zijn op geen enkele wijze toereikend om ook maar iets te kunnen doen bij een ramp van deze omvang.

Maar daaraan wordt door het Nederlandse volk iets gedaan! Het is, alsof men gewacht heeft op een sein om tot actie over te kunnen gaan. Postwissels en aangetekende brieven komen reeds 's maandags in één onafgebroken stroom binnen in het statige herenhuis aan de Statenlaan in Den Haag, waar het Fonds een paar vertrekken in gebruik heeft.

En de geldstroom blijft wassen tot voor die tijd onvoorstelbare hoogte. Met als eindcijfer bijna 140 miljoen gulden. Een bedrag dat naar huidige maatstaven een waarde zou hebben van zo'n 1½ miljard gulden. De juiste besteding van al dit geld geeft meer kopzorg dan het innen en administreren van de vele giften.

Met inschakeling van allerlei plaatselijke organisaties op gemeentelijk niveau, kerkbesturen en maatschappelijke diensten heeft men getracht zich zo goed mogelijk van die taak te kwijten.

Er was gebrek aan alles. Huisraad, textiel, eerste levensbehoeften zoals huishoudgeld, voedsel, warmte.

Maar ook zaken als het oprichten van opvangcentra, noodhospitalen, noodkeukens en badinrichtingen kwamen onmiddellijk aan de orde. In een wat later stadium toen er wat meer orde in de chaos was ontstaan werd er bijvoorbeeld een 'textiel-plan' uit de grond gestampt. Dit hield in dat voor kleding geen geld-bedragen meer werden uitgekeerd, maar dat nieuwe kleding, schoeisel, linnengoed, etc. in natura werden verstrekt. Op zich een ingewikkelde organisatie maar met behulp van en-

Overal worden acties en inzamelingen op touw gezet. Eerst kleding, dekens en bijvoorbeeld kachels, die door de Amsterdamse kachelsmeden worden ingezameld voor Schouwen-Duiveland. Dan komt er ook geld, veel geld. Bij het Nationale Rampenfonds komt bijna 140 miljoen gulden aan giften binnen.

quêtes via de plaatselijke instanties slaagde men er in om vrijwel steeds pakketten te verzenden van de ge-wenste samenstelling, de goede ma-ten en de juiste soort.

Schade aan woningen kwam niet ten laste van het fonds. Daarin voorzag de acuut uitgevaardigde wet op de watersnoodschade.

Doch via de zgn. huisraadschade werd wel een belangrijke bijdrage geleverd aan de inrichting van de woningen en het herstel van de huishoudelijke gang van zaken.

Een derde belangrijke activiteit van het Rampenfonds was de bijdrage

die werd geleverd op Schouwen-Duiveland bij het schenken van nieuwe landbouwwerktuigen, het zgn. agrarische plan. En om nog even in de agrarische sector te blij-ven: in het laatste stadium van het landbouwherstel was er op Schou-wen-Duiveland op vele plekken ge-brek aan een goede laag teelaarde. Bij de uitbouw van de Rotterdamse haven waren grote quantums klei vrij gekomen, waar geen directe bestemming voor was. Het Ram-penfonds betaalde het transport van deze klei naar de getroffen land-bouwgebieden.

Op verscheidene plaatsen in ons land bestonden in Rode Kruis-verband reeds een aantal zgn. 'rampendepots': opslagplaatsen met goederen die in een rampsituatie direct nodig zijn.

De depots in het rampgebied waren meteen 'uitverkocht' en moesten direct en soms ook vele malen achtereen, weer worden aangevuld, terwijl nieuwe depots werden ingericht.

Geld is een belangrijke zaak. Maar hulpverlening door het uitschrijven van een cheque of een greep in de portefeuille is voor de meeste mensen in die situatie te passief. Vooral in de eerste weken, wil men actief bezig zijn. De eerste groep, daartoe qua leeftijd, lichaamskracht, gezondheid in staat, is al naar het zuiden gesneld om tijdelijk deel te hebben aan de hulpverlening, in welke vorm dan ook.

Maar ook anderen komen op schitterende wijze in actie. De oproep tot het inzamelen van kleding, dekens, meubels, bedden, kachels, lampen, vloerbedekking, etc. etc. vindt zoveel weerklank, dat men een tweede voorbeeld van deze aard in de geschiedenis tevergeefs zal zoeken.

Overal trekken burgers, in allerlei verbanden opererend, met auto's, paard en wagen en handkarren de straten langs, in de grote steden, maar ook in het kleinste gehucht.

Wie dit meebeleefd heeft, zal tot zijn dood het beeld bewaren van mensen, rijk en arm, jong en oud die gaven wat zij konden missen. Nieuwe dekens, zojuist aangeschaft, worden uit een raam in de armen van de ophaaldienst geworpen. Het bijbelse woord, dat wie twee kleden heeft er één moet schenken aan de nooddruftigen, wordt hier bewaarheid!

Het centraal in ontvangst nemen, het sorteren, het verzendklaar maken en het verzenden vergen overal een intensieve organisatie. Velen, vrouwelijke vrijwilligsters maar ook scholieren, studenten en krasse bejaarden, vinden handen vol werk.

Al snel komen in vele plaatsen in ons land groepen evacué's binnen. Ook al weer per geïmproviseerd vervoer. Soms per schip, met autobussen of particuliere auto's.

Waar dit zin heeft worden opvangcentra ingericht, waar de aangekomenen worden ontvangen met maaltijden en goede kleding. Waar ook artsen een eerste onderzoek doen naar de lichamelijke gesteldheid. En waar de juiste contacten worden gelegd met de duizenden landgenoten die een deel van hun huis beschikbaar stellen voor een geëvacueerd gezin. Vaak voor vele maanden, soms wel tot een jaar.

Na enkele weken wordt ook deze vorm van hulp wat meer georganiseerd. Vele steden en dorpen gaan er toe over een bepaalde plaats of streek in het rampgebied te adopteren.

De totale omvang van de spontane goederenstroom in natura wordt zo groot dat een teveel dreigt.

Reeds op 4 februari gaat er een brief

Snelle hulp is dubbele hulp. Dat hadden onze militairen meteen begrepen. Die zondag 1 februari 1953 worden alle verloven ingetrokken en worden land-, zee- en luchtmacht met alle beschikbare materieel ingezet om mensen te redden, uitbreiding van de ramp te voorkomen en hulp te verlenen waar men kan. Met veel improvisatietalent worden wonderen verricht. Zo verrees ook deze voorlopige dijk van zandzakken in het grote dijkgat in de buurt van Kruiningen op Zuid-Beveland.

Ook het buitenland is snel met eerste hulpverlening. Amerikaanse troepen die in West-Duitsland zijn gelegerd, verschijnen direkt al in het rampgebied. Ook de Britse RAF, die met haar helicopters mensen verlost uit hun isolement en zieken overvliegt. ▸

◄ Van alle kanten komen militairen, Rode Kruispersoneel en brandweerlieden in Zierikzee toegesneld om de geredden over te nemen die dagenlang zonder drinken en in angst en kou hebben verkeerd op zolders of in de openlucht.

De dijken moeten dicht, maar de grenzen gaan open. Spontaan komen buitenlanders te hulp. Zoals deze Duitsers uit het Saarland die in de getroffen gebieden van Brabant met hun rijdende keuken de hulptroepen van warm eten voorzien.

uit naar alle kringcommissarissen en afdelingsbesturen van het Rode Kruis waarin de grote dankbaarheid wordt geuit voor alle hulpvaardigheid.

Maar in de tweede alinea leest men: 'In verband met het feit, dat op het ogenblik het aantal ontvangen gedragen kledingstukken en gebruikt meubilair een dergelijke omvang heeft aangenomen, dat in de eerste behoefte ruimschoots kan worden voorzien, verzoeken wij met klem de inzameling daarvan tot nader order te stoppen. Totdat een overzicht is gemaakt van dat wat tot nu toe is ontvangen. Wel is er nog behoefte aan dekens, matrassen en beddegoed.'

Zo had het volk gereageerd. De reactie van de overheid, met voorop de leden van het Koninklijk Huis, was niet minder indrukwekkend.

Koningin Juliana reisde het rampgebied langs vanaf de eerste zondag. De enkele burgemeester of dijkgraaf die de moeder des vaderlands wilde begroeten in officieel kostuum met ambtsketen, ontmoette een gelaarsde vorstin, gekleed in een lange waterdichte jas, en behoorlijk op de hoogte van de plaatselijke situatie.

Prins Bernhard, voorzitter van het Nationaal Rampenfonds, reisde het gebied af per helikopter. Hij bereikte plaatsen waar een ander niet komen kon en werd zo tot trait d'union met de buitenwereld juist voor die dorpen, die zich een moment verlaten of vergeten waanden.

Ook prinses Wilhelmina bezocht het rampgebied. Spontaan bood zij haar paleis Het Loo aan als opvangcentrum en later als evacuatiewoning voor een vrij grote groep oudere Zeeuwen.

Zo reageerde het vaderland. Misschien nog groter is het wonder van de buitenlandse reactie.

Het bericht dat Holland verdronk, golfde via de radiozenders rond de aardbol.

Hoe is het te verklaren, dat uit 65 landen hulp kwam in allerhande vormen?

Speelde hier het imago van het jongetje dat met zijn duim in een molsgat langs de dijk een overstroming tracht te voorkomen een rol? De lage landen langs de zee, gelegen beneden de zeespiegel? Het land droog gehouden met behulp van windmolens en de bevolking op klompen druk bezig de tulpen van Amsterdam te verzorgen? Of hadden we echt zoveel goodwill?

Zeker is het, dat foto-journalisten en cineasten met hun camera's groot werk deden. Werk dat onmiddellijk

de wereldpers bereikte en dat mede leidde tot de wereldomvattende steunverlening.

De lijst op blz. 68 laat zien uit welke landen hulp verkregen werd. Soms in geld. Maar veel vaker in de vorm van goederen, materiaal, materieel en vaklui die te hulp kwamen. Zowel door de lucht als over zee en land kwamen steeds meer goederen.

De laatste bewoners van 's-Gravendeel worden geëvacueerd met het weinige wat ze konden meenemen. Hun voorlopige bestemming is Rotterdam, waar alle verdrevenen worden opgevangen in de Ahoyhal.

De exodus uit het rampgebied. Met schepen worden duizenden ontheemden naar Rotterdam gevaren; baby's en bejaarden, uiteengerukte gezinnen vaak. Op weg naar een onzekere bestemming.

66

Voornamelijk nieuwe goederen waaraan dringend behoefte was, zoals lieslaarzen, buitenboordmotoren, medische artikelen, zandzakken, kaarsen. Voorts belangrijke partijen nieuwe kleding welke naar maat zonder meer konden worden doorgegeven.

Bijzondere vermelding verdienen de Scandinaviërs. Zij schonken prachtige dubbelwandige houten prefabwoningen, waarvan er thans, bijvoorbeeld in Oude Tonge, nog vele staan en die nog altijd goed bewoonbaar zijn. Denemarken gaf een jeugdtehuis met toebehoren, compleet ingericht.

Zwitserland schonk een tiental volledig uitgeruste prefab houten werkkampen, compleet met keukens, recreatiezaal, wasvertrekken en al wat bij een modern arbeiderswoonoord hoort.

Uit Duitsland kwam, behalve een stroom van geld en goederen een complete invasie van draglines, bedrijfsklaar met bemanning. Duitse rijswerkersploegen kwamen de Hollandse collega's assisteren.

Daarboven kwamen uit Duitsland scheepsladingen stortsteen en basalt. Italië zond ploegen brandweerlieden. Vreemde vogels in het rampgebied tussen de Hollandse pikbroeken.

De eerste reactie bij de werkleiding was verwondering. Er staat niets in brand en water om te blussen hebben we genoeg! Toch hebben ze met hun meegebrachte pompwagens nuttig werk gedaan bij het leegpompen van kelders, het bespuiten van gevels om het zout uit te spoelen. En sommige groepen schakelden snel om. Lieten hun brandweer-outtilage voor wat het was en assisteerden als grondwerkers. persbuisleggers en zandzaktransporteurs. Sommige landen zonden partijen van hun nationaal produkt. Dat kon van alles zijn. Wijn, thee, dadels, breiwol, krenten en rozijnen, suiker, koffie, sinaasappels, cocosnoten, cognac, speelgoed, rijst, melkpoeder, eipoeder. De doos van Pandora.

Al dit soort zaken werden verkocht en het geld werd in het rampenfonds gestort.

Tenslotte Zweden. Dit land schonk behalve grote hoeveelheden voedsel en kleding o.a. werktuigbouwmachines, barakken, landbouwmachines, 239 woningen, inrichtingen voor kleuterscholen en last but not least een geheel compleet ziekenhuis: het Rode Kruis Ziekenhuis te Zierikzee!

Al met al: ontroerend en bemoedigend. Vaak lijkt deze aardbol op een mand met krabben die ordeloos door elkaar krioelen en al maar trachten elkaar een poot af te bijten. Dan komt er een schok, een ramp en plotseling verandert het beeld. Het goede in de mens blijkt toch aanwezig en verkrijgt de overhand.

Prins Bernhard, voorzitter van het Nationale Rampenfonds, trok per helicopter door het rampgebied. Hier is hij in gesprek met de kommandant van een Italiaans hulpteam in het geïsoleerde Klundert.

Lijst van de landen, die schenkingen deden in het kader van de internationale hulpverlening.

Algiers	Iran	Panama	Engeland
Belgisch Congo	Irak	San Salvador	Finland
Cameroon	Israël	Trinidad	Frankrijk
Egypte	Libanon	Aruba	Griekenland
Frans W. Eq. Afrika	Malakka	Bonaire	Hongarije
Marokko	Pakistan	Curaçao	Ierland
Nigeria	Philippijnen	Suriname	Italië
N./Z. Rhodesia	Syrië	N. Guinea	Liechtenstein
Port. O. & W. Afrika	Turkije	Argentinië	Luxemburg
Tanganyka	Australië	Brazilië	Noorwegen
Tunis	Nw. Zeeland	Columbia	Oostenrijk
Unie van Z. Afrika	U.S.A./Canada	Peru	Portugal
Ceylon	Cuba	Venezuela	Spanje
Hongkong	Guatamala	België	IJsland
India	Jamaica	Denemarken	Zweden
Indonesië	Mexico	Duitsland	Zwitserland

De belangrijkste activiteiten, die met de gelden uit het Rampenfonds werden bekostigd:

Levensonderhoud evacués, enz. . . . . f	3.899.000
Maatschappelijke werksters, gezinsverzorgsters enz. . . . . f	800.000
Eerste Hulp door het Nationaal Rampenfonds zelf f	2.311.000
Eerste Hulp door de provinciale opbouworganen f	2.452.000
Eerste Hulp door andere instanties (gem., enz.) f	578.000
Toiletartikelen, zakgeld, enz. . . . . f	725.000
Brillen en hoorapparaten . . . . f	13.000
Schade door particuliere hulpverlening . . . . . f	495.000
Aanvulling verbruikte rampendepots . . . . . . f	275.000
Voltooiing rampendepotplan en overeenkomstige voorzieningen . . . . f	1.200.000
Huisraadschade . . . . f	92.545.000
Bijzondere noden . . . . f	51.000
Suppletie agrarisch plan . . . . f	388.000
Immateriële schade zelfstandigen . . . . f	7.000.000
Immateriële schade kerken, enz. . . . . f	3.000.000
Immateriële schade verenigingen, enz. . . . . . f	1.000.000
Opname kinderen in herstellingsoorden . . . . f	157.000
Vakantie-uitzending kinderen . . . . f	342.000
Opname huisvrouwen in rustoorden . . . . . . f	71.000
Periodieke uitkeringen weduwen, wezen, enz. . . f	3.365.000
Kleiplan Schouwen-Duiveland . . . . f	950.000
Kerkplan . . . . f	4.000.000

Heel de wereld leefde een geheel jaar met ons mee. Bij de grote dijkdichtingen bleven vele buitenlandse journalisten via de Wereldomroep hun reportages uitzenden rond de aardbol. Over een succes of over een tegenslag.

Beroemd zijn de uitzendingen in het kader van 'Beurzen open, dijken dicht!' waarin alle grote omroepen samenwerkten.

De radio-uitzending van de laatste, nachtelijke sluiting bij Ouwerkerk, in aanwezigheid van de koningin, vele ministers en kamerleden en vrijwel alle autoriteiten op provinciaal, gemeentelijk of waterschapsgebied, geldt in de geschiedenis van de Nederlandse radio nog altijd als een der hoogtepunten.

Er moesten meer dan 35.000 dode dieren worden opgeruimd. Met de 'Nescio' (23 ton) vaart de Koninklijke Marine de kadavers door de verdronken polders. ▶

*Zo kreeg de bevolking van Zierikzee haar stad terug, toen zij na de evacuatie
terugkeerde.*

Wereldomroepreporter Guus Weitzel eindigde zijn reportage, nadat de beverige tonen van het Wilhelmus, gespeeld op een zolderbak door een fanfare uit Zierikzee, waren verklonken, met de woorden: 'Wij zijn deze ramp begonnen met de slagzin: "Beurzen open, dijken dicht", maar thans kunnen we zeggen: De dijken zijn dicht, morgen vroeg de vlaggen uit!'

Toen en nu

Terug naar 1953

Het Rampgebied van 1953 is als een Phoenix uit het zilte water herrezen. Deltaland ligt weer achter veilige dijken, de landbouwgrond herkreeg z'n vruchtbaarheid, verminkte woningen zijn vervangen door eens zoveel nieuwe.

Om die herleving en vaak totale verandering met enkele voorbeelden te typeren, trokken twee fotografen speciaal voor dit boek door Zeeland, Zuid-Holland en westelijk Noord-Brabant.

Met oude rampfoto's in de hand gingen zij op zoek naar markante plaatsen van toen. Op precies dezelfde plekken maakten zij – 25 jaar later – opnieuw hun foto's:

in *Stavenisse* (Tholen), waar men drie weken na de ramp nog zocht naar 180 vermisten;

in *Kruiningen* (Zuid-Beveland) waar in 1953 het water de slapende polderbewoners verraste;

in *Dreischor* waar een baby twee dagen in leven gehouden moest worden met eierstruif;

in *'s Gravendeel* (Hoekse Waard), waar boer Visser in de tweede nacht alles verloren zag gaan;

in *Klundert* (West-Brabant), bij 'de kwaje negen', waar zich destijds nachtelijke drama's voltrokken.

Zoals het toen was en zoals het er nu – 25 jaar nadien – is, laten wij u met beeld en tekst zien op de volgende tien bladzijden.

STAVENISSE 1953

Het touw dat anderhalve meter te kort was.

Om twee uur 's nachts wekte de sirene het slapende dorp Stavenisse op het eiland Tholen. Over een lengte van 1800 meter was de Scheldedijk vernield en door drie grote gaten kolkte het water de polder in. De onstuitbare vloedgolf maakte binnen een kwartier van duizenden hectaren vruchtbare grond een wilde binnenzee, die huizen wegvaagde en mensen verzwolg. Stavenisse werd het zwaarstgetroffen dorp op het eiland Tholen.

Een boer en boerin, die de hele nacht verkleumd aan een telefoonpaal hadden gehangen, konden tien uren later worden gered. Evenals de dijkgraaf die vlak voor z'n huis werd meegesleurd en anderhalf uur later, hangend aan een paal, kilometers verderop aanspoelde.

Wonderbaarlijke reddingen, die echter overschaduwd werden door de meest tragische gebeurtenissen. Zoals de man, die zich met zijn vrouw en vijf kinderen probeerde te redden op een vlot, dat echter hun ondergang werd. Eerst verdween de

72

STAVENISSE NU

vrouw met haar jongste kind in de golven, toen een tweede kind, toen een derde.. Alleen de vader heeft het overleefd.

Een jonge boer probeerde tevergeefs zijn zuster te redden, die tien meter van hem vandaan, onderaan de dijk, voor haar leven vocht. Het touw aan de tractor waarmee hij haar in het donker omhoog had willen trekken, bleek anderhalve meter tekort. Na twee uren van wanhopig worstelen sloot de jonge vrouw voorgoed haar ogen.

Zo vonden 153 van de 1737 Stavenissers de dood.

Dit punt op de Stoofdijk (foto) is nog een van de meest herkenbare plekjes gebleven. In het nieuwe asfaltdek is de breuklijn van het oude dijkgat nog herkenbaar. En in de afgelopen jaren is de nieuwe aanplant al weer flink opgeschoten. De oude panden van toen staan er nog, nauwelijks veranderd. Alleen heeft een cafetaria-pensionhouder z'n gevel wat opgefrist om de aandacht van het ook op Tholen toenemende toerisme op zich te vestigen.

73

KRUININGEN 1953

De vissers van Yerseke kwamen te hulp

Kruiningen, een rustige fruit- en landbouwgemeente in oostelijk Zuid-Beveland, werd zwaar getroffen.

Van de 4848 inwoners vonden er meer dan 60 de dood in het water. Een groot gedeelte van het dorp werd verwoest.

De nachtelijke sirene van het naburige vissersdorp Yerseke was wel vernomen maar men dacht dat er brand in de polder was – en dat zou de brandweer zelf wel kunnen klaren. Ineens was het water er, als een komplete verrassing. Later zou blijken, dat bij de veerhaven op drie plaatsen de dijk was doorgebroken. Adjudant Rooze, groepskomman-

dant van de rijkspolitie in Kruiningen, die juist een ernstige operatie had ondergaan, moest machteloos in zijn bed liggend aanhoren hoe in het duister rondom hem huizen instortten en mensen in doodsnood om hulp gilden.

Het waren de oestervissers van Yerseke die hier in het verdronken polderland op de vroege zondag-

KRUININGEN NU

ochtend als eersten te hulp kwamen, eerst met roeiboten, later met motorvletten. Zoals ze ook met hun vissersschepen honderden mensen op andere eilanden hebben gered: op Tholen en Schouwen-Duiveland waar ze onverschrokken het levensgevaarlijke stroomgat in de zeedijk bij Ouwerkerk binnenvoeren. Kruiningen, dat nu de 'residentie' is van

de nieuwe gemeente Reimerswaal met bijna 20.000 inwoners, is als nieuw uit de golven herrezen. De oude Zanddijk (vanwaar beide foto's zijn genomen) en de spoorlijn (met aan de horizon het NS-station Kruiningen) zijn duidelijk herkenbaar gebleven, maar het tussenliggende areaal is drastisch veranderd. Waar in de rampdagen het zeewater kolk-

te, zijn nu weer oergezonde akkers, met welig groeiende gewassen. De land- en tuinbouwprodukten uit de Kruiningse polder vinden aftrek over de gehele wereld.

DREISCHOR 1953

Eierstruif als babyvoeding
In het dorp Dreischor op het eiland Schouwen-Duiveland worden – na 36 bange en koude uren op de bovenverdieping van hun vlasserij aan de Boogerdweg te hebben doorgebracht – het echtpaar C. A. van Klooster en het naar hun toegevluchte echtpaar J. Fonteine met

hun 1 jaar oude baby van de vochtige zolder gered door P. van Dijke, Anton de Haan, P. van Langeraad en Joh. Nelisse, met de peilboot van de polder, het enige vaartuig dat in Dreischor beschikbaar was. Bij gebrek aan melk of drinkwater moest de baby twee dagen worden gevoed met het eiwit van verse eieren in een

niet al te hygiënisch bloempotschoteltje. Tijdens zijn vlucht was de jonge vader overrompeld door een draaikolk, waaruit hij ternauwernood kon ontkomen. Vele anderen vonden de dood tijdens hun vluchtpoging naar een veiliger plaats.
Zoals Johannes en Cornelia den Boer van de Langeweg P 86 die

76

DREISCHOR NU

zondagsmiddags met hun vier kinderen in de golven omkwamen, toen zij op hun wagen naar de dijk wilden vluchten.

Die zondag kwamen hier, buiten de kom van het dorp, 32 mensen om het leven. Oud en jong. Van de 90-jarige weduwe Johanna Knulst-Vis tot de kleine Pieter van Ast, die juist in deze week z'n tweede verjaardag had zullen vieren.

Vanuit hetzelfde zolderraam waar destijds buurman Smallegange de redding kiekte, maakte fotograaf Wim Riemens 25 jaar later deze opname van hetzelfde huis, dat nu geen vlasserij (want Dreischor was een echt vlasdorp) meer is, maar – in welig groen – als tweede woning van een Rotterdamse familie dient.

Dreischor, dat in 1953 nog een zelfstandige gemeente met 1020 inwoners was, is inmiddels opgenomen in de gemeente Brouwershaven.

77

's-GRAVENDEEL 1953

Twee dagen tot de neus in het water

Het water kwam als een dief in de nacht. En van een andere kant dan men verwacht had. De bevolking van 's-Gravendeel had zich die zondagnacht met man en macht ingezet om de dijk van een doorbraak te redden. Maar terwijl mannen, vrou- wen en kinderen zwoegden om de bedreigde plaatsen te redden, sloeg achter hun gekromde rug het water- monster toe. Bij een àndere dijk, waar niemand was omdat daar geen gevaar werd geducht. 'En' – meldde een reporter van het weekblad De Spiegel – 'zo kolkte het water plot- seling de polder in, steeds wilder en woester, om tenslotte brullend en àl- les verslindend wat weerstand bood, steeds sneller te stijgen.'

Binnen een half uur waren er in de verdronken polder van de Hoekse Waard meer dan zestig doden te betreuren.

Boer Visser en z'n gezin wisten zich op de bovenverdieping van hun wo-

's-GRAVENDEEL NU

ning in veiligheid te brengen. Vanuit de ramen keken ze toe, hoe de mensen in een opblaasboot pogingen deden een koe te redden, die al twee dagen in het water had gestaan, met alleen haar neusgaten boven het water. Voor 25 andere koeien – de helft van Vissers veestapel – kwam de hulp te laat. Met name de tweede nacht, toen het water ruim 2 meter hoog kwam, bleek fataal te zijn geweest.

De familie Visser is later naar Canada geëmigreerd, waarna zes jaar na de ramp broer Jan met z'n gezin op de boerderij kwam wonen. Tweederde van zijn land (zo'n twintig hectaren) is hij inmiddels kwijtgeraakt aan de oprukkende woningbouw van de nu ruim 7200 zielen tellende gemeente. Rechts achter het dak van de boerderij is al een stukje van een nieuwe woning zichtbaar.

KLUNDERT 1953

De nachtmerrie van 'de kwaje negen'

Op ongeveer een kilometer van dit punt – Buitendijk Oost, in de Westbrabantse gemeente Klundert – vond een zeer zware dijkdoorbraak plaats. In de huisjes op de voorgrond, die in de volksmond 'de kwaje negen' werden genoemd, woonden de gezinnen Tolenaars, Scherpenisse, Joost en Machiel van Wensen. De boerderij op de achtergrond werd bewoond door het gezin Lodders: vader, moeder en tien kinderen. Een gezin dat voor de derde maal werd verdreven en berooid: in 1940 door inundatie, in 1944 door de gedwongen evacuatie en in 1953 verdween een bloeiend bedrijf van 23 hectare bouw- en weiland, 30 koeien, enkele paarden, varkens en kleinvee in de golven.

Toen op die 31e januari '53 het water begon te dreigen, bracht zoon Jan (22) de kleintjes alvast met de Opel naar het stadje; de anderen zou hij daarna wegbrengen met de trekker-met-aanhangwagen die alleen hij kon besturen. De terugweg bleek echter al afgesneden door het woe-

KLUNDERT NU

dende water. Met een truck van een vriend werd een nieuwe poging gewaagd. Maar op 2 km van de boerderij strandde de truck en begon zelfs al te drijven. Omkeren was niet meer mogelijk. De enige kans om te ontstappen was: terugrijden in de achteruitversnelling. In stikdonkere nacht en in vliegende storm reden Jan Lodders en zijn vriend $3^1/_2$

kilometer achteruit over een smalle dijk die het elk moment kon begeven. Een nachtmerrie die drie kwartier duurde. En al die tijd hoorden zij kreten uit de huizen en zagen zij mensen seinen geven met brandende sigaretten, zonder dat zij hen te hulp konden komen. Toen zij bij het stadje terug waren, brak de dijk op verschillende plaatsen en stortte het

water zich in de polder. De achtergeblevenen van 'de kwaje negen' hebben van zondagmorgen 4 uur tot maandagmorgen opgesloten gezeten op hun zolders die ook al gedeeltelijk onder water stonden. Het waren militairen die hen tenslotte – ten koste van twee soldatenlevens – kwamen verlossen. Zo bleven de bewoners van 'de kwa-

81

je negen' gespaard. Maar meteen was er ook het bericht over het gezin van Leendert van Wensen. Leendert, de broer van Joost en Machiel van Wensen, en getrouwd met Francien, de dochter van buurman Tolenaars. Vlak bij hun huisje was de dijk doorgebroken. Het hele gezin was in het water omgekomen: Leendert en Francien en al hun zeven kinderen. 'De kwaje negen' zijn nog jaren bewoond geweest, maar in 1970 moesten ze verdwijnen, toen de polder en ook de buitengorzen met zand werden opgespoten ten dienste van het Industrie- en Havenschap Moerdijk, waar nu silhouetten van Shell Chemie-bedrijven de horizon beheersen en het landschap wel een heel ander aanzien geven dan 25 jaar geleden.

Wat is er veel veranderd...

door ing. W. Metzelaar

Een vaak gehoorde klacht van vooral oudere Zeeuwen is: 'Zeeland is Zeeland niet meer'. En al snel worden dan de veranderingen die zich na de tweede wereldoorlog in het deltagebied hebben voltrokken, toegeschreven aan de ramp van 1953. Dat is niet geheel juist.

De overstromingen en de evacuaties zijn als het ware stroomversnellingen geweest in de ontwikkelingsgang van de laatste veertig jaar.

Maar een groot deel van het zich wijzigende leefpatroon ziet men overal, in de grote bevolkingscentra, maar evenzeer tot in de verste uithoeken van ons land. De auto en de bromfiets hebben de mensen mobieler gemaakt. Eerst de radio en daarna de t.v. brachten tot in de meest afgelegen boerdeij de gehele wereld in huis. En overal, tot in de kleinste dorpen, vindt men prachtige winkels en zijn de boerendochters even modieus gekleed als de vrouwen in de grote steden. Vóór de ramp beleefde men ook nog een oorlog, die onder meer een algemene mentaliteitsverandering veroorzaakte. Door strategische overstromingen als die van Walcheren, maar ook door militaire inundaties zonder dijkbombardementen, moesten velen evacueren. Dat betekent contact met andere mensen, met andere gewoonten en een tijdelijk gewijzigd levensritme. Maar ook het kennis nemen van andere levensopvattingen. Tel daarbij op het overal doorwerkende proces van de afnemende invloed van de pastoor en de dominee, doch tevens het toenemen van het zelfstandig beleven van de eigen geloofsleer, dan is het duidelijk dat de invloed van de overstromingsramp en de daaruit voortvloeiende gevolgen van beperkte aard is.

Het vooroorlogse eilandengebied in het zuidwesten was een goed land om in te leven. Maar voor de opgroeiende jeugd bestonden er ongetwijfeld tekortkomingen. De jeugdverenigingen waren de 'knapen-, meisjes- en jongelingsverenigingen' in kerkelijk verband. Daarnaast bestond een rijk geschakeerd verenigingsleven met typisch streekeigene uitschieters als volksdansgroepen en zangverenigingen in klederdracht, boogschutters, paardensport met werkpaarden en ringsteekerijen. Maar algemeen vormende organisaties als padvinderij of A.J.C. ontbraken geheel of kwamen slecht van de grond. En de jongeman die de H.B.S. voltooid had vond moeilijk emplooi in de eigen streek en 'emigreerde' vaak naar het vaste land. Door geheel Nederland treft men mensen, vaak tot in zeer hoge functies, van wie de bakermat op de eilanden lag. Harde werkers, degelijk van aard. Misschien heeft de historie van het steeds weer onder water verdwijnende land en het steeds bewoonbaar maken daarvan, de moeilijke verbindingen, e.d. er iets mee te maken, dat deze mensen in de regel volhouders en doorzetters zijn.

Hoe dit alles ook zij, de overstroming (met als gevolg een invasie van arbeidskrachten van buiten, de Deltawerken met nieuwe wegen, havens, tunnels, bruggen, grotere scheepvaartmogelijkheden met bredere sluizen, het ontstaan van afgesloten bekkens, geschikt voor recreatie) gaf de al aangeduide ontwikkelingsgang een enorme impuls. Ruilverkavelingen, uitgevoerd na de dijkdichtingen, met vaak nieuwe, moderne boerderijen, wijzigden op vele eilanden het patroon van het kleinere, gemengde bedrijf in een agrarische structuur van moderne allure met veel mechanisatie en een efficiëntere aanpak. Er kwamen grotere, gemakkelijker bewerkbare percelen, betere toegangswegen en betere verbindingen met het achterland.

Voordien was ieder eiland zichzelf genoeg. Een zakenbezoek van Middelburg naar Zierikzee en Brouwershaven kostte enkele dagen, nu een ochtend of een middag. En in één uur tijds rijdt men per autobus van Ouddorp naar Rotterdam; vroeger was dat een dagreis.

Behalve voor het dagelijkse leven zijn deze nieuwe communicatie-mogelijkheden ook belangrijk voor het bestuur en het beheer van het gebied als geheel. En het is dan ook duidelijk dat de sterke aandrang vanuit Zeeland om ernst te maken met een vaste verbinding over en onder de Westerschelde mede gezien moet worden tegen deze achtergrond.

Tot voor kort kwam het nog voor, dat een bewoner uit Beveland nog nooit op Schouwen geweest was. De Deltadammen en de nieuwe wegen zijn dan ook niet alleen belangrijk in waterstaatkundig opzicht, maar hebben tevens het eilandenrijk sterker samengebonden tot één organisch geheel. Nieuwe industrievestigingen, nieuwe bedrijven die vaak verband houden met de recreatie (zoals motels en jachthavens) schiepen nieuwe arbeidsplaatsen. Het resultaat daarvan is zichtbaar in de jaarlijkse bevolkingsstatistieken.

Jarenlang bleef de bevolkingsaanwas achter bij het landelijk gemiddelde, niet door geboortenbeperking of door grotere sterfte door ziekte of ongelukken, maar door de vertrekoverschotten.

Het eilandengebied was, behalve de geboorteplaats van vele 'Zeeuwen' in Holland, ook altijd een grote leverancier van emigranten naar Canada, Australië, Amerika. Speciaal op het gebied van de landbouw.

Nu zien we het omgekeerde. De bevolkingsdichtheid neemt toe. Nieuwe opleidingen (HTS-en, MTS-en, scholengemeenschappen, pedagogische academies) bieden de jeugd meer toekomstmogelijkheden. Overal ontstaan nieuwe woonwijken. Een stadje als Brielle, eeuwenlang binnen de vesting gebleven, heeft nu moderne buitenwijken. In veel plaatsen ziet men nieuwbouw, gemakkelijk bereikbaar vanaf de grote doorgaande wegen en bewoond door gezinnen die de te volle zuidelijke Randstad zijn ontvlucht en die het rustiger buitenleven prefereren. Met als neveneffect een versterking van het woon-werk-verkeer tijdens de spits. Dit spitsverkeer was overigens al lang aanwezig. Door de mechanisatie van de landbouw von-

De eilanden in Z.W. Nederland vormden van oudsher een belangrijk agrarisch gebied. Maar na de dijkdichtingen, toen op grote schaal de ruilverkaveling tot stand werd gebracht, veranderde de struktuur. Er ontstonden grotere, moderne, sterk gemechaniseerde landbouwbedrijven.

den minder mensen werk in de agrarische sector. De Rotterdamse havens en de daar gesitueerde mammoet-bedrijven trokken toen als een magneet veel pendelende arbeidskrachten van de eilanden, maar ook uit West-Brabant en zelfs tot uit Zeeuwsch-Vlaanderen.

Door de totstandkoming van de afsluitdammen ontstonden van zee afgesloten bekkens die uitnemend geschikt zijn voor de recreatie. In de eerste plaats voor de hand over hand toenemende watersport. Het aantal plezierboten in talloze afmetingen en vormen neemt de laatste jaren zo toe, dat het niet meer verantwoord

geacht werd deze kwetsbare 'kleintjes' op te nemen in dezelfde schutkolken als de beroepsvaart met zijn duw-eenheden en zijn 'hardlopers'. Op de gevaarlijkste knelpunten worden speciale sluizen gemaakt voor de jachtjes en de recreatiewoonboten. Deze vorm van vrijetijdsbesteding schept weer vraag naar jachthavens, scheepswerven, winterstalling, reparatiebedrijven en leveranciers van scheepsbenodigdheden. Dat is, kortom, een rijke bron voor nieuwe welvaart. Maar naast deze ontwikkeling op het brede water is er grote belangstelling voor de oeverrecreatie, die vaak ge-

Bij gebrek aan passende werkgelegenheid vertrokken vroeger velen uit het zuidwestelijke eilandenrijk naar elders in ons land. Die ontwikkelingstendens is veranderd, sinds in het nieuwe Deltaland grote industrieën werden aangetrokken. Bij Vlissingen bijvoorbeeld, in de Sloehavens, vestigden zich de kerncentrale van de PZEM (linksonder op de foto), een dochterbedrijf van scheepswerf 'De Schelde' te Vlissingen (linksboven), het chemische concern Hoechst (midden) en het Franse aluminium-concern Pechiney.

85

paard gaat met het beoefenen van de hengelsport. Nederland herbergt tenslotte zo'n 1 miljoen hengelaars! Een van de eerste aanwinsten was in 1952 het Brielse Meer.

Het gebied ligt aangeleund tegen de Rotterdamse havens en Europoort, en is per auto in een uurtje te bereiken voor de bewoners van het dichtstbevolkte deel van Nederland in de veelhoek Hoek van Holland-Rotterdam-Gouda-Leiden-Den Haag. Door de bouw van Europoort ging het natuurreservaat 'de Beer' verloren. Er kwam echter een veelvoud voor in de plaats. De dam bij Veere werd in 1961 gesloten. Het Veerse Meer is dus al ruim 15 jaar oud. En de nieuwe situatie is daar al aardig 'ingegroeid'. Met grote komplexen zomerwoningen, campings, maar ook sociaal-culturele instellingen als het Zilveren Schor. Op verscheidene plaatsen zijn blijvend drooggevallen zandplaten beplant. En hier en daar zijn kunstmatige eilandjes opgespoten, waarop men, begeleid door bosbouwers, de natuur haar gang heeft laten gaan. Op een van die eilandjes vlak bij de haven van Veere ontstond spontaan een begroeiing van wilde aardbeien! Want niet elke vierkante meter grond wordt bestemd voor sport en spel. Grote gebieden mogen slechts onder begeleiding worden bezocht en zijn in de broedperiode geheel gesloten. De natuurbouw is een betrekkelijk jong vak, waarbij biologen onderzoeken welke bomen, grassen, rietkragen en planten zich het beste thuis zullen voelen in de nieuwe situatie. Daarbij wordt soms de hoogteligging (de afstand van het maaiveld tot het grondwater) zorgvuldig gekozen en worden terreinhellingen op het zuiden gecreëerd, waarmee het ontstaan van een rijk gevarieerde flora in de hand wordt gewerkt.

Als gevolg van de sterk doorgevoerde mechanisatie in de landbouw, kwam er minder werk in deze sektor. Veel arbeidskrachten van de eilanden, maar ook uit West-Brabant en Zeeuwsch-Vlaanderen, zoeken sindsdien hun heil in het Rotterdamse havengebied (waar zij dagelijks naar toe pendelen). Door industrialisatie in het eigen gewest is na de Ramp getracht nieuwe werkgelegenheid te scheppen.

De vogelwereld reageert onmiddellijk. Men heeft zelfs geconstateerd dat de trekvogels hun route hier en daar hebben verlegd en op hun tochten naar noord of zuid het beloop van de dammen volgen.

Er wordt bij de inrichting van dergelijke recreatiebekkens naar gestreefd elk wat wils te bieden. Dus geen drukke camping vlak naast een terrein met zomerwoningen. Een stadje als Veere moet niet worden omringd door terreinen die veel drukte en rumoer veroorzaken. Men tracht het zoveel mogelijk te bewaren in zijn eigen, oude stijl. Weliswaar is de vroegere vissershaven nu jachthaven, maar door het afwezig zijn van recreatiebedrijven met avondlijke evenementen e.d. in de directe omgeving aan de wal, wordt deze aanlegplaats automatisch bezocht door naar rust zoekende en van de natuur en het oude stadje genietende recreanten.

Het grootste bekken, het Grevelingenmeer, is veel jonger. Het ontstond pas in 1971. In tegenstelling tot het Veerse Meer is de vormgeving van dit bekken nog niet uit-

gekristaliseerd. Er is een aantal plannen en inrichtingsschetsen gemaakt. Er zijn hier en daar reeds mooie aanzetten, bijvoorbeeld diverse woningkomplexen nabij Brouwershaven en Bruinisse uitgevoerd. De grote zandplaten zijn vastgelegd met een summiere beplanting en de randen zijn tegen afspoeling beschermd met grindbestortingen. Hier en daar worden jachthavens aangelegd. Langs de Grevelingendam zijn grote terreinen voor dag-recreanten. En vele bedrijven en gemeenten smeden plannen om er iets goeds van te maken.

Ook de kustrecreatie is sterk toegenomen. Langs de nieuwe route tussen en over de primaire dammen ontstonden tientallen nieuwe campings. In de omgeving Renesse-Haamstede bijvoorbeeld, van oudsher een geliefd gebied voor liefheb-

Het Veerse Meer, dat in 1961 ontstond door het afsluiten van de dam bij Veere ('Drie Eilandenplan'), heeft zich ontwikkeld tot een watersport-eldorado. Het dorpje Kortgene op Noord-Beveland is in enkele jaren uitgegroeid tot een groot recreatiecentrum met zomerbungalows, caravans en een prachtige jachthaven.

bers van zee, strand en duin, liggen er tientallen. In het hoogseizoen is het aantal badgasten en kampeerders beduidend groter dan het aantal inwoners. Niet ten ongerieve van de plaatselijke middenstand. Probleemloos is dit alles natuurlijk niet. Ouders klagen over de slechte invloed van het gedrag van vooral jeugdige recreanten op de opgroeiende plaatselijke jeugd. Moeilijkheden van geheel andere aard zijn de verkeerstechnische ontwikkelingen. Vooral dagrecreanten plegen exact op hetzelfde uur van de dag op te breken om huiswaarts te gaan. Het wegennet moet daarop dan wel berekend zijn en niet alleen de grote dubbelbaanshoofdwegen, maar vooral ook de secundaire en tertiaire wegen die toegang geven tot de nieuwe locaties.

Niettegenstaande deze en andere bezwaren en moeilijkheden brengt de totale recreatie veel geld in het laatje van de middenstand. Ook horecabedrijven en andere op dit gebied werkende ondernemingen hebben profijt van deze ontwikkelingen. Die verlevendigen daarnaast het gehele leefmilieu, bevorderen nieuwe, vaak internationale contacten en worden door de bevolking dan ook in het algemeen positief gewaardeerd.

Dit kan men niet zeggen van de onder de invloed van de nieuwe infrastructuur ontstane industrialisatie. Van oudsher kende het zuidwesten een aantal grotere en kleinere industriecentra. Het belangrijkste is uiteraard het Waterweg-gebied rondom en in verbinding met de grootste haven ter wereld. Veel bescheidener van allure zijn de havens van Vlissingen, met als grootste bedrijf de scheepswerf De Schelde. Ook het kanaal Gent-Terneuzen, de zgn. 'kanaalzone', trok industrieën aan, zoals de glasfabriek in Sas van Gent. Middelburg, Goes en Zierikzee hadden wat kleine industrievestigingen. En in het Brabantse gebied heeft Bergen op Zoom heel wat kleinere en middelgrote bedrijven.

Voorwaarde voor het aantrekken van grotere industrieën is in de eerste plaats de aanwezigheid van diep vaarwater. Voor zware transporten is vervoer te water belangrijk goedkoper dan per as. Grondstoffen en eindproducten worden zoveel mogelijk verscheept. Maar daarnaast zijn goede verbindingen per rail en per vrachtauto essentieel. Het nieuwe wegennet verbeterde met name dit laatste.

Dat is niet alleen belangrijk voor het vervoer van producten van toeleveringsbedrijven, maar evenzeer met het oog op de aan- en afvoer van werknemers en voor de woongelegenheid.

De verruiming van het kanaal Gent-Terneuzen met grotere sluizen in

Het strand aan de Vlissingse Boulevard is drukker dan ooit. Hier komen de zonnebaders die tevreden zijn met een vierkante meter zand. Wie van meer ruimte en rust houdt, kan nog altijd elders op de eilanden aan z'n trekken komen.

Terneuzen schiep daar nieuwe mogelijkheden met bijvoorbeeld een vestiging van Dow Chemical en een bedrijf dat uit zeewater zoet water produceert. Nabij Vlissingen werd een nieuw havenkomplex aangelegd waar verscheidene grote bedrijven zich vestigden en waar nabij Borssele een kerncentrale werd gebouwd. Nabij Dinteloord kwam een petrochemisch bedrijf, door pijpleidingen verbonden met de raffinaderijen langs de Waterweg.

Het tempo van de vestiging van nieuwe industrieën is echter langzamer dan voor enkele jaren werd voorspeld. Er is een tijd geweest dat de ene nota op de andere volgde; alle gericht op plannen tot uitbreiding van het havenareaal. Zoals de plannen voor het maken van havenkomplexen achter in de Oosterschelde, 'het Reimerswaal-project', met een verbindingskanaal naar de Westerschelde. Het plan ligt voorlopig in de ijskast. De oorzaken van deze kalmere ontwikkeling zijn verschillend van aard. In de eerste plaats de onzekerheid over de ontwikkelingen in de gehele wereldeconomie. Maar toch ook wel het algemene gevoel dat de vergroting van de productiviteit niet eeuwig in het tempo van de laatste tientallen jaren kan doorgaan. Verder zijn de zware eisen die terecht gesteld worden aan het behoud van een goed milieu, alsmede de hoge kosten voor lonen en sociale lasten, voor bedrijven soms een reden zich elders te vestigen in het buitenland. En last but not least is er ook nog de invloed van allerlei actiegroepen, die de vestiging van industrie kritisch volgen.

De oudere generaties verwijlen nog vaak met hun gedachten bij de gezellige veerboot van Catse Veer naar Zierikzee. Maar voor de jongeren zijn de Deltadammen, tunnels en bruggen gebruiksvoorwerpen die er

De vissersvloot is uit Veere verdwenen, toen de dam in het Veerse gat de weg naar zee afsloot. Er is nu een drukke jachthaven, waar zeewaardige jachten uit vele landen binnenlopen.

nu eenmaal liggen te liggen. De tijd heelt alle wonden.

Als we weer een kwart eeuw verder zijn piekert niemand meer over de Delta-problematiek. Hoogstens zal men zeggen bij het kijken naar het wapen van Zeeland, naar het Luctor et Emergo en de zwemmende leeuw: 'Dat was vroeger zo'.

De leeuw moet wel blijven worstelen, maar kan het veel kalmer aan doen.

91

Terwijl de Deltawerken vorderden, het wegennet werd verbeterd en moderne outillage werd geschapen, wijzigden nieuwe industrieën het silhouet. Waar eens alleen maar verre horizonten waren, prijken nu kranen en rokende schoorstenen.

Hoogspanning in en om de kerncentrale te Borssele, want niet iedereen is gelukkig met deze ontwikkeling.

Veilig achter Deltadijken

Op weg naar 1985

door ing. W. Metzelaar

Na iedere overstromingsramp werden in het verleden altijd weer plannen gesmeed om de veiligheid achter de dijken te vergroten.

In vroegere tijden kwam dit er op neer, dat nagegaan werd hoe hoog het water ditmaal gestegen was en wat de zwakste plekken bleken te zijn geweest. Dan werden de zwakke schakels versterkt en de dijkkruin verhoogd tot iets boven het peil van het laatste record.

Zo gezien was het eigenlijk een revolutionaire gedachte, toen men het aandurfde om wetenschappelijk verantwoorde prognoses te maken van toekomstige hoogwaterpeilen langs de kust. Met inschakeling van de kansberekening.

Voorwaarde daarbij is dat men beschikt over een groot aantal betrouwbare waarnemingen van vroegere stormvloedstanden, over een zo lang mogelijke periode. Het blijft evenwel een gecompliceerd vraagstuk.

● Het peil van de wereldzeeën stijgt langzaam maar zeker zo'n 15 cm per eeuw doordat de poolkappen afsmelten en de gletsjertongen terugschrijden.

Bovendien zakt de ondergrond van ons land ongeveer 5 cm per eeuw, als een laatste stuiptrekking in het proces van de gebergtevorming.

Aangezien we alle hoogtematen ontlenen aan de waterspiegel, moeten deze waarden bij elkaar geteld worden. We noemen dit de relatieve bodemdaling: plm. 20 cm per eeuw.

● Eb en vloed ontstaan door de aantrekkingskracht van zon en maan op de vloeistofmantel van de aarde, waarbij de kracht van de maan maatgevend is. Bij volle maan en nieuwe maan werken de krachten samen en zijn de vloeden hoger dan tijdens de kwartierstanden, als de krachten van zon en maan elkaar tegenwerken.

● De in zee uitmondende rivieren lozen in tijden van hevige regenval of in de smeltperiode van de sneeuw uit de bergen grotere hoeveelheden water dan in een lange, droge zomer. Zij beïnvloeden het peil van het water in de mond van de rivieren.

Wanneer nu al deze factoren samenwerken en terzelfder tijd een hevige noordwester storm optreedt die dan ook nog zijn maximale opstuwingskracht bereikt op een bepaald gedeelte van de kust en op het tijdstip van hoog water dan kan de mens rekenen op een uiterste krachtmeting met de door hem gebouwde afweermiddelen: dijken, sluisdeuren, kademuren. Dan krijgt ook de duinvoet het zwaar te verantwoorden. Deze kalft af, soms in één stormaanval wel over een breedte van 10 á 15 meter. Het zand slaat echter voor een groot deel neer op het strand en als het in het voorjaar op dit 'hoge en droge' strand gaat stuiven, richt de listige mens snel wat rietschermen op, die het stuifzand weer vangen, zodat de duinvoet in enkele maanden tijds weer kan aangroeien. Goedkope, elastische verdediging!

Over dit complexe vraagstuk boog zich een in 1939 ingestelde Stormvloedcommissie. Zij kwam tot de conclusie dat we in de periode tot het jaar 2000, in Hoek van Holland rekening zouden moeten houden met een maximale stormvloedstand van 4 m boven N.A.P. De hoogste waterstand die men daar ooit had gemeten bedroeg toen 3,28 m + N.A.P.

In de rampnacht van 1953 bereikte de zee in Hoek van Holland een hoogte van 3,85 m + N.A.P., dus vijftien centimeter beneden de jongste prognose!

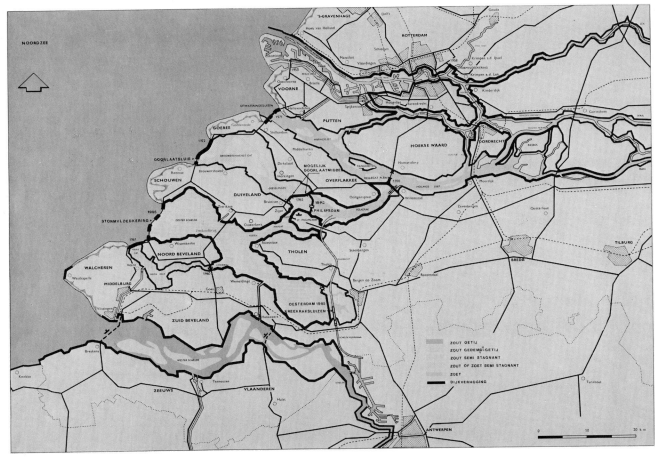

De direct na de ramp ingestelde Deltacommissie maakte de rekensom over. Al vrij spoedig kwam men met het advies aan de regering om bij het onwerpen van dijkverhogingen of rivierafsluitingen langs de kust uit te gaan van een basispeil van 5 m boven N.A.P. bij Hoek van Holland. Daaruit volgen dan de zgn. 'ontwerppeilen' voor alle andere plaatsen langs de kust. Bij deze uitspraak behoort dan nog de restrictie, dat men dit zgn. 'Deltapeil' niet mag zien als een absoluut maximum dat onder geen enkele omstandigheid ooit kan worden overschreden. Het blijft een kansberekening. Men heeft evenwel zo hoog mogelijk gemikt.

De overschrijdingskans van dit peil bedraagt theoretisch gemiddeld één maal in 10.000 jaar!
Intussen had ook het tijdens de oorlog uitgebrachte rapport van de Stormvloedcommissie gevolgen gehad. De studiediensten, in nauwe samenwerking met het waterloopkundig laboratorium te Delft, maakten het ene plan na het andere. Plannen om de Zuidhollandse eilanden, in verscheidene varianten, onder één dijkring te brengen. Plannen om Walcheren, Noord- en Zuid-Beveland aan elkaar te dijken, het zgn. Drie-eilanden-plan. Als gevolg van al deze studies werd één onderdeel ervan uitgevoerd omdat

En zo zal het Deltaplan nu dan definitief worden uitgevoerd: met een veilig dichte (waar de meeste bewoners van het Deltagebied de voorkeur aan geven) en toch open Oosterschelde (zoals milieuvoorvechters voorstaan). De Oosterschelde krijgt namelijk een afsluitbare pijlerdam met een doorlaat van 14.000 vierkante meter, waarbij het verschil tussen eb en vloed in deze zeearm voor 77 procent gehandhaafd blijft. Het Salomonsoordeel van het Kabinet-Den Uyl, dat op woensdag 7 september 1977 door de Tweede Kamer werd geaccepteerd. Nog diezelfde avond gaf minister Tjerk Westerterp opdracht aan Rijkswaterstaat te starten met het werk aan de doorlaatbare stormvloedkering, die in 1985 gereed moet zijn.

dit paste in elk van de varianten. In 1950 werd n.l. de afsluitdam in de Brielse Maas voltooid, bijna 3 jaar vóór de ramp.

De drijvende kracht, de 'denker' achter dit alles was dr. Johan van Veen. Geen toevalligheid dat hij werd benoemd tot secretaris van de Deltacommissie. Hij wordt wel aangeduid als de 'vader' van het Deltaplan. Niet onbegrijpelijk als men weet, dat enkele maanden vóór de ramp de modelbouwers in Delft van hem de opdracht kregen het stroommodel van het Zuidhollandse eilandengebied uit te breiden naar het zuiden.

En in de proeven na te gaan wat de invloed zou zijn op de waterstanden en stromingstoestanden elders, indien behalve het Haringvliet (dat zat er al in) ook het Brouwershavense Gat en de Oosterschelde zouden worden afgesloten!

Na de voltooing van het dijkherstel beklaagde Van Veen zich er over dat al zijn plannen steeds weer waren 'bijgezet' in de urnengalerijen van de grote archieven.

Toch is dit niet onbegrijpelijk als men bedenkt dat deze rapporten de na-oorlogse regering bereikten op een moment dat overal puin geruimd moest worden. Dat Walcheren weer aan de kaart van Nederland moest worden toegevoegd. Dat de hele ecomonie van het land weer op gang gebracht moest worden, terwijl de problematiek in Nederlands Oost-Indië alle aandacht opeiste.

De overstromingsramp ontstond op het moment waarop de ergste gevolgen van de oorlog waren opgevangen en de economie weer op toeren begon te komen. Zonder een catastrofe als deze zou er nog jarenlang over het probleem gepraat zijn. Want er zijn altijd wel andere, meer directe aansprekende noden die op

korte termijn verbeteringen behoeven. Volk en regering bleken nu echter zo geschokt, dat de geesten rijp waren voor diep ingrijpende en verdragende beslissingen onder het motto: 'Dit nooit meer'.

De Deltacommissie deed meer dan alleen het adviseren omtrent het Deltapeil.

In hun midden bevond zich de econoom en latere Nobelprijswinnaar prof. Jan Tinbergen. De commissie plaatste twee mogelijkheden naast elkaar: Of het voortzetten van een oude traditie en de bestaande dijken verhogen, zij het met de blik op een verre toekomst gericht.

Ofwel het rigoureus afsluiten van de zeegaten waar dit economisch mogelijk was en zo de 900 km lange kustlijn van Hoek van Holland tot Westkapelle terug te brengen tot een van ± 200 km.

Kustverkorting – een eenvoudige gedachte, maar één met vele consequenties.

Eigenlijk een zeer oud verhaal in onze Nederlandse geschiedenis, want al sinds eeuwen zijn er riviermondingen en zeearmen afgesloten. En iedere afsluitdijk verkortte de kustlijn.

Het grote voorbeeld van kustverkorting was kort na Wereldoorlog I gegeven door ir. Lely, wiens afsluiting van de voormalige Zuiderzee de kust met ± 300 km verkortte!

Dat een zo kort mogelijke kustlijn, flink hoog, op goede ondergrond gebouwd, zwaar beschermd met basalt of asfalt grotere veiligheid biedt en veel eenvoudiger is in onderhoud en bewaking, behoeft geen nadere uitleg.

Het gaat echter altijd om plannen met neven-effecten. Zout water wordt brak of zoet. Er ontstaan nieuwe wegverbindingen over de afsluitdammen. Het isolement van vele gebieden wordt doorbroken, wat gevolgen heeft in het leefpatroon van de bevolking, enz.

Dr. ir. Johan van Veen † (links), wel aangeduid als de 'vader' van het Deltaplan, in gesprek met ir. A.G. Maris, oud direkteur-generaal van Rijkswaterstaat, onder wiens leiding de uitvoering van de Deltawerken werd begonnen. (Zie ook het Woord Vooraf van ir. Maris op blz. 7.)

Positieve en negatieve effecten.

Het is het onvolprezen aandeel van Tinbergen geweest dat de Commissie in haar eindrapport niet stil is blijven staan bij de technische, waterstaatkundige of uitvoeringsproblemen, maar tevens een economische vergelijking tussen de consequenties van dijkverhoging enerzijds, en afsluiting anderzijds, heeft ingebouwd.

Het bleek daarbij dat beide mogelijkheden ongeveer evenveel tijd en evenveel geld zouden kosten. Ten aanzien van de veiligheid, de waterhuishouding en de gevolgen van een geheel nieuwe infrastructuur verdiende echter kustverkorting verreweg de voorkeur.

De regering en de volksvertegenwoordiging stemden daar mee in. De Deltawet kwam in de Staatscourant. Het Nederlandse Deltaplan was geboren. Wat wil een deltaproject nu eigenlijk zijn?

De wereldkaart toont ons vele delta's, sommige met beroemde namen. Nijldelta, Mississippidelta, Mekongdelta en honderden andere. De Nederlandse delta is niet zo zuiver als bijvoorbeeld de Nijldelta. Maar in de samenvloeiing van Rijn, Maas en Schelde is in de loop der tijden wel degelijk een gebied ontstaan dat het karakter van een delta verkreeg. Iedere delta heeft een aantal typische eigenschappen.

De eerste is dat het gebied vlak is, opgebouwd uit sedimenten van zand en klei met daartussen vaak veen-moerassen. Het land is door zijn aard geschikt voor landbouw en veeteelt. Dat brengt voedsel en werk voor velen. Iedere delta is dan ook dichter bevolkt dan het achterland en het land tussen de bergen.

Een tweede karaktertrek is dat de rivieren tevens van nature transportwegen zijn. Een delta wordt daardoor gemakkelijk het ontmoetingsgebied van continentale en intercontinentale handelswegen met havens, maar ook met veel intermenselijk en vaak internationaal contact. Daaruit is misschien de rol te verklaren, die vele deltagebieden hebben gespeeld in de ontwikkelingsgeschiedenis der mensheid. Reeds het bijbelse paradijs lag vermoedelijk in een delta van Tigris en Eufraat en Egypte dankte zijn oude beschaving aan de Nijl.

Een derde bijzonderheid is dat het leven en werken in een delta niet uitmunt door veiligheid. Enkele malen per jaar is er wel ergens ter wereld een overstroming. In heel veel gevallen als gevolg van stormvloeden of van extreem hoog water op de rivieren in delta-gebieden. De diepere achtergrond van een deltaproject is nu, dat men met de technische hulpmiddelen en de wetenschappelijke verworvenheden van deze moderne tijd in de eerste plaats het onveilige gebied ombouwt tot een veilige woonplaats voor mens en dier. En tegelijkertijd het geheel voorziet van een dusdanige infrastructuur (zoals wegen, kanalen, havens, recreatieruimte, etc. etc.), dat de oorspronkelijk onveilige en vaak geïsoleerd liggende eilanden worden veranderd tot een woon-, werk- en recreatiegebied met optimale mogelijkheden.

En nu de details van het Nederlandse Deltaplan.

Het plan omvat (in de oorspronkelijke opzet van de Delta-commissie) vier afsluitdammen in de riviermonden tussen Oostvoorne en Westkapelle. D.w.z. in het Haringvliet, het Brouwershavense Gat, de Oosterschelde en het Veerse Gat. De dam in het Haringvliet is voorzien van een uitwateringssluis, in verband met de afvoer van het Rijnwater. De drie overige riviermonden zouden gesloten dammen krijgen. Krachtens een besluit van de regering en volksvertegenwoordiging is in een later stadium besloten de Oosterscheldedam te voorzien van drie sluiscomplexen.

Deze kunnen bij dreigend hoog zeewater worden gesloten maar zullen overigens vrijwel altijd geopend zijn, zodat eb en vloed op het Oosterscheldebekken vrij spel houden. Behalve deze vier 'primaire' dammen langs de kust zijn in de achterhoede drie 'secundaire' dammen gebouwd, n.l. in het Volkerak, de Grevelingen en de Zandkreek. Het aanleggen van deze achterhoede-dammen gaat steeds vooraf aan het bouwen van kustdammen. De secundaire dammen zijn namelijk noodzakelijk in verband met het hele patroon van stromingstoestanden in het tijgebied. Zij dienen als scheidingsdammen tussen de verschillende af te sluiten bekkens. Als bijvoorbeeld het Haringvliet zou zijn afgesloten voordat de Volkerakdam was voltooid, terwijl de Oosterschelde nog open ligt voor eb en vloed, zou het water van Rijn en Maas via het Hollands Diep, Volkerak en Oosterschelde zijn weg zoeken naar de zee. En dat zou leiden tot enorme uitspoelingen in de betrekkelijk nauwe tussenwateren zoals het Zijpe.

Een tweede voorbeeld. Als het Brouwershavense Gat zou zijn gesloten zonder dat in de Grevelingen een scheidingsdam was aangelegd, terwijl de Oosterschelde nog open ligt, zouden eb- en vloedstromen via Keten, Mastgat en Zijpe het bekken tussen Schouwen-Duiveland en Goeree-Overflakkee gaan vullen en ledigen. Alweer met ontoelaatbare stroomtoename in genoemde tussenwateren, maar tevens een be-

langrijke vergroting van de hoeveelheden water die per getij de Oosterscheldemond in- en uitstromen. Daardoor zouden de geulen bij de dam verdiepen en de zandplaten gedeeltelijk verdwijnen.

Al deze wetenswaardigheden werden bestudeerd bij proeven in een groot schaalmodel waarin het gehele Deltagebied is ingebouwd.

Het gevaar waar het randstadgebied in de rampnacht ternauwernood aan was ontsnapt, leidde ertoe dat reeds in januari 1954 – nog voordat de Deltawet door de Staten-Generaal was aanvaard – werd begonnen met de bouw van een stormvloedkering in de mond van de Hollandse IJssel, ter hoogte van Krimpen a/d IJssel.

De Rotterdamse Waterweg en de Westerschelde zijn niet in de afsluitingsplannen opgenomen. Omdat dit ontoelaatbaar zou zijn in verband met de geweldige economische belangen van 's werelds grootste zeehaven, Rotterdam, maar ook met de havenbelangen van Antwerpen en Gent.

Dat wil dus zeggen dat de dijken in de gebieden die via deze riviermondingen door de getijden worden beïnvloed, op de klassieke wijze worden verhoogd tot Delta-hoogte. Voor de Waterweg geld dit tot aan de stormvloedkering bij Krimpen. En wat zuidelijker tot aan de Alblasserwaard, de Lekdijk tot Schoonhoven, IJsselmonde en de Hoekse Waard. Voor de Westerschelde betekent het voor ons: dijken verhogen langs beide oevers vanaf de monding tot aan de Belgische grens.

En België heeft plannen om langs de oevers van de Schelde, de Rupel, Dender, Nete, Dijle en de Senne eveneens de dijken op Deltahoogte te brengen. Men studeert op een plan voor de bouw van een stormvloedkering even ten noorden van

het oude stadsgedeelte van Antwerpen.

Behalve dijkverzwaringen moeten ook veel werken worden uitgevoerd om gemalen, los- en laadinrichtingen, woningen, bedrijven, scheepshellingen, e.d. aan te passen aan de nieuwe situatie.

Behalve de bouw van afsluitdammen met de daarin geprojecteerde in- en uitlaatwerken, uitwaterings- en schutsluizen, behelst het plan ook nieuwe wegen, die de afsluitdammen onderling verbinden. Een kustweg over de primaire dammen, be-

---

Binnen het kader van de Deltawet wordt de gehele kust van ons land van Delfzijl tot Cadzand waterkerend gemaakt tot het Deltapeil. Dat betekent niet alleen dijkverzwaring in Groningen en Friesland, maar ook verhoging van de Afsluitdijk, de Hondsbosse- en Pettenner zeewering en de dijk van Westkapelle. De duinen worden kilometer voor kilometer beoordeeld en zwakke duinregels worden versterkt door het erachter opspuiten van kunstmatige duinen of door verdediging van de duinvoet. Moeilijke punten liggen daar waar de kust sterk is bebouwd. Meestal bij de boulevards en de badplaatsen. Doch ook deze worden waar nodig verbreed of verhoogd of van keermuren voorzien.

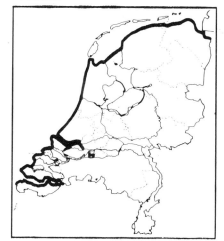

langrijk voor de eilandkoppen en de toeristen. Een noord-zuidweg via de Volkerakdam als een tweede autosnelweg tussen Rotterdam en Antwerpen, tevens belangrijk voor West-Brabant en als invalspoort voor de eilanden vanuit oostelijke richting. En als sluitstuk een centrale weg door het gebied, waarin op initiatief van de provincie Zeeland een brug over de Oosterschelde werd opgenomen: tussen Zierikzee en Colijnsplaat. Een modern geconstrueerde betonbrug (spanbeton) die met haar ruim 5 km lengte de op één na langste brug van Europa is. Door dit nieuwe wegennet werd Zeeland opengebroken en werd het vroegere isolement van de eilanden volledig opgeheven.

Voor de bevolking was dit dan ook het meest tastbare en in het dagelijks leven meest voelbare resultaat van de Delta-werken.

Voor waterstaatkundig georiënteerde mensen kwamen de nieuwe verkeersmogelijkheden echter pas op de derde plaats. Hoofdzaak zal altijd blijven: de verhoging van de veiligheid. Maar de tweede plaats wordt bij hen duidelijk ingenomen door de veranderingen in de zoetwaterhuishouding.

Want behalve de directe bedreiging van het water door stroomgeweld of hoge rivierwaterstanden is er nog een dreiging van geheel andere aard. Een dreiging met een sluipend karakter. Het bij vloed binnenstromende zeewater brengt van oudsher grote hoeveelheden zout landinwaarts. Door het toenemende verbruik van drinkwater in het dicht bevolkte westen, veelal ontleend aan het zoete grondwater onder de duinen, is het evenwicht tussen de aanvullingen van dit water door regen en sneeuw enerzijds en de onttrekking ervan door waterleidingbedrijven anderzijds, verstoord geraakt.

De zoetwaterlens onder de duinen wordt kleiner, de ondergrens trekt op en de zoute kwel kan gemakkelijker binnendringen in de diepe polders achter de duinen.

Toenemende scheepvaart en vergroting van scheepstypen maakte het noodzakelijk havenmonden te verbreden en te verdiepen (Europoort!) of steeds grotere sluizen te bouwen (IJmuiden!)

Daardoor werden de sluipwegen voor het binnendringende zout ruimer en de hoeveelheden die per etmaal vanuit zee binnenkomen verviervoudigd. Maar het allerergste is de almaar toenemende verontreiniging van de Rijn.

Als we de bewoners van de Rijnoeverstaten beschouwen als de bewoners van een flat met vijf etage's, dan wonen de Zwitsers helemaal boven, met een mooie daktuin. De Fransen, Duitsers en Belgen bewonen de tussenetage's, maar wij Nederlanders zitten helemaal onderin, ten dele in het souterrain. En al onze bovenburen, maar eerlijkheidshalve ook wijzelf, deponeren afval in het Nederlandse voortuintje!

Het gaat ook hier om massale hoeveelheden zout. Veertig procent van de zoutlast van de Rijn, is afkomstig uit Elzas-Lotharingen als afvalproduct van de kalimijnen.

Het gaat evenwel ook om nog gemenere afvalstoffen als kwik en andere zware metalen, olie, chloor, enz. enz. Electrische centrales en zware industrieën warmen het water op door het als koelwater te gebruiken. Met als gevolg: een zuurstofverarming, fataal voor het biologische leven. Steden en dorpen, ook in Nederland, lozen hun riool- en afvalwater op de vrije Rijn.

Wanneer men bedenkt dat ditzelfde Rijnwater moet voorzien in de behoefte van land- en tuinbouw, moet dienen als drinkwater voor het vee

en de grondstof is waaruit de Nederlandse waterleidingbedrijven goed drinkwater moeten produceren, dan wordt het duidelijk dat de oplossing van dit milieu-vraagstuk niet eenvoudig is.

Gelijktijdig met de Deltawerken werden de Neder-Rijn en Lek tussen Arnhem en Vreeswijk gekanaliseerd door het bouwen van drie stuwcomplexen. Deze stuwen werden in gebruik gesteld op dezelfde dag dat de Volkerakwerken en de uitwateringssluis in de Haringvlietdam voor het gebruik gereed waren. Het water dat vroeger door de Lek stroomde (d.i. $\pm$ 30% van de totale hoeveelheid bij die bij Lobith ons land binnenkomt) wordt nu tijdens middelmatige en lage Rijnafvoeren, gedeeltelijk via de Gelderse IJssel naar het IJsselmeer gezonden, waardoor ook daar de toestand verbetert. Met als neveneffect: minder last van lage waterstanden op de IJssel en het Twente-kanaal.

Het overgrote deel volgt evenwel de Waal. Doordat het water niet meer via het Haringvliet naar zee kan afstromen, wordt het nu via de Oude en de Nieuwe Maas en de Rotterdamse Waterweg bij Hoek van Holland geloosd. Deze injectie helpt de zoutinvasie vanuit zee, terug te drukken. Door de langere verblijftijd en het rustiger stroombeeld slaat veel vuil neer en is de kwaliteit van het oppervlaktewater beter geworden. De kwaliteit van bijvoorbeeld het drinkwater in Rotterdam is daardoor de laatste jaren aanzienlijk verbeterd.

In dezelfde periode kwamen er pijpleidingen en pompstations ten dienste van de drinkwatervoorziening in het westen. Met Rijn- en Maaswater worden duindalen bevloeid en kan het evenwicht in die duinwatervoorraden zich herstellen. Dit rivierwater wordt via buizen in

de Velser tunnel zelfs tot ten noorden van Beverwijk gebracht.

Het spreekt vanzelf dat de stuwen in de Lek worden geheven, wanneer de Rijn veel water ons land binnenvoert. Een eventueel surplus dat in de Waterweg of de Noord te grote stroomsnelheden zou veroorzaken, kan worden gespuid door de schuiven in Hellevoetsluis geheel of gedeeltelijk te heffen.

Er is de laatste jaren, tot in het parlement toe, wel beweerd, dat die oude Deltacommissie geen enkel oog heeft gehad voor milieu-kwesties. De commissie-leden waren natuurlijk geen koffiedik-kijkers. In de jaren '53, '54 en '55 konden ook zij niet voorzien dat het Europese saamhorigheidsgevoel zo moeizaam zou groeien en dat de vuil-lozingen niet alleen 20 jaar lang ongestoord zouden doorgaan, maar eerder nog toenemen.

Na al deze bijzonderheden over de bijproducten van kustverkorting, kunnen we de voor- en nadelen van deze ingreep ten opzichte van de klassieke methode van uitsluitend verhoging der bestaande dijken als volgt op een rijtje zetten.

Voordelen

a. Een kortere kustlijn waarborgt grotere veiligheid. De bestaande dijken worden tweede waterkeringen. De van zee afgesloten bekkens zijn tevens bergboezems bij een onverhoopte doorbraak van een primaire dam.

b. In de afgesloten bekkens verplaatsen geulen zich niet meer en ontstaan geen verdiepingen tegen de voet en de steungrond van de dijken. Dit is heel belangrijk voor de stabiliteit van de dijken langs de voormalige eilanden. In de historie verdwenen grote en rijke gebieden van de kaart door oever- en dijkvallen, waarbij midden in de zomer, bij

De stuw bij Hagestein, een van de drie stuwkomplexen in de rivieren Neder-Rijn en Lek. De bogen zijn geheven en de scheepvaart kan er onder door. Als de stuw is neergelaten, kunnen de schepen in de (naast de stuwen gebouwde) sluizen worden geschut.

bladstil weer en extreem laag water, plotseling een dijk als een pudding in elkaar zakte, doordat de ondergrond bezweek.

c. Een korte, hoge kustlijn biedt betere aanpassingsmogelijkheden wanneer in een verre toekomst de zeespiegel verder rijst en de bodem verder daalt; het vereenvoudigt bovendien het onderhoud.

d. Afsluiting van Haringvliet en Volkerak maken het mogelijk in samenspel met andere maatregelen, de verzilting te bestrijden.

e. Kortere en betere wegverbindingen heffen het isolement op, verbeteren de verbinding met de Randstad en Brabant. De afstand Rotterdam-Middelburg werd van 160 km terug gebracht tot ± 60 km.

f. De nieuwe wegen en de afgesloten bekkens stimuleren de recreatie. Het opgeheven isolement en de betere infrastructuur bevorderen het gehele economische leven en een eventuele groei van de industrie.

g. Verhoging van de bestaande dijken zou grote problemen geven bij de langs de dijk gebouwde woningen, industrieën, constructiewerven, oesterputten, e.d.

Bovendien kost het landbouwgrond en worden natuurbeschermingsgebieden en vogelbroedplaatsen, zoals de inlagen van Schouwen-Duiveland, bedreigd. Van dit alles is bij kustverkortende werken geen sprake.

h. Door de afsluiting is het mogelijk zoetwaterbekkens achter de dammen te maken, waaraan water kan worden onttrokken ten nutte van landbouw, tuinbouw en veeteelt. En binnen deze watergebieden (met inbegrip van de bestaande Biesbosch) waar eb en vloed nauwelijks merkbaar zijn, kunnen spaarbekkens worden aangelegd voor de drinkwatervoorziening.

Nadelen

De verandering van getijdengebied in betrekkelijk stilstaand brak of zoet water heeft voor- en nadelen. Voor de schippers is het tij-varen, d.w.z. het profiteren van de stroom, afgelopen. Zij zullen ook vaker moeten schutten. Daartegenover staat, dat de vaargeulen niet meer zoals vroeger steeds van loop veranderen; dat het vaarwater doelmatiger kan worden ingericht en dat de risico's van varen bij storm of in de nacht, ook al door de rustiger golfbeweging, kleiner worden.

In de oorspronkelijke gedachtengang omtrent een dichte Oosterscheldedam zouden de vissers en de schelpdiercultures voor mosselen, oesters, kreeften en garnalen het kind van de rekening zijn geworden. Via de Delta-schade-wet zou de daardoor ontstane schade worden vergoed. Ook gewassen als riet en rijshout hebben op vele plaatsen geen levenskansen meer, dus schade voor de bedrijven, die dit materiaal kweken, verhandelen of verwerken. Het belangrijkste nadeel evenwel, dat in de latere jaren sterke aandacht kreeg en steeds meer tegenstand opriep, is dat de rijke flora en fauna, zowel onder als op het water, door de ingreep verarmt. (In een afzonderlijk hoofdstuk wordt hier nader op ingegaan door de bioloog dr. Wolff, blz. 129).

Tenslotte kan nog als nadeel worden genoemd: een bepaald aspect van het verdwijnende isolement. Naast de daarover reeds genoemde voordelen betekent het tevens het verdwijnen van een besloten, vertrouwde gemeenschap waar iedereen iedereen kende. Geen dorpeling dacht er vroeger over 's avonds zijn deur op het nachtslot te doen. Landelijke folklore en rust waren kenmerkend voor het eilandengebied. Snelverkeer langs autobanen kwam niet voor en reizen betekende bijna altijd een tocht van enkele uren op een gezellige veerboot, waar men volop tijd had voor onderling contact. Vooral de oudere generatie heeft moeite met de aanvaarding van al het nieuwe, dat naast goede en begerenswaardige dingen ook veel spanning, haast, gevaar en onrust met zich brengt.

De milieu-verontrusten boekten succes. Nadat een nieuwe studiecommissie onder voorzitterschap van de oud-commissaris der Koningin in Zuid-Holland, mr. J. Klaasesz, een rapport had uitgebracht waarin verschillende variant-oplossingen werden aangeboden, bracht de hele Oosterscheldesluiting het parlement tot een herbezinning.

Allerlei varianten kwamen in bespreking en werden door de uitvoerende waterstaatsdiensten bestudeerd, doorgerekend en van advies voorzien. Via een poreuze blokkendam (commissie-Klaasesz) kwam men tot de projectie van afsluitbare caissons in de sluitgaten en daarna, toen dit stabiliteitsproblemen bleek op te leveren, tot de bouw van een zgn. pijlerdam met afsluitbare schuiven. Twee jaar kreeg de Deltadienst daarna de tijd om al deze gedachten op tijdsduur en kosten, maar vooral op technische betrouwbaarheid te toetsen. De definitieve beslissing voor wat betreft de grootte der totale doorlaat of, anders gezegd, de hoogte van de toekomstige getijbeweging achter de geopende (maar in tijden van gevaar afsluitbare) dam is inmiddels genomen.

Het geheel kost wel ruim 2 miljard meer dan het oorspronkelijke plan. Maar dat is dan de prijs die wordt betaald voor het behoud van het rijke milieu in het Oosterscheldebekken.

De uitvoering van de Deltawerken

Voor de uitvoering van het gehele project werd een 25-jaren plan opgesteld, dat tot en met de sluiting van het Brouwershavense Gat vrij strak kon worden gevolgd.

De wijziging van het Oosterscheldeproject zorgde ervoor dat de eindoplevering die oorspronkelijk omstreeks 1979 gedacht was, naar 1985 moest worden opgeschoven. Onderstaand staatje geeft de volgorde aan, waarin de verschillende onderdelen ter hand werden genomen met de sluitingsdata van de dammen of de openstelling der bruggen.

Er wordt beweerd, dat de uitvoering der Deltawerken de moeilijkste opgave is op het gebied van waterbouwkunde. 'Moeilijk' is echter een betrekkelijk begrip. Het oplossen van een vraagstuk met drie onbekenden is moeilijk voor iemand die geen algebra kent; een wiskundige draait er zijn hand niet voor om. Het besluit na Wereldoorlog I om over te gaan tot het uitvoeren van de Zuiderzeewerken was in feite méér een sprong in het duister dan de beslissing een begin te maken met de afsluitdammen in Zeeland. Men had geen grote ervaring met werken in volle zee. Men beschikte ook nog niet over instituten als het Waterloopkundig Laboratorium en het Laboratorium voor Grondmechanica.

De sluiting van de Braakman (Zeeuwsch-Vlaanderen) werd voltooid op 30 juni 1952 met het indraaien van een gesloten caisson. Tevoren was daarnaast een omgebouwde caisson afgezonken die tijdelijk als een doorlaatcaisson kon worden gebruikt om direkt na de sluiting nog water in en uit te laten, teneinde de druk op de sluitcaisson te verminderen totdat deze rondom met stortsteen en zinkstukken zou zijn beveiligd. Op de voorgrond: twee zinkstukken op het strand, gereed om direkt na het dichtdraaien te worden afgezonken.

Maar door deze werken werd ervaring verkregen, werd het zwaardere baggermateriaal ontwikkeld en leerde men er mee omgaan.

In het laatste jaar van Wereldoorlog 2 werden de dijken van Walcheren gebombardeerd. Ingenieurs, aannemers en arbeiders die bij de Zuiderzeewerken met stromend water hadden leren omgaan dichtten de vier dijkgaten. Den Doolaard vertelt in zijn roman 'Het verjaagde water' hoe het eiland Walcheren, dat verdronk voor de bevrijding van Europa, in heroïsche gevechten weer op zee werd heroverd.

Daar deed men voor het eerst ervaring op met het invaren en afzinken van betonnen caissons. Zij het dan ook dat dit restanten waren van de kunstmatige havens die in 1944 bij de geallieerde invasie in Normandië waren aangelegd. Bakbeesten van 6000 ton, maar in feite niet gebouwd voor dit soort werk. Vandaar een aantal mislukkingen.

Maar de lessen van Walcheren kwamen te pas bij het afsluiten van de Brielse Maas (1950) en de Braakman (1952), beide eveneens met behulp van caissons.

Bij Brielle werden voor het eerst

'eenheidscaissons' toegepast, een soort blokkendoos-systeem waardoor met geprefabriceerde eenheden grotere of kleinere secties opgebouwd kunnen worden.

Bij de Braakman in Zeeuwsch-Vlaanderen werd een schuchtere poging gewaagd een Normandië-caisson om te bouwen zodat er een drijvende uitwateringssluis ont-

Het ballasten en naar de bodem brengen van een 'zinkstuk', zoals dat vroeger werd gedaan met gevlochten matten van rijshout, verzwaard met bergsteen. De Sliedrechters en Werkendammers waren er beroemd om.

stond, een zgn. 'doorlaatcaisson'. Het dijkherstel in 1953 gaf nieuwe impulsen. En aldus toegerust kon met een gerust hart worden begonnen met het uitvoeren van de Deltawerken. Het geheel kan in vier onderling van karakter verschillende werken worden gesplitst:

a. dambouw in dagelijkse eb- en vloedstromen;
b. sluizenbouw in open zee;
c. bruggenbouw over de grote rivieren en tunnels;
d. wegenaanleg met de daarbij behorende kunstwerken: tunnels, viaducten en duikers.

Alvorens de diverse objecten onder de loep te nemen lijkt het goed om van elk van deze vier specimens der weg- en waterbouwkunde iets te vertellen over de wezenskenmerken daarvan.

Dambouw is evenwichtskunst. De natuur zoekt altijd en overal naar een evenwicht. Een riviermond aan zee vult en ledigt door de vloed en de eb een bepaalde wateroppervlakte. Het produkt van de grootte van deze oppervlakte en de hoogte van het getij (d.w.z. de verticale afstand tussen hoog en laag water) bepaalt de hoeveelheid die in 6$^1/_2$ uur tijds

naar binnen of naar buiten stroomt. De tientallen meters dikke, losse en gemakkelijk uitspoelbare zandlagen vormen een gemakkelijk beweegbare bodem. De zandkorrels spoelen weg zodra de stroomsnelheid groter wordt dan ± 60 à 80 cm per seconde. De zee schuurt nu een zo breed

<hr />

Al generaties lang – en nog – worden er in de Biesbosch schepen met rijshout geladen voor de dijkwerken in ons kustgebied. Men profiteert van het getij, vaart bij vloed binnen, laadt het bij eb drooggevallen schip en vertrekt weer als het water wast.

en diep bed uit, dat deze snelheid niet wordt overschreden. In tijden van lang achter elkaar optredende hoge vloeden en lage ebben worden de geulen dieper of nemen de zandplaten wat af. In rustiger tijden wordt de riviermond wat ondieper. Nu komt de mens, die de rivier wil afsluiten. Hij begint dammen te bouwen en verkleint daarmee de doorlaat. De stroomsnelheid neemt toe en de gaten tussen de damgedeelten-in-aanleg worden almaar dieper. De sluiting zou zonder meer tot mislukken gedoemd zijn. Om dit te voorkomen wordt bij de geulen, als eerste werk, de bodem op kunstmatige wijze vastgelegd. Vroeger gebeurde dit met behulp van gevlochten matten van rijshout die, verzwaard met breuksteen uit de bergen, tot zinken werden gebracht. De Sliedrechters en Werkendammers waren erom beroemd. Zij zonken hun 'zinkstukken' op de kentering van het getij, wanneer de zee even de adem inhoudt.

Zo'n bezonken bodem weerstaat een watersnelheid tot ± 5 m per seconde. Het was dan een kwestie

In het Haringvliet wordt (op de voorgrond) een zinkstuk volgens moderne methode 'op stroom' afgezonken, waarbij men niet meer afhankelijk is van het getij. Op de achtergrond: de bouwput waarin de sluis wordt gebouwd voor de Haringvlietdam die in 1970 kon worden afgesloten. Midden: de kabelbaan in opbouw.

De Zeelandbrug van Noord-Beveland naar Schouwen-Duiveland. Bij de bouw van de 'lange brug' werd de inmiddels weer gevorderde spanbetontechniek in optima forma toegepast. ▶

van peilen, rekenen, modelonderzoek om te bepalen hoe groot de laatste gaten en hoe breed de bezinking moesten zijn. Als dit alles gebeurd was, werden tussen deze 'sluitgaten' meestal op de zandplaten damvakken gebouwd. Op deze wijze ontstaat opnieuw een evenwichtstoestand, nu op basis van de grotere toelaatbare stroomsnelheid. Onder de invloed van de Deltawerken heeft de techniek van bodembekleding zich fantastisch ontwikkeld. De oude methode ging te langzaam, kostte teveel mankracht en was dus te duur. Ook de beschikbare hoeveelheid rijshout was beperkt en buitenlandse 'stortsteen' kost deviezen. Het zinkstuk werd gemoderniseerd. Kuststof-folies met heel fijne mazen – een soort filterdoek – werden ingebouwd. De methode van afzinken werd zodanig geïndustrialiseerd, dat met minder mensen meer oppervlakte kon worden behandeld en men niet meer afhankelijk was van de kenteringsmomenten. Er werd 'op stroom' afgezonken.

In een later stadium werd drijvend materieel ontwikkeld, met behulp waarvan men de bodem kon beschermen met asfaltmengels. En het laatste snufje is een fabriek op Noord-Beveland waar aan de lopende band matten van kunststof (polypropeen) aaneen worden genaaid tot lappen van 30 × 200 meter. Daarop worden betonnen blokken gestort die met kunststofpennen aan het doek zijn verankerd. Het geheel wordt opgerold op een drijvende haspel, met een lengte van 45 m en een diameter van 10 m. Dat hele vrachtje weegt dan 1200 ton. De beladen haspel wordt door sleepboten naar een speciaal afvierschip in het sluitgat gevaren, daar in de draaiassen geschoven en vervolgens afgerold en onder water als een tapijt uitgelegd op ± 40 meter diepte. Electronische apparatuur zorgt voor een nauwkeurige aansluiting op eerder uitgerolde 'blokkenmatten'. Per werkdag kan één mat worden gemaakt. Het afzinken zelf duurt ± 1½ uur.
Als de sluitgaten zijn bezonken en de

damvakken op de platen gereed zijn, moeten de laatste openingen worden afgesloten. Dat gebeurt met de eerder genoemde caissons.
Bij de sluiting van het Veerse Gat werden voor het eerst zeven doorlaatcaissons toegepast, die speciaal voor dit doel waren ontwikkeld. Zulke caissons worden gebouwd in speciaal daarvoor gemaakte grote en diepe bouwputten langs de waterkant. Als ze gereed zijn, wordt water in de put toegelaten en de dijk tussen de rivier en de put wordt weggebaggerd waardoor de put plotseling een haven wordt. En de caisson wordt – als het water eruit gepompt is – dan een schip.
Sleepboten brengen iedere dag een caisson naar het sluitgat en manoeuvreren het boven de opgezonken drempel. Op het moment van stilstaand water, de kentering, worden de afsluiters onder in de caissonwanden geopend. Het water stroomt binnen en de caisson zakt op de drempel. De houten 'drijfschotten' worden er met sleepboothulp afgetrokken en het water kan

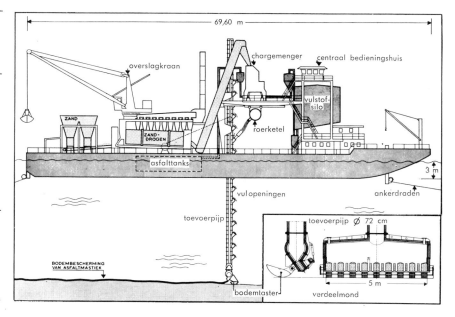

Zo wordt – schematisch aangegeven – de zeebodem bekleed met een beschermende laag asfaltmastiek. ▶

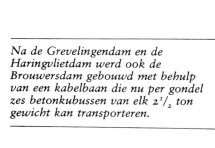

Na de Grevelingendam en de Haringvlietdam werd ook de Brouwersdam gebouwd met behulp van een kabelbaan die nu per gondel zes betonkubussen van elk 2½ ton gewicht kan transporteren.

Nieuwste snufje van bodembescherming is de 'blokkenmat'. Dit is een filterdoek van kunststof waarin betonblokken zijn verankerd. Zo'n blokkenmat die 200 meter lang en 30 meter breed is en een gewicht van 1200 ton heeft, wordt van de drijvende trommel (10 meter doorsnee) gerold en kan tot op 40 m diepte in anderhalf uur op 30 cm nauwkeurig worden afgezonken. Voor de afsluiting van de Oosterschelde zal in totaal ca. 3.000.000 m2 blokkenmat in de sluitgaten moeten worden aangebracht.

Zo worden caissons gebouwd in een bouwput (foto onder) en geplaatst (foto op blz. 113).

door de geplaatste caisson heen en weer stromen. Zo worden alle caissons netjes in een rij afgezonken, alle kieren tussen de caissons met stortsteen gedicht en voor- en achterlangs tegen de langswand een rug steen aangebracht om het onderdoor kruipen en het straks verschuiven door waterdruk te bemoeilijken. Enkele dagen later worden dan in één keer alle stalen schuiven in de caisson met behulp van lieren neergelaten tot ze waterdicht op de bodem van de caisson rusten. Het spel van eb en vloed is uit. Het sluitgat is dicht en de dijk wordt in

stilstaand water voltooid. Als deze gereed is, zijn de caissons volgespoten met zand en geheel in het dijklichaam opgenomen.

Men noemt deze gang van zaken een plotselinge sluiting. Ze is de moderne variant van het schip dat onze voorouders in een dijkgat tot zinken brachten.

De tegenhanger is een geleidelijke sluiting, waarbij over de gehele lengte van het sluitgat laag voor laag stroombrekend materiaal wordt aangebracht. In kleinere gaten kunnen dit zandzakken zijn; bij de Zuiderzeesluitingen was het taaie,

stroombestendige klei. Hoe hoger het getij, hoe sterker de stroom, des te zwaarder moet het dichtingsmateriaal zijn. In 1953 werden verscheidene gaten geleidelijk gesloten met zware stortsteen, verwerkt met behulp van drijvende kranen.

Bij de Deltawerken werd voor het eerst een kabelbaan gebouwd (Grevelingendam) waaronder een rug van stortsteen werd afgeworpen. De steenrug breekt de kracht van de stroom, maar is nog poreus. Door het spuiten van zand en het storten van hete asfalt wordt de poreuze rug in enkele weken tijds een dichte ke-

De sluiting van het Volkerak in april 1969. De laatste caisson wordt door vier sleepboten ingevaren. Het historische moment wordt vanaf salonboten, gepavoiseerde vissersschepen en jachten gadegeslagen door vele honderden ogen. Op de achtergrond: de nieuwe brug.

ring. In stroomloos water kan dan het damlichaam worden opgespoten en afgewerkt.

De kabelbaan-methode werd nog tweemaal toegepast (Haringvliet en Brouwersdam), nu uitgerust met eerst vier en later zes betonkubussen van $2^1/_2$ ton per stuk.

De capaciteit van de zandzuigers was intussen zo opgevoerd dat men op enkele plaatsen het heeft aangedurfd caissons en kabelbanen te vergeten en het sluitstuk dicht te spuiten. Onder het motto: als je er per uur tweemaal zoveel zand in spuit als de zee er weer uitspoelt en je gaat daar enkele weken nonstop mee door, dan win je de wedstrijd! *Sluizenbouw* is heel andere koek. Het opspuiten van bouwputten in open zee is geen probleem meer, als al het dambouwmateriaal voorhanden is. Wanneer de put droog gepompt is, werken de sluizenbouwers op de bodem van de zee in een soort tijdelijke polder. De bouw wijkt dan in principe niet af van de werkwijze bij sluisbouw in een kanaal. Nieuw zijn de vaak revolutionaire constructies. Betrekkelijk nieuw was ook het materiaal voorgespannen beton, dat nu algemeen wordt toegepast. De Haringvlietsluizen zijn echter uitgerust met (in dwars-doorsnede) driehoekige constructies van spanbeton, die toen tot de meest gedurfde spanbetontoepassingen in de gehele wereld behoorden. De driehoek is met de punt naar beneden gericht; de 'basis' is ditmaal de bovenkant en tevens verkeersweg. De schuine zijden bevatten elk vier enorme scharnieren waaraan de schuifarmen zijn bevestigd. Door 68 hydraulische persen, ook weer van super-afmetingen, kunnen de 34 schuiven geopend of gesloten worden voor de 17 openingen die elk een wijdte van 56,50 m hebben.

Wie een bezoek brengt aan het permanent geopende voorlichtingscentrum naast de sluis (Stellendam) vindt daar o.a. een 17 m lange maquette (schaal 1:100) waarin het gehele bouwproces gevolgd kan worden. Men kan daar bovendien onder geleide van een deskundige gids de echte sluis en het interieur van de driehoeksleggers en een machinekamer bezichtigen.

De *bruggenbouw* heeft weinig aspecten die afwijken van andere brugconstructies. Of het zou moeten zijn, dat bij het aanbrengen van de vaste overspanningen van de brug bij Numansdorp (10 overspanningen van elk 106 m, één kleinere van 80 m en een beweegbare basculebrug met een doorvaartbreedte van 35 m) de hulp van de zee werd ingeroepen. De brugdelen werden op pontons geschoven, met sleepboten naar het Haringvliet getransporteerd en tijdens vloed boven de pijlers en de oplegstoelen gemanoeuvreerd. Met het doorzetten van de eb deponeerde de zee de staalconstructies netjes op de pijlers. En op het dieptepunt van de eb kwamen de pontons zo ver vrij dat ze leeg naar de werf terug konden om de volgende overspanning te halen.

Bij de bouw van de 'lange brug' bij Zierikzee werd de inmiddels weer gevorderde spanbetontechniek in optima-forma toegepast.

En van de *wegenbouw* is niets te vertellen dat zou afwijken van wegenbouw elders.

Uit het hiervoor behandelde zijn doel en functie van de meeste werken al duidelijk geworden.

De *stormvloedkering in de Hollandse IJssel* is een bouwwerk met vier betonnen torens, waartussen, twee aan twee, een dubbel stel 80 meter brede stalen schuiven, uitgebalanceerd met contragewichten, zijn afgehangen. Naast deze kering bevindt zich een 24 meter brede schutsluis met een kolklengte van 120 meter, waardoor de scheepvaart kan doorgaan als de schuiven gesloten

zijn. Ook hoog opgebouwde schepen kunnen hier passeren. De lieren en hefwerktuigen staan opgesteld in de machinekamers boven in de torens. Het eerste Deltaproject dat gereed kwam ligt daar als een wachter voor de deur van Holland. Een veiligheidsslot van formaat.

De *Haringvlietdam* met de ruim 1

Een sluitcaisson wordt ingedraaid.

Onder de kabelbaan ontstaat een stroombrekende rug van betonblokken. Nog is de rug niet geheel voltooid en stroomt de vloed met kracht naar binnen.

Naast de bouwput voor de Haringvlietsluis (in april 1970 voltooid) werkt een kabelbaan met gondels die een rug van stortsteen afwerpen die de kracht van de stroom breekt. Op de voorgrond: het betonblokkendepot. Achter de blokkering werkt een asfaltschip. ▼

km lange uitwateringssluis is het visitekaartje van de Deltawerken. Ten noorden van deze sluis ligt een schutsluis voor de vissers, met zowel aan de zee- als de rivierzijde vissershavens met een vismijn, steigers en visverwerkende bedrijven. De functie van de grote sluis is drieledig:

1. Het vasthouden van het zoete water in voorjaar, zomer en herfst ten dienste van de waterhuishouding;
2. het spuien van water van Rijn en Maas bij extreem grote afvoeren;
3. het weerstaan van hoog water bij wester en noordwester storm.

Zoals reeds eerder vermeld werd bij de dambouw benoorden de grote sluis de kabelbaanmethode toegepast. Dit was geen 'echte' sluiting. Immers, het water kon zijn weg zoeken door de reeds gereed zijnde geopende sluis. Het was evenwel noodzakelijk het water te dwingen de nieuwe loop door de sluizen te nemen.

De *Volkerakwerken* vormen met elkaar een driestar waarbij in de noordelijke 'poot' de Haringvlietbrug is ingebouwd. De naar het westen gerichte 'poot' is de dam over de Hellegatsplaten – een zandplatengebied aan de oostzijde van Flakkee. De derde 'poot' in de richting Brabant is de eigenlijke Volkerakdam. Met daarin een staalkaart van sluizen. Drie reusachtige schutsluizen, elk met een 24 m brede en 320 m lange schutkolk. Deze dam ligt nl. in de drukke scheepvaartverbinding tussen Duitsland of Rotterdam en Antwerpen. Een scheepvaartintensiteit die bijna het drievoudige is van wat het Amsterdam-Rijnkanaal verwerkt.

Naast dit schutsluizenkomplex ligt een grote inlaatsluis voor de waterinlaat van de Rijn in het Zeeuwse meer. Verder is er nog een kleinere sluis voor de recreatievaart.

Over al deze sluizen ligt een breed bruggenkomplex voor het verkeer tussen Rotterdam – Antwerpen v.v. Ten zuiden van de Haringvlietbrug, in het hart van de driestar, takt het verkeer af naar Zierikzee, Noord- en Zuid-Beveland. En hopelijk in de toekomst via een vaste oeververbinding onder en over de Westerschelde eveneens naar België.

De sluiting van de Volkerakdam werd uitgevoerd met behulp van 12 doorlaatcaissons, en twee gesloten caissons die de landhoofden van het sluitgat vormden.

Over de dam in het *Veerse Gat* werd

Een unieke opname van de Veerse Dam, enkele ogenblikken voordat deze – op 25 april 1961 – definitief zou worden gesloten. Op dit moment komt de vloed voor de laatste maal naar binnen.

reeds verteld hoe deze met zeven doorlaatcaissons werd afgesloten. De aanleg van de *Brouwersdam* geschiedde met twee sluitgaten, die gelijktijdig werden gesloten. Het noordelijke sluitgat met 12 doorlaatcaissons elk lang 68 m en twee 'landhoofd'- of 'talud' caissons. Het zuidelijke sluitgat met behulp van de allernieuwste kabelbaan met cabines die maar liefst zes blokken van elk 2$\frac{1}{2}$ ton vervoerden. Na de voltooiing van de dam werden in- en uitlaatkokers ingebouwd voor de verversing van het nog altijd brakke Grevelingenbekken.

De *Oosterschelde*. Deze heeft bij de reeds halverwege aanwezige dam drie geulen, van noord naar zuid: de Hammen, de Schaar van Roggenplaat en de Roompot. Daartussen liggen de zandplaten, waarop reeds damvakken zijn aangelegd. In afwijking van het oorspronkelijke plan (nl. het dichten van de drie 'sluitgaten' in de geulen, met behulp van 7$\frac{1}{2}$ ton zware betonblokken, afgeworpen vanaf drie kabelbanen), zullen daar nu drie stormvloedkeringen worden ingebouwd met van noord naar zuid resp. 960 m, 720 m en 1520 m lengte. Dat betekent drie

117

◀ *De Haringvlietsluis in aanbouw. Een reusachtige portaalkraan rijdt over het gehele sluizenkomplex en transporteert onderdelen voor de stalen schuiven. De 'speelgoedautootjes' op de voorgrond zijn echte vrachtwagens.*

De stormvloedkering in de Hollandse IJssel bij Capelle (die in 1958 werd voltooid) met op de achtergrond Krimpen aan de IJssel. ▶

Een overzichtsfoto van de Haringvlietdam. Op de voorgrond de beide vissershavens bij Stellendam die onderling verbonden zijn door een schutsluis. In het midden van de foto prijkt de grote uitwateringssluis. In de verte ziet men de kop van het eiland Voorne-Putten.

Haringvlietsluizen naast elkaar! Die ditmaal niet in droge bouwputten maar rechtstreeks in het water gebouwd worden.

Op onderlinge afstanden van 40 m worden 83 pijlers geplaatst, met aan de onderzijde brede en zware fundaties.

De pijlers worden gebouwd op steigers in een tweetal reeds gereed zijnde reusachtige bouwputten aan de rivierzijde van het middelste damgedeelte. Met behulp van een portaalkraan op pontons worden ze stuk voor stuk opgepakt en op de juiste plaatsen in de sluitgaten aan de grond gezet. Zo'n vrachtje is ± 45 m hoog en weegt 15.000 ton! Tevoren is ter plaatse een verdieping gebaggerd, waarin een laag steen is gestort als fundatiebed.

Als een aantal pijlers gereed is, wordt begonnen met de bovenbouw. Per opening komt er een aantal holle betonbruggen – zgn. 'kokerliggers' – met een gewicht van ± 1200 ton per stuk. Het zijn tevens de draagsters van het toekomstige wegverkeer. Deze liggers worden aan de wal vervaardigd, op een ponton naar het sluitgat gevaren, en netjes tussen twee pijlers ge-

De Volkerakwerken in vogelvlucht. Op de voorgrond de drie grote schutsluizen; in het midden de inlaatsluis en de sluis voor de pleziervaart. Ter oriëntatie: de weg links op de foto leidt naar Flakkee en Zeeland, aan de overkant ligt de Hoekse Waard met in de verte de contouren van Rotterdam. De rechthoekige kavels op de voorgrond zijn van Brabantse klei, ter hoogte van Willemstad. De driehoek van wegen is het Hellegatsplein. De Volkerakdam is in 1969 gesloten; de Haringvlietbrug bij Numansdorp (op de achtergrond) was al vijf jaar eerder in gebruik gesteld.

Een overzicht van de Brouwersdam-in-aanbouw, nadat het Brouwershavense gat in mei 1971 was gesloten. De luchtfoto werd van boven Schouwen-Duiveland (rechts: het dorp Scharendijke) genomen in de richting van de kop van het eiland Goeree-Overflakkee, dat op de achtergrond zichtbaar is. De werkhavens achter de dam worden recreatiehavens.

schoven en op de opleggingen geplaatst.

Onderwijl is men elders druk bezig met het uitbreiden van de bodembeschermingen en het verder afwerken van de drempel tussen de pijlers. Tot slot worden zware dorpelbalken geplaatst. Deze maken het mogelijk om in een laat stadium de totale doorlaatopening groter of kleiner te maken. Anders gezegd: het toekomstige getij in de Oosterschelde minimaal, middelmatig of maximaal te doen zijn. Yerseke is voorstander van het laatste. Inmiddels heeft de volksvertegenwoordiging gekozen

voor de middenoplossing. Dit betekent: een doorlaatverkleining van 43000 m² tot 12000 m², d.w.z. een tijverschil bij Yerseke van ± 2,30 m.

Evenals bij de Haringvlietsluis zal ook bij Scharendijke vlak bij de bouwplaats een voorlichtingscentrum met mini-restaurant worden ingericht, zodat belangstellenden de werken op de voet kunnen volgen. Compleet met een boottochtje naar de sluizenbouw.

Het zout blijven van de Oosterschelde had nog meer belangrijke consequenties.

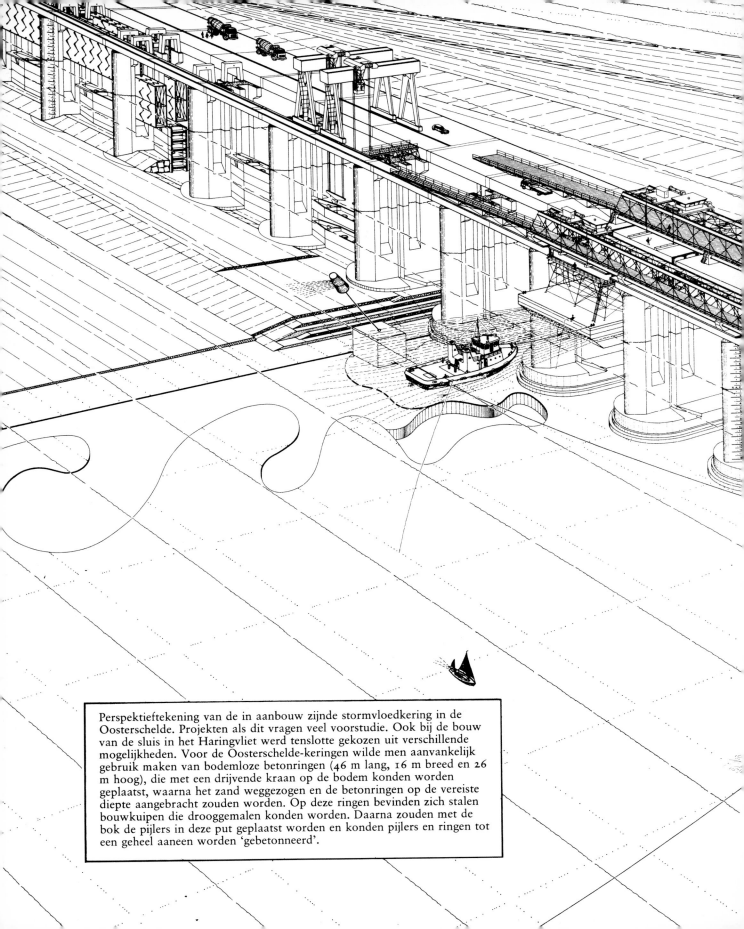

Perspektieftekening van de in aanbouw zijnde stormvloedkering in de
Oosterschelde. Projekten als dit vragen veel voorstudie. Ook bij de bouw
van de sluis in het Haringvliet werd tenslotte gekozen uit verschillende
mogelijkheden. Voor de Oosterschelde-keringen wilde men aanvankelijk
gebruik maken van bodemloze betonringen (46 m lang, 16 m breed en 26
m hoog), die met een drijvende kraan op de bodem konden worden
geplaatst, waarna het zand weggezogen en de betonringen op de vereiste
diepte aangebracht zouden worden. Op deze ringen bevinden zich stalen
bouwkuipen die drooggemalen konden worden. Daarna zouden met de
bok de pijlers in deze put geplaatst worden en konden pijlers en ringen tot
een geheel aaneen worden 'gebetonneerd'.

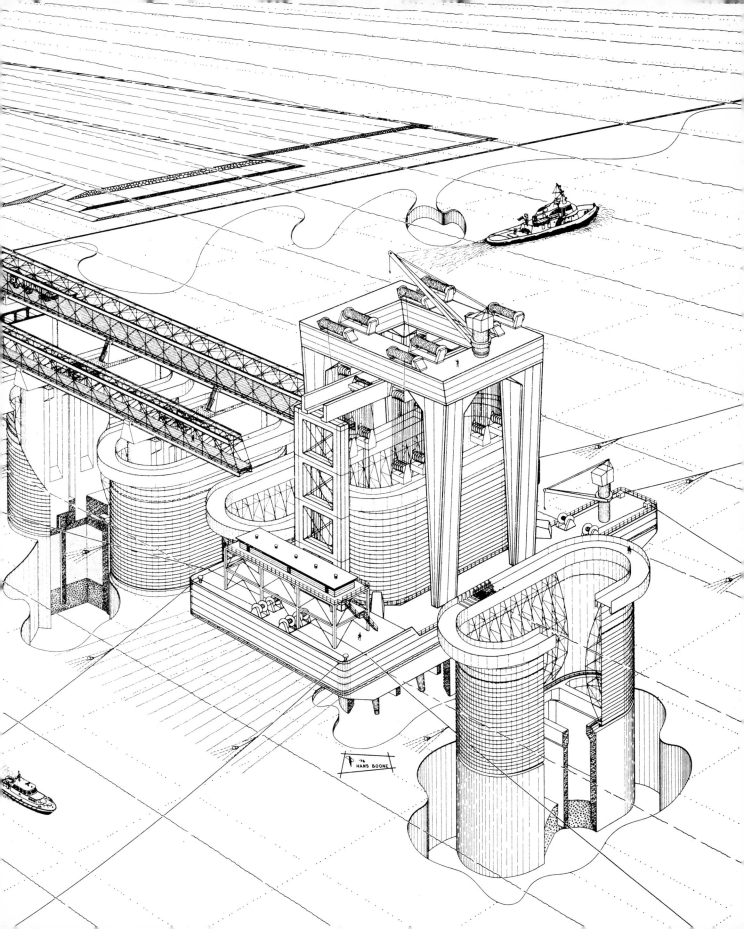

Tussen het schiereiland St. Philipsland en de Grevelingendam ter hoogte van het daar gebouwde restaurant moet een scheidingsdam worden gebouwd met daarin een schutsluis en een jachtensluis. Deze Philipsdam moet een scheiding aanbrengen tussen het zoete noordelijke Deltagebied en het zoute bekken in het zuiden. Zonder deze kunstgreep zouden de Volkeraksluizen onverantwoord grote hoeveelheden zout schutwater op het Hollands diep en het Haringvliet brengen.

Hetzelfde geldt voor een tweede compartimenteringsdam ten westen van het nieuwe Schelde-Rijn-kanaal, de zgn. Oesterdam. Een blijvende getijbeweging in het meest oostelijke deel van de Oosterschelde zou de scheepvaart-belangen daar ernstig schaden.

Bovendien is ook hier zoet water noodzakelijk voor de gehele waterhuishouding.

De Deltawerken hebben grote invloed gehad op de ontwikkeling in de dijkbouw, zowel wat de inzichten betreft, maar ook ten aanzien van de toepassing van nieuw materieel, nieuwe materialen en nieuwe werkmethoden. Een en ander kwam precies op tijd met het oog op de olie- en aardagasvondsten onder de zeebodem. De daaruit voortgekomen off-shore-technieken konden op deze basis verder uitgebouwd worden. Deze ontwikkelingen wer-

De Oosterscheldedam in aanleg, die in 1985 gereed zal moeten zijn. Op de voorgrond stroomt nog het zeewater door de Roompot. In het midden groeit het damvak op de zandplaten. Daarachter zien we de beide andere sluisgaten en de kop van het eiland Schouwen nabij het dorp Burgh-sluis.

den niet binnenskamers gehouden.
In Delft wordt al gedurende vele jaren een cursus van Social Studies georganiseerd, waar ieder jaar gedurende negen maanden 40 à 60 afgestudeerde ingenieurs uit de gehele wereld, ook uit de ontwikkelingslanden, hun kennis op dit gebied verrijken.

Het resultaat van dit alles is niet uitgebleven. Bij hulp aan ontwikkelingsgebieden zijn vaak zaken met een hoge prioriteit: de aanleg van havens, de bouw van stuwdammen en stuwbekkens met mogelijkheden van irrigatie of het opwekken van electrische energie. Maar ook dijkverbetering om het land tegen 'bandjirs' te beschermen, of kanaalaanleg om goederen te transporteren. Dit soort problemen spelen overigens niet alleen daar.

In Japan vindt men nabij Tokio in één der rivieren een beweegbare stuw, die vrijwel een kopie is van de stuwen in de Lek. En in Sleeswijk Holstein, in de mond van de rivier de Eider, is een uitwateringssluis gebouwd die een iets kleiner zusje is van de Haringvlietsluis. Voor de kust van Japan bevinden zich nieuwe havenkomplexen en industrieterreinen naar het model van Europoort. En het waren Nederlanders die bij het beveiligen van Venetië tegen frequent voorkomende overstromingen adviseerden.

De laatste jaren zijn ook de rijke Arabische olielanden grote afnemers van deze Nederlandse specialiteit.

De baggeraars en de grote bouwconcerns zwerven dan ook uit over de gehele aardbol.

De bescherming van de lage landen tegen de zee nadert haar voltooiing. De fabel, dat iedere waterbouwer staat te trappelen van ongeduld om ook de Waddeneilanden aaneen te rijgen, is zeer hardnekkig. Ze is ech-

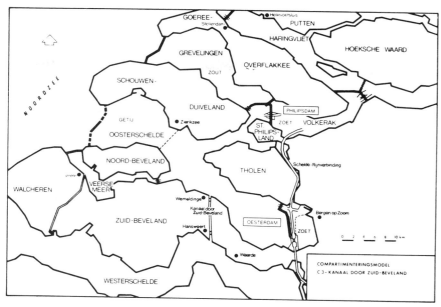

Doordat de Oosterschelde (gedeeltelijk) open zal blijven, moeten er zogenaamde kompartimenteringsdammen worden gebouwd die een scheiding aanbrengen tussen het zoete water van het noordelijk deltagebied, en het zoute bekken in het zuiden. Zo'n scheidingsdam (met een schutsluis en een jachtensluis) komt er tussen St. Philipsland en de Grevelingendam; de tweede – de zogenaamde Oesterdam – wordt gebouwd in de Oosterschelde, ten westen van het nieuwe Schelde-Rijnkanaal.

ter in strijd met de waarheid, want deze ingreep zou geen kustverkorting geven. Voor veel minder geld kan de Fries-Groningse kust op Deltahoogte worden gebracht, hetgeen trouwens voor het overgrote gedeelte al is gebeurd. Ook voor de waterhuishouding is het niet noodzakelijk. Hoogstens zou men kunnen overwegen ooit nog eens een klein stukje van het Waddengebied ten oosten van Den Helder in te polderen. Bijvoorbeeld om de marinehavens te vergroten en een marinevliegveld aan te leggen, waardoor vliegterreinen als Valkenburg en de Koog opgeheven zouden kunnen worden en op die plaatsen milieuwinst geboekt en woon- en leefruimte gewonnen zou worden.
Wel liggen er nog waterbouwkundi-

ge perspectieven op de Noordzee zelf. Daarbij gaat het om de aanleg van enorme kunstmatige eilanden die ruimte verschaffen voor olieraffinaderijen, petrochemische fabrieken en staalbedrijven.
De aanwezigheid van diepwaterhavens maakt een optimaal gebruik van olie- en ertstankers mogelijk.
In de petrochemie kunnen restproducten van de ene fabriek dienen als grondstof voor de andere. De verwerking van afvalstoffen wordt gemakkelijker en milieu-vriendelijker. Er bestaat voor dit werk reeds een Europees consortium met Nederlandse, Franse, Britse, Amerikaanse en Zweedse bedrijven.
Er wordt gedacht aan een eiland van 50 vierkante kilometer op $\pm$ 50 km afstand van Hoek van Holland.

Het consortium heeft zijn zetel in Nederland. Op het eiland zou werk zijn voor ± 12000 man die worden aan- en afgevoerd met helikopters en draagvleugelboten.

Wij zouden al deze beschouwingen willen beëindigen met het beeldje van het Hollandse jongetje Hansje Brinkers. Een schertsfiguur, zeer geliefd bij Amerikanen. Hij zit geknield op het talud van een dijk en voorkomt, doordat hij zijn duim in een molsgat heeft gestoken, dat de dijk doorbreekt en het land verdrinkt. Inmiddels is Hansje echter volwassen geworden. Hij heeft gezien dat zijn duim toch wat klein was en heeft zich gereedschap aangeschaft. Heeft over het werk nagedacht, is gaan meten en rekenen, heeft thuis wat modelletjes gemaakt en is daarin met water gaan spelen.

En zo, stapje voor stapje, is hij uitgegroeid tot een volslagen vakman, een waardige nazaat van Leeghwater. Tot een man, van wie sommige zwartkijkers beweren, dat hij een onrustig ventje is dat, staande bij een waterplas, deze onmiddellijk wil droogmalen en daarna, staande op een droog stuk land, er onmiddellijk in wil gaan graven om het weer om te bouwen tot een waterland.

De kostbare les van de Oosterschelde

Gevolgen van de Deltawerken voor flora en fauna

door dr. Wim Wolff,
bioloog bij het Rijksinstituut voor Natuurbeheer

Het Nederlandse deltagebied is in wezen een estuariumgebied. Een estuarium is een riviermond waarin eb en vloed optreden. Daardoor verschillen de levensomstandigheden voor flora en fauna in ons deltagebied aanzienlijk van die in andere Europese delta's, zoals die van de Rhône (Camargue) en de Donau, waarin geen getijden voorkomen.
Van noord naar zuid konden we in de Delta van vóór 1950 zes estuaria of zeegaten tellen: Nieuwe Waterweg, Brielse Maas, Haringvliet, Brouwershavense Gat, Oosterschelde en Westerschelde, alle met inbegrip van de aansluitende wateren.
In zijn meest karakteristieke vorm is een estuarium een geleidelijke overgang tussen het zoete rivierwater en het zoute zeewater. We vinden dan, komende vanaf de rivier, eerst een gebied waar eb en vloed wel doordringen, doch waar het water nog geheel zoet is. In een dergelijk zoetwatergetijdengebied zijn riet, biezen en wilgen de voornaamste plantesoorten. In de bomen kunnen reigers en aalscholvers broeden. Zodra het water enigszins brak wordt, verdwijnen de bomen en gaan de biezen het landschapsbeeld bepalen.

De bij laag water droogvallende platen zijn vaak zeer modderig en daardoor bijna onbegaanbaar. Van de vogels voelt vooral de kluut zich in dit deel van het estuarium thuis. Als het water nog zouter wordt, worden de levensomstandigheden van de open zee benaderd en treedt een levensgemeenschap van zoutwaterplanten en -dieren op. Langs de oevers herbergen de schorren of gorzen een begroeiing van zoutplanten, zoals zeekraal en zeeaster. Op de droogvallende platen zoeken kustvogels, zoals scholeksters en strandlopers, hun voedsel. Onder water leeft een rijke verscheidenheid van zeedieren: sponzen, zeeanemonen, krabben, kreeften, zeespinnen, slakken, mossels, oesters, garnalen, enzovoorts.
In het Nederlandse deltagebied waren oorspronkelijk al deze elementen aanwezig. De Biesbosch vormde het mooist ontwikkelde zoetwatergetijdengebied van Europa, het Haringvliet was één van de grootste brakke estuaria van ons werelddeel en de Oosterschelde herbergde een buitengewone verscheidenheid aan zeedieren en -planten.
Van deze rijkdom en verscheiden-

heid aan planten en dieren traden de vogels het meest op de voorgrond. Het deltagebied was en is nog steeds broedgebied, voedsel-, rust- en overwinteringsgebied voor zeer grote aantallen vogels.
Bijzondere broedvogels waren de kwak of nachtreiger in de Biesbosch, een kleine reigersoort die jarenlang in Nederland nergens anders voorkwam, de aalscholvers bij Lekkerkerk en in de Biesbosch, de duizenden kluten langs Haringvliet en Oosterschelde, de grote sterns van de Kwade Hoek, De Beer, de Hompelvoet en de inlagen op Schouwen en de steltkluten van de binnendijkse brakke wateren op Zuid-Beveland en in Zeeuwsch-Vlaanderen.
Buiten de broedtijd was en is de Delta voedselgebied voor zeer vele vogels uit noordelijke streken. Vooral in het zoetwatergetijdengebied en in de brakke gebieden van Haringvliet en het Verdronken Land van Saeftinge langs de Westerschelde kwamen wilde eenden en ganzen, zoals de wintertaling, de pijlstaarteend, de smient, de gewone wilde eend, de grauwe gans en de brandgans. Deze planteneters vonden daar vooral in de hoog uitgegroeide riet- en bie-

zengorzen een overvloedig aanbod van voedsel. Zo kon het gebeuren dat in sommige winters het Nederlandse Deltagebied bijna de helft van alle brandganzen ter wereld herbergde. In de zoutere gebieden van Oosterschelde en Grevelingen zochten enorme aantallen steltlopers hun voedsel. Dat zijn vogels zoals scholeksters, wulpen, tureluurs en strandlopers, die op de bij laagwater droogvallende platen op jacht gaan naar schelpdieren, wormen en krabben. Alles bijeen waren er in het Deltagebied op één moment wel meer dan 300.000 watervogels tegelijk

aanwezig. Overigens geeft dat geen aanwijzing over het totale aantal vogels dat het Deltagebied bezocht, aangezien het niet mogelijk is te bepalen hoe lang elke vogel in het gebied blijft.

Het water van estuariumgebieden is van nature rijk aan voedsel. Enerzijds wordt er voedsel aangevoerd door de rivieren, anderzijds zorgt het samenspel van eb- en vloedstromen ervoor dat er ook voedsel uit de Noordzee wordt aangevoerd. Hierdoor wordt de basis gelegd voor een buitengewoon rijke levensgemeenschap van zeedieren. De in het water

In het Nederlandse Deltagebied leeft onder water een rijke verscheidenheid van zeedieren: sponzen, zeespinnen, slakken, mossels, oesters, garnalen en ook deze heremietkreeft.

De Biesbosch – vóór de afsluiting van het Haringvliet, bij laag water gefotografeerd – was het mooist ontwikkelde zoetwatergetijdengebied van heel Europa.

◀ *In de zoutere gebieden van de riviermonden in het Deltagebied zoeken enorme aantallen steltlopers – waaronder deze wulpen – hun voedsel op de drooggevallen platen.*

Alles bijeen waren er in het Deltagebied op één moment wel meer dan 300.000 watervogels tegelijk aanwezig. Op de achtergrond van de foto links onder: de lange Zeelandbrug over de Oosterschelde.

Een tafereeltje dat men nu nog in het Oosterscheldegebied kan waarnemen: een scholekster die een mossel opent met z'n lange snavel.

zwevende voedseldeeltjes worden opgevangen door miljarden op de bodem levende dieren, zoals sponzen, mossels, kokkels, oesters en wormen. Deze bodemdieren vormen op hun beurt weer de voedselbron voor de talloze vogels en bovendien voor grote aantallen vissen en garnalen. Vooral jonge vissen, zoals schol, bot, tong, haring en sprot, zoeken de estuaria op om daar van de grote voedselrijkdom te profiteren. Jonge schol en bot gaan zelfs met de vloed de onderlopende platen op om daar hun voedsel te zoeken. Pas wanneer deze vissen één

of meer zomerseizoenen in de zeegaten hebben doorgebracht, zoeken de jonge vissen de Noordzee op. Op deze wijze fungeren de estuaria als kinderkamer voor verschillende economisch belangrijke zeevissen, zoals tong, schol, haring en ook de garnaal.

Ook de mossel- en oestercultuur is afhankelijk van de voedselrijkdom van de estuaria. Dank zij de grote hoeveelheden in het water zwevende voedseldeeltjes, kunnen vele miljoenen oesters en mossels in de estuaria gekweekt worden. Daarbij is ook het zoutgehalte van belang, want

deze dieren groeien alleen in water met een zoutgehalte dat niet te veel van dat van zeewater afwijkt. Al met al was het Deltagebied een rijk geschakeerd en boeiend samenstel van in elkaar overgaande levensgemeenschappen die alle afhankelijk waren van eb en vloed en van de overgang in zoutgehalte tussen rivieren en Noordzee. Daarnaast schiep het

Het brakke of zoute kwelwater in de poldergebieden schiep ook vele kleine binnendijkse natuurgebieden, zoals deze inlaag op Schouwen waar vogels en vee nog heer en meester zijn.

brakke of zoute kwelwater in de poldergebieden ook nog vele kleine binnendijkse natuurgebieden zoals kreken, wielen of inlagen.

Dit biologisch rijke Deltagebied dreigde door de uitvoering van het Deltaplan en andere ontwikkelingen sinds 1953, zoals de toenemende vervuiling van de Rijn, te degraderen tot een veel armer geheel. De afsluiting van een zeearm zoals de Grevelingen leidt ogenblikkelijk tot massale sterfte van zeedieren en -planten, zowel op de voorgoed drooggevallen platen als onder water. Als het zoutgehalte gelijk blijft,

stabiliseert de situatie zich na een paar maanden en herbergt het stilstaande zoutwatermeer een levensgemeenschap die weliswaar minder rijk is aan individuen en aan soorten planten en dieren, doch die zeker nog wel de moeite waard is. Zodra men echter het water van een dergelijk zoutwatermeer gaat verzoeten, is deze hele levensgemeenschap ten dode opgeschreven. Alle zoutwaterdieren – met uitzondering van paling en stekelbaars – moeten uitsterven. Aanpassing is niet mogelijk. Geleidelijk aan zal daarna hun levensgemeenschap worden vervan-

gen door één van het zoete water. Daarbij bepalen de aard en de kwaliteit van het zoete water wat voor type levensgemeenschap kan worden verwacht. Aangezien de vervuilde Rijn voor de Deltawateren de enige zoetwaterbron van belang is, zal de zoetwater-levensgemeenschap in deze meren zich niet ver kunnen ontwikkelen. Weliswaar kunnen voorspellingen over dode, stinkende plassen naar het rijk der fabelen worden verwezen, maar het huidige Haringvliet laat niettemin slechts een armzalige levensgemeenschap zien. In het water zweeft een groene 'soep' van algen, terwijl op de bodem slechts borstelwormpjes – karakteristieke bewoners van verontreinigde milieus – in grote aantallen voorkomen. Hiervan kan slechts een beperkt aantal soorten vissen leven en zich handhaven, sommige zelfs in grote aantallen, hetgeen weer de basis levert voor een stand van een aantal soorten visetende vogels. Dergelijke arme zoetwater-levensgemeenschappen zijn in het huidige Europa in natuurlijke en kunstmatige meren maar al te gewoon.

Het spreekt vanzelf dat een dergelijk zoet meer ook niet meer kan fungeren als kinderkamer voor Noordzeevis of als kweekgebied voor oesters en mossels. Zowel het zoutgehalte als de voedselvoorziening in

De afsluiting van een zeearm als de Grevelingen leidt ogenblikkelijk tot massale sterfte van zeedieren en -planten, zowel op de voorgoed drooggevallen platen als onder water. Er is overigens sprake van dat de Grevelingen een zoutwatermeer zal blijven in plaats van gevuld te worden met zoet, maar vervuild Rijnwater.

In het Deltagebied is de zeehond uitgestorven, maar hier op de Wadden wordt geprobeerd deze diersoort in stand te houden.

zoete meren zijn daarvoor niet meer toereikend.

Naast deze directe gevolgen van de Deltawerken zijn er ook allerlei andere effecten geweest. Sommige kunnen we met zekerheid aan milieuvervuiling toeschrijven, andere misschien aan de Deltawerken. Dat de grote stern in de zestiger jaren als broedvogel geheel uit het Deltagebied verdween, was vrijwel zeker te wijten aan het lozen van insektenbe-strijdingsmiddelen door een fabriek langs de Nieuwe Waterweg. Toen deze fabriek gesloten was, is na verloop van jaren de grote stern weer als broedvogel teruggekeerd. Dat ook de aalscholver als broedvogel in het Deltagebied verdween, hangt vermoedelijk samen met de vervuiling van de Rijn. Het uitsterven van de zeehonden in de Delta is geschied zonder dat we een duidelijke oorzaak kunnen aanwijzen. Ook de bruinvis, vroeger een algemene verschijning, is verdwenen zonder dat we weten waardoor.

Al bij al gaf het Deltaplan in zijn oorspronkelijke vorm aanleiding om het ergste te vrezen voor de biologische rijkdom van de Delta, zowel door zijn rechtstreekse invloed als voor het mogelijk versnellen of kritiek maken van andere invloeden. Reeds bij het aannemen van de Deltawet in 1958 werd onderkend dat door het Deltaplan biologische schade zou optreden. Men dacht daarbij in de eerste plaats aan de cultures van oesters, mosselen, riet, biezen en griendhout. Mede in verband hiermee werd de Deltaschadewet aangenomen die de schade voor de desbetreffende kwe-

136

Sportduikers ontdekten dat de Oosterschelde het mooiste onderwatergebied van Nederland is. Wetenschappelijke onderzoekers toonden met cijfers aan, dat het inderdaad iets bijzonders is. Deze foto toont een steen met sponzen, zeesterren en een zee-egel.

kers zou vergoeden. De schade aan de overige natuurlijke rijkdommen werd slechts in zeer beperkte kring onderkend. Zo zijn het unieke zoetwatergetijdengebied in de Biesbosch en het brakwatergebied in het Haringvliet verdwenen zonder dat het overgrote deel van het Nederlandse volk besefte wat hier verloren ging.

Voor de laatste grote afsluiting – de Oosterschelde – lagen de zaken echter anders. De afsluitingswerken begonnen immers pas in 1969, nadat er al sinds het begin van de zestiger jaren protesten te horen waren geweest. De eerste kritische geluiden kwamen uit de kring van de zeilsport. De oester- en mosselkwekers voegden zich daar al vrij snel bij. Ook werd toen het belang van de estuaria als kinderkamer voor Noordzeevissen ontdekt. Sportduikers ontdekten dat de Oosterschelde het mooiste onderwatergebied van Nederland was. Wetenschappelijke

onderzoekers, eerst van het Rijksinstituut voor Visserij Onderzoek, maar later vooral ook van het Delta Instituut voor Hydrobiologisch Onderzoek te Yerseke, toonden met cijfers aan dat de Oosterschelde inderdaad iets bijzonders was. Nergens anders in Nederland was zo'n rijk stuk zee te vinden. Bovendien kwam in het begin van de jaren zeventig het milieu in de belangstelling van het grote publiek te staan. Actiegroepen zagen kans het openhouden van de Oosterschelde in de programma's van politieke partijen opgenomen te krijgen en de Oosterschelde werd zelfs een strijdpunt tijdens de Tweede-Kamerverkiezingen van 1972.

Na afloop van de op deze verkiezingen volgende kabinetsformatie werd de nieuwe regering geconfronteerd met een levensgroot politiek meningsverschil. Zowel in de regeringspartijen als bij de bevolking (vooral in Zeeland) stonden twee standpunten tegenover elkaar: de Oosterschelde afsluiten volgens de Deltawet of deze zeearm openhouden en de veiligheid tegen stormvloeden verkrijgen door de dijken langs de Oosterschelde te verhogen.

De regering koos toen een voorzichtige weg en stelde de Commissie Oosterschelde in, ook wel, naar haar voorzitter, Commissie Klaasesz genoemd. In tegenstelling tot de Deltacommissie van 1953, waarin geen enkele bioloog of milieudeskundige was opgenomen (hetgeen overigens niet betekende dat ze geheel aan milieuaspecten voorbijging), telde de Commissie Klaasesz twee biologen. Het advies dat de commissie uitbracht, was even verrassend als eenvoudig: sluit de Oosterschelde af met een lekke dam van losse betonblokken. Iedereen juich-

In welke onderlinge verhoudingen zullen planten en dieren bij een door de Oosterscheldedam verminderd getijverschil voorkomen? Zullen bijvoorbeeld de sponzen toenemen ten koste van de hier afgebeelde zeeanemoon? ▶

Nu de Oosterschelde niet geheel dicht gaat, kunnen deze mosselbanken blijven, evenals de oesterkultuur en de kreeftenparken in Yerseke.

te; de voorstanders van afsluiting stelden vast dat de Oosterschelde toch dicht ging en de 'openhouders' vonden dat zij het pleit gewonnen hadden. Na een paar maanden studeren concludeerde Rijkswaterstaat echter, dat de oplossing te eenvoudig was. Voor een dam die eb en vloed doorlaat, maar stormvloeden tegenhoudt, bleek een ingewikkelder constructie nodig. Niettemin aanvaardden regering en parlement uiteindelijk de bouw van een stormvloedkering die een aanzienlijk deel van het getij doorlaat. Hierdoor zal het niveauverschil tussen hoog- en laagwater, dat bij Yerseke nu ongeveer $3^1/_2$ meter bedraagt, afnemen tot 270 cm. Hierdoor kunnen de oester- en mosselcultuur in de Oosterschelde blijven, evenals de opslag van kreeften in de kreeftenparken te Yerseke. De kinderkamer-

functie voor Noordzeevis en garnalen blijft ook voor een groot deel behouden. Voor de natuurlijke flora en fauna van de Oosterschelde geldt, dat vrijwel alle soorten die nu in deze zeearm voorkomen, aanwezig kunnen blijven. Slechts van de op dit moment afwezige bruinvis en zeehond is het onzeker of zij bereid zullen zijn de stormvloedkering te passeren. Veel moeilijker te beantwoorden is de vraag: in welke onderlinge verhoudingen deze planten en dieren bij een gereduceerde getijhoogte zullen voorkomen. Om weer een paar voorbeelden te geven: zullen de sponzen toenmen ten koste van de zeeanemonen of zullen de botten vooruitgaan, terwijl de schollen achteruitgaan? In het algemeen geldt dat een grotere vermindering van het getijverschil leidt tot grotere onzekerheden. Desondanks is zelfs

een gering getij verre te verkiezen boven een afgesloten zoetwatermeer.
De Oosterschelde heeft ons een kostbare les geleerd. Ten koste van zo'n twee miljard gulden extra en zeven jaar tijdverlies wordt nu de veiligheid tegen stormvloeden verkregen met behoud van een groot deel van de natuurlijke rijkdommen van het gebied. Wanneer het milieuaspect eerder in zijn volle zwaarte had meegewogen bij het opstellen van het Deltaplan, was dit voor een deel te voorkomen geweest.

Zal de (hier half ingegraven) bot vooruitgaan ten koste van de schol? Dat is een van de onzekerheden over de gevolgen van de stormvloedkering in de Oosterschelde. Zeker is echter dat vrijwel alle soorten planten en dieren die hier nu voorkomen, aanwezig kunnen blijven.

Een zeepok in volle glorie.

Ook elders in het Deltagebied heeft het milieu meer aandacht gekregen. Er is sprake van dat Grevelingen een zoutwatermeer blijft in plaats van te worden gevuld met zoet, doch vervuild Rijnwater. De Deltadienst van de Rijkswaterstaat heeft bijvoorbeeld een afdeling Milieu-onderzoek gekregen teneinde milieuproblemen zoveel mogelijk vroegtijdig te signaleren en te helpen oplossen. Daarom is de hoop gewettigd dat van de natuurlijke rijkdom van de Delta van 25 jaar geleden toch nog veel behouden kan blijven. Gestreefd moet daarom nu worden naar het beschermen tegen andere negatieve invloeden van datgene wat bij de uitvoering van het Deltaplan behouden kon blijven. Watervervuiling en de pan uitrijzende recreatie mogen niet bederven, wat ten koste van twee miljard gulden behouden bleef.

Literatuur

Dagelijkse publicatiekaartjes van het weer. KNMI, eind jan. – begin febr. 1953

De Ramp (gedenkboek). Amsterdam, 1953

Driemaandelijkse Berichten Deltawerken. Den Haag

Hulpverlening bij de ramp in 1953; (Officieel verslag). Den Haag, (Bibl. Rode Kruis)

Polytechnisch tijdschrift; 9e jaargang, nrs. 31-34. 1954

Verslag over de stormvloed 1953. Rijkswaterstaat en KNMI, 1961

De waterhuishouding van Nederland. Den Haag, 1968

A. Bicker Caarten e.a., *Zuid-Hollands Molenboek.* Alphen a/d Rijn, 1965

A. Bicker Caarten e.a., *Noordhollands Molenboek.* Haarlem, 1964

Ir. C. Biemond, *De overstromingsramp uit waterstaatkundig oogpunt bekeken.* De Groene Amsterdammer, 14-2-1953

Mr. P.C.J.A. Boeles, *Friesland tot de elfde eeuw.* Den Haag, 1951

J.W. Boersma e.a., *Terpen, mens en milieu.* Haren, 1970

K. Boonenburg, *De Windmolens.* Amsterdam, 1949

J.P. v.d. Broecke, *Beschermd door dijk en duin;* Bladzijden uit de geschiedenis van de Zeeuwse strijd tegen het water. Delft, 1975

Drs. J. Buisman, *Nederland, zoals het was – zoals het is.* Baarn/Apeldoorn, 1975

Drs. J. Buisman, *Weer of geen weer?;* Storm, pag. 156-160. Zutphen, 1961

Dr. R.H.A. Cools, *Strijd om de grond in het lage Nederland;* Het proces van bedijking, inpoldering en droogmaking sinds de vroegste tijden. Rotterdam, 1948

G.D. van der Heide, *Van landijs tot polderland;* Tweeduizend eeuwen Zuiderzeegebied. Amsterdam, 1972

E.B. Kamperman, *De stormvloed van 1 februari 1953.* De Vacature, febr. 1953

W. Metzelaar, *Nederland Deltaland.* Culemborg, 1972

Jan A. Niemeijer, *Groningen. Stad en land.* Haren, 1973

H.A. Quarles van Ufford, *De stormvloed van 1 februari;* pag. 21-28/verbetering door J.J. Raimond op pag. 95. Hemel en Dampkring, 1953

J. de Rek, *Van Hunebed tot Hanzestad.* Baarn, 1973

J. de Rek, *Van Bourgondië tot Barok.* Baarn, 1973

M. Rodewald, *Zur Entstehungsgeschichte von Sturmflut Wetterlagen in der Nordsee.* De Küste, Jahrgang 13, 1965

J.J. Schilstra, *In de ban van de dijk.; De Westfriese Omringdijk.* Hoorn, 1974

Stichting Nieuw Schouwen-Duiveland, *Gekwelde grond;* Schouwen-Duiveland in Ramp en Herstel. Zierikzee, 1973/1977

Dr. Johan van Veen, *Dredge, drain, reclaim;* The art of a nation. Den Haag, 1950/1962

Dr. Wim Wolff en Jan van de Kam, *Op de grens van zout en zoet.* Amsterdam, 1974

F. IJnsen e.a., *Onderzoek naar maatgevend te stellen waterstanden inzake het op Deltahoogte brengen van waterkeringen.* Rapport Rijkswaterstaat, 1978

Colofon

Teksten:
Koen Aartsma, Anneke Geluk, Hans de Jong, Ad Koolwijk,
ing. W. Metzelaar, dr. Wim Wolff

Foto's:
Aerocamera-Bart Hofmeester: 29, 63, 108, 114, 116 (onder), 117,
118, 120, 124
Aerophoto-Schiphol B.V.: 85, 119, 121
Anefo: 50, 53
ANPfoto: 38, 39, 48, 61
Atlas van Stolk: 21
Hans v.d. Blom: 79, 81
J. Bokma: 26, 27, 30, 32(onder), 60, 62, 65, 66 (boven), 67, 69, 78, 80
Haagsche Courant: 113
Henk Jonker: 34
Jan van de Kam: 107, 130, 131, 132, 133, 134, 135, 137, 138, 139,
140, 141
Aart Klein: 28, 31, 32 (boven), 35, 64, 72
KLM Aerocarto: 36, 37, 94/95, 105, 112 (onder)
W. Metzelaar: 106, 116 (boven)
Cees van der Meulen: 42, 43
Nationaal Foto Persbureau: 55, 115
H. Nieuwenhuys: 66
Provinciale Zeeuwse Courant: 56 (boven)
T. v.d. Reijken: 8
Wim Riemens: omslag-dia, 73, 75, 77, 84, 86, 88, 89, 90, 92, 99,
100, 109, 110, 127, 128
Rijksvoorlichtingsdienst: 12, 13, 14, 15, 16
Rijkswaterstaat: 22, 97, 103
Scheermeijer: 24
T. Slagboom: 87, 136
J.C.C. Smallegange: 76
H.J. Stuvel: 112 (boven)
Piet Terlouw: 18, 91

Kaarten:
KNMI, Rijkswaterstaat

Vormgeving: Jan Weijman

Productie: Buro AD/Eva van Drie

Samenstelling en eindredactie: Koen Aartsma

About this book

Welcome to the Twenty-First Century Separate Sciences Revision Guide! This book will help you prepare for your GCSE B7, C7, and P7 module tests. There is one section for each of the modules, as well as three sections covering Ideas about Science. Each section includes several types of pages to help you revise.

Workout: These are to help you find out what you can remember already, and get you thinking about the topic. They include puzzles, flow charts, and lots of other types of questions. Work through these on your own or with a friend, and write your answers in the book. If you get stuck, look in the Factbank. The index will help you find what you need. Check your answers in the back of the book.

Factbank: The Factbanks summarise information from the module in just a few pages. The Factbanks are divided into short sections, each linked to different statements in the Specification.

Quickfire: Each section contains Quickfire questions. These are short questions that cover most of the content of the module. For some questions, there is space to answer in the book. For others, you will need to use paper or an exercise book.

GCSE-style questions: These are like the questions in the module tests. You could work through them using the Factbank to check things as you go, or do them under test conditions. The answers are in the back of the book. Most sections include one 6-mark question, designed to test your ability to organise ideas, and write in clear and correct English. Use these to help you practise for this type of question in the module tests.

Ⓗ In every section, content covered at Higher-tier only is shown like this.

Other help: This page and the next one include vital revision tips and hints to help you work out what questions are telling you to do. Don't skip these!

Making the most of revision

Remember, remember: You probably won't remember much if you just read this book. Here are some suggestions to help you revise effectively.

Plan your time: Work out how many days there are before your test. Then make a timetable so you know which topics to revise when. Include some time off.

Revise actively, don't just read the Factbanks. Highlight key points, scribble extra details in the margin or on Post-it notes, and make up ways to help you remember things. The messier the Factbanks are by the time you take your tests, the better!

Mind maps: Try making mind maps to summarise the information in a Factbank. Start with an important idea in the middle. Use arrows to link this to key facts, examples, and other science ideas.

Test yourself on key facts and ideas. Use the Quickfire sections in this book, or get a friend to ask you questions. You could make revision cards, too. Write a question on one side, and the answer on the other. Then test yourself.

Try making up songs or rhymes to help you remember things. You could make up **mnemonics**, too, like this one for the gases in the Earth's atmosphere:

Never **O**ffend **A** **C**ockroach.

Apply your knowledge: Don't forget you will need to apply knowledge to different contexts, and evaluate data and opinions. The GCSE-style questions in this book give lots of opportunities to practise these skills. Your teacher may give you past test papers, too.

Ideas about science: should not be ignored. These are vital. In your module tests, there could be questions on any of the Ideas about science you have covered so far, set in the context of most of the topics you have covered.

Take short breaks: Take plenty of breaks during revision – about 10 minutes an hour works for most people. It's best not to sit still and relax in your breaks – go for a walk, or do some sport. You'll be surprised at what you can remember when you come back, and at how much fresher your brain feels!

Answering exam questions

Read the question carefully, and find the command word. Then look carefully at the information in the question, and at any data. How will they help you answer the question? Use the number of answer lines and the number of marks to help you work out how much detail the examiner wants.

Then write your answer. Make it easy for the examiner to read and understand. If a number needs units, don't forget to include them.

Six-mark questions

Follow the steps below to gain the full six marks:
- Work out exactly what the question is asking.
- Jot down key words to help your answer.
- Organise the key words. You might need to group them into advantages and disadvantages, or sequence them to describe a series of steps.
- Write your answer. Use the organised key words to help.
- Check and correct your spelling, punctuation, and grammar.

Below are examiner's comments on two answers to the question: *"Outline the arguments for and against recycling metals such as aluminium, compared to extracting them from their ores."*

✎ The quality of written communication will be assessed.

Command words

Calculate Work out a number. Use your calculator if you like. You may need to use an equation.

Compare Write about the ways in which two things are the same, and how they are different.

Describe Write a detailed answer that covers what happens, when it happens, and where it happens. Your answer must include facts, or characteristics.

Discuss Write about the issues, giving arguments for and against something, or showing the difference between ideas, opinions, and facts.

Estimate Suggest a rough value, without doing a complete calculation. Use your science knowledge to suggest a sensible answer.

Explain Write a detailed answer that says how and why things happen. Give mechanisms and reasons.

Evaluate You will be given some facts, data, or an article. Write about these, and give your own conclusion or opinion on them.

Justify Give some evidence or an explanation to tell the examiner why you gave an answer.

Outline Give only the key facts, or the steps of a process in the correct order.

Predict Look at the data and suggest a sensible value or outcome. Use trends in the data and your science knowledge to help you.

Show Write down the details, steps, or calculations to show how to get an answer.

Suggest Apply something you have learnt to a new context, or to come up with a reasonable answer.

Write down Give a short answer. There is no need for an argument to support your answer.

Answer	Examiners' comments
Alluminnium is expensive and uses lots of emergy too get it. So it is better to resicle it but you cood get it from the ground and youse electrisity but it needs lots of electricity. And my dad says he cant be bovvered to recycle his cans.	**Grade G** answer: this makes some correct points. However, the points are not well organised and it is not clear which arguments are for and which against recycling metals. There are mistakes of spelling, grammar, and punctuation.
Extracting aluminium from its ore requires much electrical energy. The process produces carbon dioxide (a greenhouse gas) and red mud waste, which damages the environment. There is only a limited amount of aluminium ore in the world, so once it is used up there will be none for people in future. *On the other hand, recycling aluminium requires less energy. If we recycle, there will be more aluminium ore left for future generations, so it is more sustainable to recycle. Some people think recycling is a nuisance, but in my opinion it is worth the extra effort.*	**Grade A/A*** answer: the arguments are made clearly and are organised logically. The candidate has referred to the idea of sustainability. The spelling, punctuation, and grammar are faultless.

Equations, units, and data
Equations

B7 Further biology

$$\text{Body mass index (BMI)} = \frac{\text{body mass (kg)}}{[\text{height (m)}]^2}$$

C7 Further chemistry

$$\text{Concentration of a solution} = \frac{\text{mass of solute}}{\text{volume of solution}}$$

$$\text{Retardation factor } (R_f) = \frac{\text{distance travelled by solute}}{\text{distance travelled by solvent}}$$

P7 Further physics

$$\text{Power of a lens} = \frac{1}{\text{focal length}}$$

$$\text{Magnification of a telescope} = \frac{\text{focal length of objective lens}}{\text{focal length of eyepiece lens}}$$

Hubble equation:

speed of recession = Hubble constant × distance

Einstein's equation:

$$E = mc^2$$

(E is the energy created, m is mass lost, c is the speed of light in a vacuum.)

For a fixed mass of gas:

At constant temperature:
pressure × volume = constant

At constant volume:
$$\frac{\text{pressure}}{\text{temperature}} = \text{constant}$$

At constant pressure:
$$\frac{\text{volume}}{\text{temperature}} = \text{constant}$$

Units
Length: metres (m), kilometres (km), centimetres (cm), millimetres (mm), micrometres (μm), nanometres (nm)

Mass: kilograms (kg), grams (g), milligrams (mg)

Time: seconds (s), milliseconds (ms)

Temperature: degrees Celsius (°C), Kelvin (K)

Area: cm², m²

Volume: cm³, m³

Speed and **velocity:** m/s, km/s, km/h

Energy: joules (J), kilojoules (kJ), megajoules (MJ), kilowatt-hours (kWh), megawatt-hours (MWh)

Electric current: amperes (A), milliamperes (mA)

Potential difference/voltage: volts (V)

Resistance: ohms (Ω)

Power: watts (W), kilowatts (kW), megawatt (MW)

Radiation dose: sieverts (Sv)

Distance (astronomy): parsecs (pc)

Power of a lens: dioptres (D)

Chemical formulae

C7

methanol	CH_3OH
ethanol	C_2H_5OH
methanoic acid	HCOOH
ethanoic acid	CH_3COOH

Tests for ions

Tests for positive ions

Ion	Test	Observation
calcium Ca^{2+}	add dilute sodium hydroxide solution	white precipitate, insoluble in excess sodium hydroxide solution
copper Cu^{2+}	add dilute sodium hydroxide solution	blue precipitate
iron(II) Fe^{2+}	add dilute sodium hydroxide solution	green precipitate
iron(III) Fe^{3+}	add dilute sodium hydroxide solution	red-brown precipitate
zinc Zn^{2+}	add dilute sodium hydroxide solution	white precipitate, soluble in excess sodium hydroxide solution

Tests for negative ions

Ion	Test	Observation
carbonate CO_3^{2-}	add dilute acid	fizzes, carbon dioxide gas produced
chloride Cl^-	add dilute nitric acid, then silver nitrate solution	white precipitate
bromide Br^-	add dilute nitric acid, then silver nitrate solution	cream precipitate
iodide I^-	add dilute nitric acid, then silver nitrate solution	yellow precipitate
sulfate SO_4^{2-}	add dilute acid, then barium chloride or barium nitrate solution	white precipitate

Key

relative atomic mass
atomic symbol
name
atomic (proton) number

1	2												3	4	5	6	7	0
					1 **H** hydrogen 1													4 **He** helium 2
7 **Li** lithium 3	9 **Be** beryllium 4												11 **B** boron 5	12 **C** carbon 6	14 **N** nitrogen 7	16 **O** oxygen 8	19 **F** fluorine 9	20 **Ne** neon 10
23 **Na** sodium 11	24 **Mg** magnesium 12												27 **Al** aluminium 13	28 **Si** silicon 14	31 **P** phosphorus 15	32 **S** sulfur 16	35.5 **Cl** chlorine 17	40 **Ar** argon 18
39 **K** potassium 19	40 **Ca** calcium 20	45 **Sc** scandium 21	48 **Ti** titanium 22	51 **V** vanadium 23	52 **Cr** chromium 24	55 **Mn** manganese 25	56 **Fe** iron 26	59 **Co** cobalt 27	59 **Ni** nickel 28	63.5 **Cu** copper 29	65 **Zn** zinc 30		70 **Ga** gallium 31	73 **Ge** germanium 32	75 **As** arsenic 33	79 **Se** selenium 34	80 **Br** bromine 35	84 **Kr** krypton 36
86 **Rb** rubidium 37	88 **Sr** strontium 38	89 **Y** yttrium 39	91 **Zr** zirconium 40	93 **Nb** niobium 41	96 **Mo** molybdenum 42	98 **Tc** technetium 43	101 **Ru** ruthenium 44	103 **Rh** rhodium 45	106 **Pd** palladium 46	108 **Ag** silver 47	112 **Cd** cadmium 48		115 **In** indium 49	119 **Sn** tin 50	122 **Sb** antimony 51	128 **Te** tellurium 52	127 **I** iodine 53	131 **Xe** xenon 54
133 **Cs** caesium 55	137 **Ba** barium 56	139 **La*** lanthanum 57	178 **Hf** hafnium 72	181 **Ta** tantalum 73	184 **W** tungsten 74	186 **Re** rhenium 75	190 **Os** osmium 76	192 **Ir** iridium 77	195 **Pt** platinum 78	197 **Au** gold 79	201 **Hg** mercury 80		204 **Tl** thallium 81	207 **Pb** lead 82	209 **Bi** bismuth 83	[209] **Po** polonium 84	[210] **At** astatine 85	[222] **Rn** radon 86
[223] **Fr** francium 87	[226] **Ra** radium 88	[227] **Ac*** actinium 89	[261] **Rf** rutherfordium 104	[262] **Db** dubnium 105	[266] **Sg** seaborgium 106	[264] **Bh** bohrium 107	[277] **Hs** hassium 108	[268] **Mt** meitnerium 109	[271] **Ds** darmstadtium 110	[272] **Rg** roentgenium 111								

Elements with atomic numbers 112–116 have been reported but not fully authenticated

The lanthanoids (atomic numbers 58–71) and the actinoids (atomic numbers 90–103) have been omitted.

1   Write the letter **T** next to the statements that are true.
    Write the letter **F** next to the statements that are false.

    a   Bone is living tissue.   _____

    b   Tendons hold the bones together.   _____

    c   Ligaments are inelastic.   _____

    d   Muscles contract to move bones.   _____

    e   Antagonistic muscles always contract together.   _____

    f   The skeleton is only for support.   _____

2   Complete the following sentences by crossing out the
    incorrect word.

    Joints contain a lubricant called **sympathetic / synovial** fluid.

    A sprain is an overstretched **ligament / tendon**.

    Tendons are **elastic / inelastic**.

    Cartilage is very **smooth / rubbery**.

    A **psychologist / physiotherapist** specialises in joint injuries.

3   Complete the table by writing the function of the component
    of a joint in each box.

Component of a joint	Function
cartilage	
tendon	
ligament	

4   After an injury Anika was told that the treatment for her
    injury was RICE. Write down what each letter stands for.

    R   _____

    I   _____

    C   _____

    E   _____

5   Lewis is starting a regime to improve his fitness. Suggest three
    questions that his fitness instructor should ask him before he
    starts exercising.

    1   _____

    2   _____

    3   _____

6 Use words from the box to complete the sentences.

blood pressure	glucose	oxygen
decrease	increase	height	BMI

During exercise your heart rate will _____ .

This is to help deliver more _____ and _____ to your muscles.

During an exercise regime, improvement in your physical fitness will make your blood pressure _____ .

Body mass index (BMI) compares your body mass with your _____ .

A typical measurement for _____ is 120/80 mmHg.

7 Put a tick in the box next to the sentences that are correct.

Physiotherapy will help an injured joint to heal, but it may take weeks. ☐

You should 'run off' an injury such as a sprain. ☐

A fit person will have a lower heart rate than an unfit person. ☐

When measuring your pulse, you should not feel it with your thumb. ☐

The 'pinch an inch' method of measuring body fat is accurate. ☐

The elbow and the shoulder are antagonistic joints. ☐

B7.1.1–2 The skeleton

Humans and other vertebrates have an internal **skeleton**. The skeleton is made from **bone** and **cartilage**.

The skeleton supports the weight of the body, and also allows it to move. As well as its major functions of support and movement, the skeleton also makes blood cells and protects some organs such as the brain.

Joints between the bones allow movement. **Muscles** attached to the bones contract to move the bones.

Muscles act in pairs called **antagonistic pairs** to move bones. One muscle bends the joint (flexing), and the other muscle in the pair straightens the joint (extending).

Remember that muscles can only contract – that is, they get shorter to pull on the bone. They are stretched out to full length again by their antagonistic muscle.

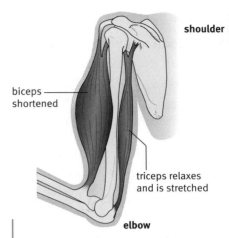

The biceps and triceps muscles contract to move the elbow joint.

B7.1.3–4 Joints

Joints are complex but each component has a specific function to ensure the joint works well. Joints contain **synovial fluid** to act as a lubricant to reduce wear. Synovial fluid works just like oil in a car engine – it makes the movement smoother and reduces wear.

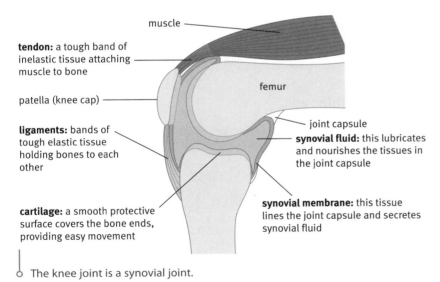

tendon: a tough band of inelastic tissue attaching muscle to bone

patella (knee cap)

ligaments: bands of tough elastic tissue holding bones to each other

cartilage: a smooth protective surface covers the bone ends, providing easy movement

muscle

femur

joint capsule

synovial fluid: this lubricates and nourishes the tissues in the joint capsule

synovial membrane: this tissue lines the joint capsule and secretes synovial fluid

The knee joint is a synovial joint.

The table shows how the components of a joint are suited to their function.

Component of joint	Function in joint	Property
ligaments	hold bones together but allow movement	tough but elastic to allow movement
cartilage	provide protection to ends of bones	very smooth to allow easy movement
tendons	attach muscle to bone	strong and inelastic

Tip

How easily would the joints move if ligaments were not elastic? Think about how your movement might be affected if tendons could stretch!

11

B7.1.5 Starting an exercise regime

Exercise puts stress on many parts of the body.

Your **medical history** and **lifestyle history** will help a trainer to plan an exercise programme most suitable for you.

Question	Why the information is required
family medical history	Certain circulatory and respiratory conditions run in the family. The trainer can adjust the regime to account for such conditions.
personal medical history	Previous injuries or treatments to muscles and joints can affect your ability to do certain exercises.
medication	You may need medication close at hand (e.g. an inhaler for asthma).
alcohol and tobacco consumption	Both of these can affect performance and progress towards improved fitness.
level of activity	If you are already very active the trainer can start you off at a higher level of exercise.

B7.1.6–8 Showing improvement

Your level of fitness can be assessed in a number of ways:

- **Heart rate** – this increases during exercise to deliver more glucose and oxygen to the muscles. A healthy heart will increase its heart rate less during exercise than an unhealthy heart.
- **Blood pressure** – blood pressure increases during exercise as the heart pumps more forcefully. 120/80 mmHg is a typical value for blood pressure. As you get fitter your blood pressure may not rise as much during exercise.
- **Recovery period** – this is how quickly your breathing and heart rate return to normal after exercise; a shorter recovery time is better.
- **Proportion of body fat** – too much body fat strains the heart and may reduce blood flow in the arteries.
- **Body mass index** (BMI) – this compares your body mass with your height. The BMI indicates whether you are underweight (value below 18.5), healthy (value between 18.5 and 24.9), or overweight (value above 25).

The trainer may measure these at the start of an exercise programme to use as **baseline** data. This is a starting point and your improvement during the exercise regime can be monitored against the baseline data by repeating these measurements at intervals.

Heart rate

Your resting heart rate may be about 70 bpm. As you get fitter this will decrease as the heart becomes more efficient. A highly trained athlete may have a resting heart rate of around 50 bpm.

Calculating BMI

$$BMI = \frac{body\ mass\ (kg)}{height\ squared\ (m^2)}$$

Worked example:

For a boy who is 1.75 m tall and weighs 60 kg:

$$BMI = \frac{60\ kg}{(1.75\ m)^2} = 19.6\ kg/m^2$$

B7.1.9 Gathering suitable data

For any data to be meaningful it must be **accurate** and **repeatable**.

Accurate data are close to the true or 'real' value.

Equipment used to measure heart rate, blood pressure, body mass, and so on must be fault free and accurate. Equipment used by medical and sports professionals is checked or calibrated regularly. Always ensure that any equipment is used correctly, does not show signs of wear, and has sufficient power (if needed).

Repeatable means that several runs of an experiment will each produce similar results. Always repeat measurements at least twice.

B7.1.10–11 Injury

Injuries such as **sprains**, **dislocations**, **torn ligaments**, and **torn tendons** can be caused by excessive exercise.

Sprains

A sprain is caused by overstretching a ligament. The symptoms include: redness and swelling, surface bruising, difficulty in walking, and dull throbbing ache or sharp pains.

The usual treatment is **RICE**:
- **R**est – immobilise the injured joint.
- **I**ce – holding ice over the joint reduces swelling and pain.
- **C**ompression – a bandage around the joint can reduce swelling.
- **E**levation – raising the injured joint helps drain excess fluid away.

B7.1.12 Physiotherapy

Physiotherapists are highly trained and well-qualified health professionals. They specialise in joint and muscle injuries.

After an injury a physiotherapist can help to explain what has happened. They will treat the injury using specific exercises and manipulation to ensure the tissues heal properly and do not shrink or tighten too much. Further exercises designed to strengthen the healing tissue will be suggested for you to do at home. These will help your joint to recover fully, regain its strength, and be less likely to experience the same damage again.

Physiotherapy involves many repeated exercises and can be tedious – some injuries may need several weeks of treatment. It's important to continue the treatments and exercises as suggested or the joint may become permanently stiff or painful.

Training tip

Warming up before exercise and gradually building up to higher levels of intensity will reduce the risk of injury.

Use extra paper to answer these questions if you need to.

1 State three functions of the skeleton.

2 How do muscles cause movement?

3 a What is meant by antagonistic muscles?

  b Explain why muscles work in antagonistic pairs.

  c Name a pair of antagonistic muscles in the arm.

  d Which muscle bends the arm?

  e Name the muscle that straightens the arm.

4 a Why is it important that bone is living tissue?

  b Suggest how exercise might alter the skeleton.

5 a Why do skeletons have joints?

  b Where in your body will you find a hinge joint?

  c What type of joint is the shoulder?

6 a List six components of a joint.

  b Why is cartilage very smooth?

  c Describe the function of the cartilage.

  d What is the name of the fluid in a joint?

  e Describe the role of that fluid.

7 a What is the function of a tendon?

  b Explain why it is important that tendons are inelastic.

8 a What is the function of a ligament?

  b Explain why ligaments must be elastic.

9 A trainer will ask questions before starting to plan an exercise regime.

  a Why will the trainer ask about family medical history?

  b How might being a smoker affect an exercise regime?

  c Why should a trainer know about previous injuries or treatments?

  d Why might the trainer ask about medications that you may be taking?

10 a What is meant by baseline data?

  b How will a trainer use your baseline data?

  c List three ways that a trainer might measure your current fitness.

  d What is meant by the recovery period?

11 a Where is the best place to measure your pulse?

  b Why should you use a finger rather than your thumb to measure your pulse?

  c At what proportion of your maximum heart rate should you train?

12 a What apparatus is used to measure blood pressure?

  b What is a typical healthy value for blood pressure?

13 a Write the equation used to calculate BMI.

  b How would you measure your BMI?

  c What is considered a healthy BMI?

  d How would you measure your proportion of body fat?

14 a List four common injuries that can result from exercise.

  b What is meant by a sprain?

  c Suggest why football is more hazardous than many other sports.

  d Describe the symptoms of a sprain.

  e What is the first step in treating a sprain?

  f How does applying ice to an injured joint help?

  g Explain why a bandage placed around the injured joint should be neither too tight nor too loose.

  h Elevation is often recommended after an injury – explain how it helps recovery.

15 a What level of qualification is needed to train as a physiotherapist?

  b Why is it important for a physiotherapist to assess an injury before starting treatment?

  c A physiotherapist may manipulate a joint. What is meant by manipulation?

  d Explain why a physiotherapist will suggest a range of exercises to do at home. What is the aim of these exercises?

  e Suggest why a physiotherapist will carefully explain the reasons for doing certain exercises.

H 16 a What is meant by accuracy?

  b Explain why equipment used to measure features such as body fat and blood pressure must be accurate.

17 a What is meant by reliability?

  b How can you make your measurements of BMI, heart rate, and recovery period more reliable?

18 How do you calculate a mean?

1   Label the diagram of a knee joint.

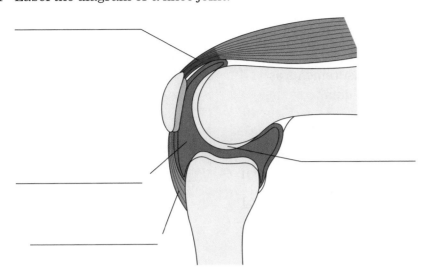

Total [4]

2   David, Peter, and Josh decided to get fit. Before they started they took the following measurements:
   • height
   • weight
   • resting heart rate.

Their results are shown in the table.

	David	Peter	Josh
height (cm)	176	190	183
weight (kg)	82	76	78
resting heart rate (bpm)	72	67	71

a   Using the formula below calculate Peter's body mass index (BMI).

Show your working.

$$BMI = \frac{body\ mass\ (kg)}{height\ squared\ (m^2)}$$

Answer: _____   [2]

b Look at the table opposite.

In what category is Peter's BMI?

_____ [1]

c David and Peter decided to use their measurements as baseline data. What is meant by baseline data?

_____

_____

_____ [2]

Total [5]

BMI	Category
less than 19	underweight
19–24	normal
25–29	overweight
30–40	obese
over 40	very obese

3 Josh suggested that they should repeat their measurements of resting heart rate each week to monitor their progress. He suggested that they should use a pulse meter and measure their pulse three times.

a Give one reason why using a pulse meter would be better than counting their pulse rate manually.

_____ [1]

b Give two reasons why they should measure their pulse rate three times.

_____

_____ [2]

On the second day of their training David hurt his ankle, which became swollen and painful.

c Suggest what the injury might be and how it was caused.

_____

_____ [2]

Total [5]

Going for the highest grades

4 Describe how David's ankle should be treated immediately and what role a physiotherapist might have in his recovery.

The quality of written communication will be assessed in your answer to this question.

Write your answer on separate paper or in your exercise book.

Total [6]

1 Use the words in the box to complete the sentences below.

carbon dioxide	urea	oxygen
two	oxygenated	body	glucose

A double circulatory system has _____ separate circuits.

One circuit leads to the lungs where the blood is

_____ .

The other circuit carries blood to the _____ .

Blood carries _____ in the red blood cells. It also carries _____ . Both of these substances are needed by the muscle cells.

Blood also carries wastes such as _____ _____ and

_____ .

2 Draw lines to match each component of blood to its function.

Component
red blood cells
white blood cells
platelets
plasma

Function
fight infections
transports dissolved glucose
carry oxygen
help clot blood

3 Explain why red blood cells have each of the properties shown below.

a Red blood cells are filled with haemoglobin.

Explanation: _____

_____

b Red blood cells have no nucleus.

Explanation: _____

_____

c Red blood cells have a biconcave shape.

Explanation: _____

_____

4 Complete these sentences by crossing out the incorrect words.

Arteries / veins carry blood at high pressure.

Blood flows from the **vena cava / pulmonary vein** into the left atrium.

Blood flows from the right ventricle into the **aorta /
pulmonary artery**.

The **left / right** ventricle pumps blood to the body.

The aorta carries **oxygenated / deoxygenated** blood.

The **arteries / veins** contain valves.

5 List three properties of capillaries:

a _____

b _____

c _____

H 6 Tick the box next to each substance that passes through
capillary walls into the tissue fluid.

plasma ☐

glucose ☐

proteins ☐

carbon dioxide ☐

red blood cells ☐

oxygen ☐

amino acids ☐

7 Put a (ring) around **T** or **F** to show whether each sentence is
true or **false**.

A	All mammals have a double circulation.	T	F
B	All arteries carry oxygenated blood.	T	F
C	The brain has its own separate circuit in the double circulation.	T	F
D	Blood carries oxygen and carbon dioxide.	T	F
E	The right ventricle is thicker than the left ventricle.	T	F
F	Valves make blood flow in the right direction.	T	F

8 Place the statements in the correct order. Write the letters in
order in the boxes below. The first one has been done for you.

A Blood is pumped out of the ventricles.

B The atria contract.

C Blood flows into the atria.

D Blood passes from the atria to the ventricles.

C			

B7.2.1–2 The circulatory system

Mammals have a **double circulatory system**.

- The blood passes through the heart twice for each circulation around the body.
- The heart acts as two separate pumps.
- Blood from the left side of the heart goes around the body and returns to the right side.
- Blood from the right side of the heart goes to the lungs and returns to the left side.

The role of the circulatory system is to transport materials around the body.

Oxygen and glucose are transported to the muscles.

Wastes such as carbon dioxide are transported away from the muscles.

B7.2.3–4 Blood

Blood is a complex tissue containing different types of cell in a fluid called plasma. Many other substances such as glucose are dissolved in the plasma.

- **Red blood cells** transport oxygen.
- **White blood cells** help to fight infections. Some white blood cells make antibodies, and others engulf and digest microorganisms in a process called **phagocytosis**.
- **Platelets** help to clot blood at sites of injury by sticking to the cut edge and releasing chemicals that cause blood to clot.
- **Plasma** transports nutrients (such as glucose and amino acids), antibodies, hormones, and wastes (such as carbon dioxide and urea).

The red blood cells are very important in sporting performance – they carry the oxygen to the muscles. Red blood cells are especially adapted to ensure they carry a lot of oxygen.

Feature of red blood cell	How it helps to carry oxygen
packed with haemoglobin	oxygen binds to haemoglobin
no nucleus	more space inside cell for more haemoglobin
biconcave shape	increases surface area for rapid exchange of oxygen

B7.2.5 The heart

The heart is a double pump.

The left side pumps **oxygenated** blood to the body delivering oxygen and nutrients to the cells.

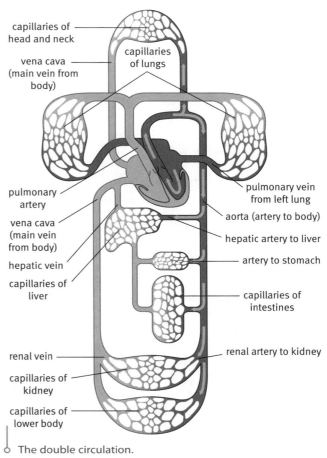

capillaries of head and neck

vena cava (main vein from body)

capillaries of lungs

pulmonary artery

vena cava (main vein from body)

hepatic vein

capillaries of liver

pulmonary vein from left lung

aorta (artery to body)

hepatic artery to liver

artery to stomach

capillaries of intestines

renal vein

capillaries of kidney

capillaries of lower body

renal artery to kidney

The double circulation.

Tip

Remember that a double circulation is just that – two separate circuits, one to oxygenate the blood in the lungs, the other to deliver materials around the body.

Tip

Blood is a tissue – a number of types of cell all serving one function.

Some blood statistics

We have about 6 litres of blood in our bodies. There are about 5 million red blood cells per mm^3 of blood – that means we have 30 million million red blood cells!

The right side pumps **deoxygenated** blood to the lungs to remove carbon dioxide and collect oxygen – a process called oxygenation.

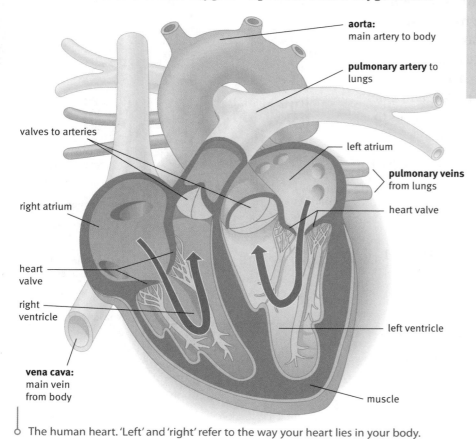

aorta: main artery to body

pulmonary artery to lungs

valves to arteries

left atrium

pulmonary veins from lungs

right atrium

heart valve

heart valve

right ventricle

left ventricle

vena cava: main vein from body

muscle

The human heart. 'Left' and 'right' refer to the way your heart lies in your body.

The heart consists of four chambers.
- The upper chambers are called atria (singular is **atrium**) and they receive blood from the veins.
- The lower chambers are called **ventricles** and they pump blood out into the arteries. Therefore ventricles have thicker muscles than atria.
- Blood in the left ventricle is pumped out through the **aorta** and around the body. So the left ventricle has the thickest muscle. It returns through the **vena cava** to the right atrium, which pushes it into the right ventricle. From here the blood is pumped through the **pulmonary artery** to the lungs before returning through the **pulmonary vein** to the left atrium.

You should remember that while the left and right sides of the heart are separate, both atria pump at the same time and both ventricles also pump together.

B7.2.6 Valves

Valves prevent blood from flowing backwards.

The heart has two sets of valves:
- between the atria and the ventricles; these stop blood flowing from the ventricles back to the atria

- between the ventricles and the arteries; these stop blood flowing from the arteries back to the ventricles

There are also valves at intervals along the veins. These valves stop blood flowing backwards.

B7.2.7 Capillaries and exchange

All organs contain a network of **capillaries** in a **capillary bed**.

- These tiny vessels create a large surface area to help exchange of materials into and out of the blood.
- They have a very thin wall (just one cell thick) to enable easy exchange.
- Capillary walls are porous – they allow some of the plasma to leak out into the surrounding tissue. This fluid becomes **tissue fluid**. It contains all the chemicals that were dissolved in the blood plasma. So the tissue fluid contains all the oxygen and glucose needed by the muscle cells.
- The substances needed by cells diffuse from the tissue fluid into the cells. Waste substances such as carbon dioxide diffuse out of the cells into the tissue fluid.
- The fluid then returns to the capillary carrying the waste substances.

The role of blood pressure

As blood flows from the artery into the capillary bed it is still at high pressure. This pressure pushes the fluid out through the porous capillary walls.

The capillary is so tiny that that there is a lot of resistance to flow and the pressure drops along the capillary.

At the vein end of the capillary the pressure is low, allowing the tissue fluid to return to the capillary.

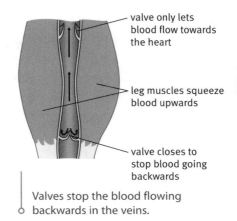

valve only lets blood flow towards the heart

leg muscles squeeze blood upwards

valve closes to stop blood going backwards

Valves stop the blood flowing backwards in the veins.

Tip
Do not say that capillary walls are leaky – use the term porous.

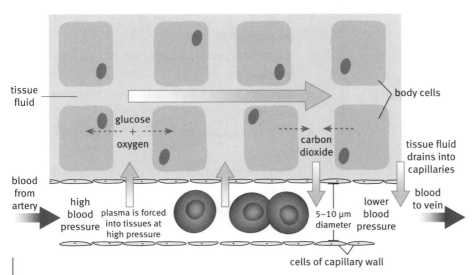

tissue fluid

body cells

glucose + oxygen

carbon dioxide

tissue fluid drains into capillaries

blood from artery

high blood pressure

plasma is forced into tissues at high pressure

5–10 μm diameter

lower blood pressure

blood to vein

cells of capillary wall

Tissue fluid helps nutrients and waste products to be exchanged by diffusion in the capillary beds.

Use extra paper to answer these questions if you need to.

1 a Why do we need a circulatory system?
   b Name the three types of blood vessel.
   c Which type of blood vessel carries blood away from the heart?
   d Name two substances carried by the blood to the muscles.
   e Which type of blood vessel carries blood back to the heart?
   f Name two things carried away from active muscles.

2 a Describe the route taken by blood from the lungs to the body and back to the lungs.
   b What is the name given to this type of circulation?
   c Where is the highest blood pressure found?
   d Where is the lowest blood pressure found?

3 a Suggest why mammals need a double circulatory system.
   b Suggest what advantages it provides over a single circulatory system.

4 a List the components of blood.
   b What makes red blood cells red?
   c Name five substances transported in blood.
   d Name the gas transported to muscles in red blood cells.

5 a How much blood is found in a typical adult human body?
   b How many red blood cells are there in blood, per mm³?
   c Use these figures to calculate how many red blood cells you have in your body.

6 a State the role of white blood cells.
   b What happens during phagocytosis?
   c What is the function of the platelets?

7 a Name the substance in red blood cells that binds oxygen.
   b Explain why red blood cells have no nucleus.

Ⓗ 8 a State the name used to describe the shape of a red blood cell.
   b Explain why red blood cells are this shape.

9 a What is the role of the heart?
   b What is a typical heart rate at rest?
   c What happens to the heart rate when we exercise?

10 a Name the upper chambers in the heart.
   b Name the lower chambers in the heart.
   c Which side of the heart pumps blood to the lungs?
   d Which chamber has the thickest wall?

   e Explain why it needs the thickest wall.
   f Why do the atria have very thin walls?

11 Name the vessel that:
   a carries blood into the left atrium
   b carries blood out to the body
   c carries blood out to the lungs
   d carries blood into the right atrium.

12 a Which contracts first – the atria or the ventricles?
   b Describe the cycle of events in one heartbeat.
   c What makes the lub-dub sound of the heart?

13 a Why does the heart have valves?
   b What is the role of the valves between the atria and the ventricles?
   c What is the role of the valves between the ventricles and the arteries?
   d Which arteries (if any) have valves?
   e Explain why veins need valves.
   f Describe how pressure is created in the veins to move the blood upwards against gravity.

Ⓗ 14 a Where in the body are capillaries found?
   b What is the role of the capillaries?
   c Why are there such large numbers of capillaries?
   d Name the vessel that brings blood to a capillary bed.
   e Name the vessel found at the other end of the capillary bed.
   f Which end of the capillary carries blood at the higher pressure?
   g Explain why blood pressure drops in the capillaries.

15 a List three properties of capillaries that help make exchange efficient.
   b Name the components of blood that do not leave the capillaries.
   c Name three substances in plasma that pass out of the capillary.
   d At which end of the capillary do substances leave the blood?
   e What is the name for the fluid formed outside the capillary?
   f Name two substances that pass back into the capillary.
   g At which end of the capillary do substances re-enter the blood?
   h Explain the role of tissue fluid in supplying cells.

1

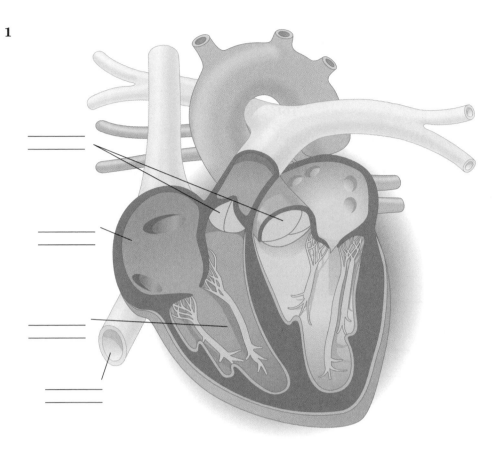

a   Label the diagram of the heart by writing in the spaces. [4]

b   Describe the route taken by blood as it passes through the heart on its way from the lungs out to the leg muscles.

_____

_____

_____ [3]

c   Oxygenation happens in the lungs. What is meant by oxygenation?

_____

_____ [2]

d   Name the only artery that carries deoxygenated blood.

_____ [1]

Total [10]

2   a   Complete the table below.

Component of blood	Function
red blood cells	
white blood cells	
platelets	

[3]

H   **b**   Explain why red blood cells have a biconcave shape.

_____

_____ [2]

Total [5]

3   Blood pressure does not remain constant in the circulatory system. Use your knowledge about blood pressure in different parts of the system to explain the following features of the heart and circulatory system.

   a   The atria have thin walls.

_____

_____

_____ [2]

   b   The veins contain valves.

_____

_____

_____ [2]

   c   The left ventricle has a thicker wall than the right ventricle.

_____

_____

_____ [2]

Total [6]

H   4   Capillary beds enable exchange to occur between the blood and the body cells.

   a   What features of a capillary bed help make exchange efficient?

_____

_____

_____ [2]

   b   State three differences between tissue fluid and blood.

     i   _____

     ii   _____

     iii   _____ [3]

Total [5]

Going for the highest grades

5   Describe how tissue fluid is formed and how this process contributes to the exchange of materials at the capillaries.

✎   The quality of written communication will be assessed in your answer to this question.

Write your answer on separate paper or in your exercise book.

Total [6]

B7.3 Peak performance – energy balance

1 Below are some statements about body temperature. Tick the boxes next to the statements that are correct.

Your temperature may be lower at night. ☐

Your extremities may be cooler than your core. ☐

You gain heat if your environment is warmer than you. ☐

Putting more clothes on will increase insulation. ☐

Sweat cools you down by evaporation. ☐

Shivering makes you lose more heat. ☐

H Vasoconstriction makes your skin look red. ☐

2 Complete the following sentences.

Your body temperature should be around ________________ °C.

You can generate heat in your body by using sugar in the process of __________________ .

If you are too cold the blood vessels to the skin will __________ .

Behaviour such as fanning yourself helps you to

__________________ __________________ .

H Body temperature is detected in the __________________ of the brain.

3 Put a (ring) around **T** or **F** to show whether each statement is **true** or **false**.

A	The skin contains temperature receptors.	**T**	**F**
B	The muscles contain temperature receptors.	**T**	**F**
C	The muscles can generate heat.	**T**	**F**
D	Hairs on the skin become erect when you are cold.	**T**	**F**
E	Blood transfers heat around the body.	**T**	**F**
F	Less blood goes to the skin when you are hot.	**T**	**F**
G	Vasodilation and vasoconstriction are antagonistic actions. (H)	**T**	**F**
H	The hypothalamus is a processing centre. (H)	**T**	**F**

4 Complete the table to compare type 1 and type 2 diabetes.

Type 1 diabetes	Type 2 diabetes
Often appears in young people.	
	Cells in the body do not respond to insulin.
	Treated by careful diet and exercise.

5 Put a (ring) around **G** or **B** to show whether each lifestyle choice is **good** or **bad**.

A	eating fast food such as burgers every day	G	B
B	walking to school every day	G	B
C	eating a large bar of chocolate on the way home	G	B
D	making every journey in a car	G	B
E	eating wholegrain rather than refined rice and pasta	G	B
F	eating an orange rather than sweets	G	B
G	spending all your free time playing games on a computer	G	B
H	joining a sports club	G	B

6 Explain each of the following observations.

a When John started regular exercise classes he lost weight.

_____

_____

_____

b Avril always seems to feel very tired about an hour after a sugary meal.

_____

_____

_____

c People who eat lots of fruit and vegetables have a lower risk of stomach cancer.

_____

_____

_____

B7 (margin tab)

B7.3.1 A balancing act

We need to maintain our body temperature at about 37 °C.

Heat can be gained in the body in two ways:

- from respiration in the cells
- from the environment, if the air is warmer than 37 °C.

Heat can be lost from our skin to the environment on cool days.

Our **core** body temperature is most important. **Extremities** such as hands and feet may be cooler.

B7.3.2–5 Monitoring temperature

The skin contains temperature receptors that detect external temperatures.

An area of the brain contains temperature receptors that detect the temperature of the blood. It also acts as a **processing centre** – it receives information from the temperature receptors and sends instructions to the effectors. The effectors include the sweat glands and the muscles.

H This area of the brain that detects and processes information about temperature is the **hypothalamus**.

B7.3.6–7 Keeping cool

On a hot day and when you are active your body may gain heat and start to warm up. If this happens your body will respond to increase heat loss so that core body temperature is not affected.

- Heat is produced during respiration in cells – so when you exercise you start to feel hot. Reducing your activity level will reduce heat production.
- Sweat is made in **sweat glands** in the skin. It comes to the surface of the skin and **evaporates**. This evaporation helps to remove excess heat.
- **H** When you get hot you may also look red. This is due to a process called **vasodilation**. When you need to lose more heat your blood is diverted to run close to the surface of the skin so that it can lose more heat.

B7.3.8 Keeping warm

On a cold day or when you are inactive you may not gain enough heat to match the losses and your body starts to cool down. Your body will respond to reduce heat loss and create more heat so that core body temperature is not affected. You can conserve heat:

- by putting on more clothes or curling up
- by the hairs on your skin standing erect to trap more air as insulation.
- **H** When you get cold the blood is diverted away from the surface of the skin by constriction of the blood vessels leading to the surface. This is called **vasoconstriction**. It means that the blood does not lose as much heat and your skin may look paler.

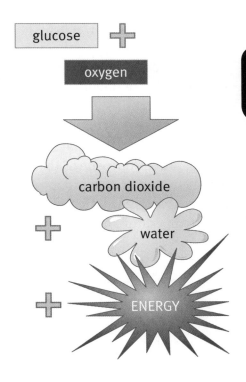

glucose + oxygen → carbon dioxide + water + ENERGY

Tip

Remember that it is the evaporation of sweat that cools you down. If the sweat does not evaporate you will not get cooler.

Vasodilation
The blood vessels near the surface of the skin are filled with blood. Energy from the warm blood is transferred down the temperature gradient to the environment.

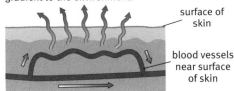

surface of skin

blood vessels near surface of skin

Key
→ flow of blood in blood vessels
⟿ energy loss from skin surface

Vasoconstriction
The muscles in the walls of blood vessels near the surface of the skin contract. Less blood flows near the surface of the skin, so less energy is lost to the environment.

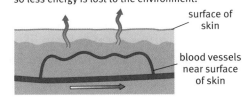

surface of skin

blood vessels near surface of skin

You can make more heat by:
- **shivering** – this is automatic contraction and relaxation of your muscles to speed up respiration
- exercising or rubbing your hands and arms.

B7.3.9 Antagonistic responses

You may have noticed that some of the responses to be being too hot are the opposite of the responses to being too cold. For instance, vasodilation is opposite to vasoconstriction. These are known as **antagonistic** responses. This allows the control of body temperature to be very sensitive and precise.

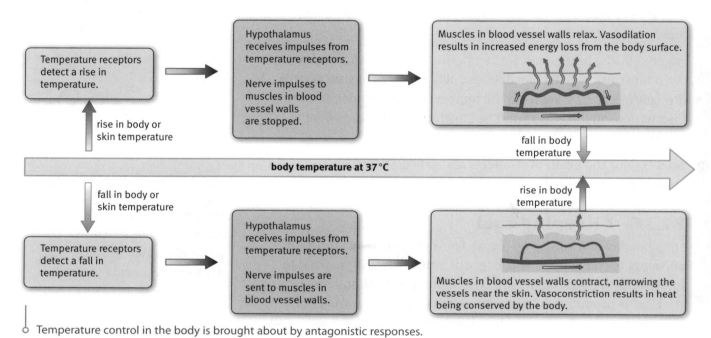

Temperature control in the body is brought about by antagonistic responses.

B7.3.10 Sugar balance

Sugar is the main source of energy for respiration.

It is important to maintain enough sugar in the blood to provide energy to the muscles. However, too much sugar in the blood can be harmful. Therefore the body must balance its blood-sugar concentration.

Blood-sugar levels are controlled by the hormone insulin, released by the pancreas. If blood sugar is too high then insulin is released to reduce the blood-sugar level.

Diet is an important aspect of sugar balance. High levels of sugar intake, such as those found in many processed foods, will increase the blood-sugar concentration quickly because simple sugars are absorbed quickly. This means extra insulin has to be released to return the blood sugar to normal.

Tip
Remember that insulin is a hormone. It causes the liver to take sugar out of the blood.

B7.3.11–13 Diabetes

People with diabetes cannot control their blood-sugar level.

There are two types of diabetes.

Diabetes	Cause	Symptom	Treatment
Type 1	The pancreas does not make enough insulin. Can occur in young people.	Dangerously high blood sugar after a sugary meal. Thirst, large volumes of urine.	Regular injections of insulin. Carefully monitored sugar intake.
Type 2	Insulin is produced but the cells cannot use it properly. Poor diet, inactive lifestyle, obesity. Usually occurs in middle age, but can sometimes be seen in younger people.	Thirst, frequent urination, and tiredness. Over longer periods the arteries, kidneys, and eyesight may be damaged.	Control of diet to reduce sugar intake. Regular exercise to use up sugars.

B7.3.14–15 Exercise and diet

It is important to understand the effects of exercise and a healthy diet.

- Exercise uses energy in the form of sugars taken from the blood. Therefore regular exercise will help to reduce blood-sugar levels that have become too high.
- It is better to prevent the blood-sugar level getting too high in the first place. A meal high in refined sugars such as many fast-food meals or ready-made meals will quickly raise the blood-sugar level.
- Food containing complex carbohydrates such as pasta, bread, and rice takes longer to digest and releases the sugar more slowly. This allows the body to store the sugar correctly or use it during exercise before the blood-sugar concentration gets too high.
- There are a number of diseases that are linked to poor lifestyle choices such as poor diet and lack of exercise.
- These include heart disease, **obesity**, diabetes, tooth decay, anorexia, and a range of **cancers**, especially bowel cancer.
- Scientists study patterns of these diseases and look for factors that appear to increase the risk of getting the disease – these are called **risk factors**.

Tip

Remember that to maintain your body weight energy intake must equal energy use.

Tip

Remember that a risk factor does not cause the disease on its own – it simply increases the chances that you will develop the disease.

Use extra paper to answer these questions if you need to.

1 a Name the process that releases heat inside the body.
  b What is the energy source for this heat?
  c Name a gas that is needed to release the heat.
  d Name two products of the reaction other than heat energy.
  e Why do you feel hot after exercise?
  f Name the organs in the body where a lot of heat is produced.

2 a What is the normal human body temperature?
  b Explain why the extremities may be cooler.
  c Describe how heat is transferred around the body.
  d List the places in the body where temperature receptors are found.

3 a What is an effector?
  b Name two effectors used in controlling body temperature.
  c Why is your body slightly cooler at night than during the day?
  d What happens to body heat if your body is warmer than the surroundings?
  e Suggest three types of behaviour that will reduce heat loss.

4 a Explain why shivering will help to keep you warm.
  b Suggest two automatic responses within the body other than shivering that will help to keep you warm.

5 a How does your body respond if you are too hot?
  b Explain how sweating helps you to cool down.
  c Explain why sweat does not cool you down if it cannot evaporate.
  d Suggest weather conditions that would make it difficult for sweat to evaporate.

6 a What happens to blood-sugar levels soon after a sugary meal?
  b Name the hormone that controls blood-sugar levels.
  c Describe how this hormone controls blood-sugar levels.
  d What symptoms might a person feel when they have a low blood-sugar level?

7 a What sorts of food release sugars slowly?
  b Name three examples of this type of food.

8 a What is the cause of type 1 diabetes?
  b What happens to a person with type 1 diabetes if their blood sugar drops too low?
  c Describe two symptoms of type 1 diabetes.
  d How is type 1 diabetes treated?

9 a At what age is type 2 diabetes most likely to develop?
  b What types of lifestyle are linked to type 2 diabetes?
  c How should type 2 diabetes be treated?

10 a List the components of a healthy diet.
  b Suggest five serious illnesses that can result from an unhealthy diet.

11 a List three aspects of lifestyle that lead to better health.
  b Explain why exercise helps to keep your weight down.
  c How else does exercise improve your body?
  d List three types of exercise that may help you to lose weight.

12 a Explain why a person with an active occupation needs to eat more.
  b Suggest three reasons why a diet of processed food is unlikely to be healthy.

13 a What is a risk factor?
  b Name one risk factor associated with each disease:
    i heart disease
    ii diabetes
    iii tooth decay
    iv bowel cancer
    v mouth and oesophagus cancer.
  c Explain why scientists look for links between lifestyle choices and certain diseases.
  d Why might countries such as Japan have lower rates of heart disease than the UK?

H 14 Where in the brain is the processing centre to keep your temperature constant?

15 a What is meant by vasoconstriction?
  b Explain how vasoconstriction reduces heat loss.
  c How does vasoconstriction change the appearance of someone's skin?
  d Explain why you look flushed when you are hot.

16 a What is meant by the word 'antagonistic'?
  b Describe two processes that are antagonistic in controlling body temperature.
  c Explain the benefits of antagonistic processes.

B7

1 The table shows the amount of energy used during different activities.

Activity	Energy (kJ/h)
sitting quietly	1.7
writing	1.7
standing relaxed	2.1
vacuuming	11.3
walking rapidly	14.2
running	29.3
swimming (4 km/h)	33.0

a Which activity uses most energy?

_____ [1]

b Calculate the ratio of energy used by a person running compared with a person walking rapidly. Show your working and express your answer to one decimal place.

Answer _____ [2]

c Suggest why a domestic cleaner tends to stay slimmer than a person who spends most of their time watching television.

_____

_____

_____ [2]

Total [5]

2 a Describe the role of the hypothalamus in temperature control.

_____

_____

_____ [3]

b Describe the changes to the skin that occur in response to being too cold.

_____

_____

_____

_____ [3]

c Explain the advantage of having effectors that work antagonistically.

_____

_____

_____

_____ [2]

Total [7]

3 a i Name the organ that releases insulin.

_____ [1]

ii What triggers the release of insulin?

_____ [1]

iii Describe the effect of insulin in the body.

_____

_____ [2]

b Explain why:

i a person with type 1 diabetes needs to inject insulin.

_____

_____ [2]

ii a person with type 2 diabetes should exercise regularly.

_____

_____ [2]

Total [8]

4 Read the extract opposite from a scientific paper.

a What are the benefits of eating lentils regularly?

_____

_____ [2]

b What component of a healthy diet is found in brown rice that may not be in processed rice?

_____ [1]

c Suggest why eating cooked green vegetables regularly reduces the risk of bowel cancer.

_____

_____

_____ [3]

Total [6]

> People who consume kidney beans or lentils at least three times a week reduce their risk of developing bowel cancer by a third. Eating brown rice once a week cuts the risk by two fifths, while having cooked green vegetables at least once a day reduces it by a quarter.

5 Describe the advantages to health of regular exercise and a healthy diet.

✎ The quality of written communication will be assessed in your answer to this question.

Write your answer on separate paper or in your exercise book.

Total [6]

1   Complete the following sentences. Use words from the list to fill in the gaps.

enzymes	substrate	open-loop
sustainable	bacteria	erosion

An open-loop system is not _____ .

An ecosystem is a sustainable system. In a system like this the waste from one process is used as a _____ in another process.

Dead organic matter is broken down by _____ which use digestive _____ .

Over-exploitation of soil removes the mineral nutrients and causes _____ .

2   Put a (ring) around **T** or **F** to show whether each statement is **true** or **false**.

Energy can be recycled.	T	F
Human systems are linear.	T	F
Ecosystems are perfect closed loops.	T	F
Excess production of sperm is wasted.	T	F
Earthworms help to recycle mineral nutrients.	T	F
Deforestation causes flooding.	T	F
Oil is fossil sunlight energy.	T	F
All plastics can be decomposed.	T	F

3   Place the sentences in the correct order to describe eutrophication. Write the letters in the boxes to show the correct order.

A   This leads to an increased growth of algae.

B   Dead algae decay in the water.

C   The decay is caused by bacteria that use oxygen.

D   There is an increase in mineral nutrients.

E   As a result, all the oxygen is used up.

4   Explain the following statements.

a   Deforestation can cause desertification.

_____

_____

b   Ecosystems are closed-loop systems.

_____

_____

c   Open-loop systems are not sustainable.

_____

_____

d   Bacteria are essential for plant growth.

_____

_____

5   Draw lines to match each term to its meaning.

Term
biofuel
fossil sunlight energy
intensive agriculture
open-loop system
quota

Meaning
a limit to the number of fish that can be caught
a system with a lot of waste
energy stored millions of years ago
a human system involving high inputs
fuel made from plant growth

6 a   Explain what is meant by an 'ecosystem service'.

_____

_____

b   Give three examples of ecosystem services.

_____

_____

_____

7   Explain the following observations.

a   Sperm and eggs are often produced in large numbers.

_____

_____

b   Many crops rely on insects.

_____

_____

c   Stable ecosystems are closed-loop systems.

_____

_____

d An ecosystem can rarely be a completely closed loop.

_____

_____

e Human activities often destabilise an ecosystem.

_____

_____

8 Put a tick in the box next to each statement that is correct.

Toxins are more concentrated lower down a food chain. ☐

Energy can be recycled. ☐

Vegetation protects the soil from erosion. ☐

Agriculture reduces biodiversity. ☐

Dead organic matter contains energy. ☐

Mineral nutrients are recycled by bacteria. ☐

All plastics are biodegradable. ☐

B7.4.1–5 Ecosystems as closed-loop systems

An **open-loop system** has an input at one end and an output at the other. It cannot be maintained without continued inputs. It is therefore not **sustainable**.

A **closed-loop system** has no waste. Outputs from one process become inputs for another process.

Ecosystems are closed-loop systems because waste materials are reused within the system. For example:

- Oxygen released from photosynthesis is used in respiration.
- Carbon dioxide released from respiration is used in photosynthesis.
- **Dead organic matter** such as leaves, fruit, and faeces can be eaten by small organisms such as worms or digested by **microorganisms** using **digestive enzymes.**
- Chemicals such as water, nitrogen, carbon, and oxygen move through an ecosystem in cycles. Wastes from one reaction become **reactants** in another.

Reusing waste materials makes an ecosystem sustainable. It can continue to work without inputs of materials. The only input required is energy, which comes from the Sun.

B7.4.6–9 Balance

Not all ecosystems are perfect closed-loop systems. There may be losses such as migration of animals, or nutrients carried away by air currents or water.

In a stable ecosystem, such as a rainforest, these losses are balanced by gains from other ecosystems.

There are examples of apparent waste in natural ecosystems – for example, the apparent overproduction of eggs, sperm, **flowers**, and **pollen**. However, these are essential to ensure that reproduction is successful. Fertilisation and **pollination** occur by chance and producing a lot of eggs and sperm, pollen, flowers, and **fruit** increases the chances of successful reproduction. Continuation of all species through successful reproduction is essential to maintaining a **stable ecosystem**.

Remember that in a stable ecosystem the excess structures produced will be broken down and recycled – so the balance is maintained.

B7.4.10–11 Vegetation and soil stability

The stability of a natural ecosystem depends on soil stability. Vegetation has an important role in maintaining the soil and preventing **soil erosion**.

- The roots bind the soil together.
- Foliage protects the soil from direct rainfall and from extremes of temperature and can promote cloud formation.

input

↓

process

↓

waste

An open-loop system.

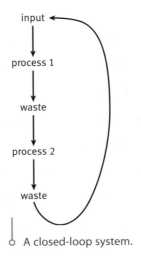

input

↓

process 1

↓

waste

↓

process 2

↓

waste

A closed-loop system.

Tip

Remember that the decay of dead organic matter is essential for returning mineral nutrients to the soil.

Tip

Remember that minerals are recycled, but energy cannot be reused – it passes through the ecosystem and is lost.

Tip

Erosion is damage to exposed soil. The damaged soil may then be blown or washed away, causing desertification.

B7.4.12–13, B7.4.15 Human influence

Humans make use of natural ecosystems and exploit them for **ecosystem services**. These include the following:

- Providing clean air – plants use carbon dioxide and restore oxygen levels.
- Providing clean water – the natural water cycle involves rainfall that soaks into the soil, providing plants with water that then evaporates from the leaves or slowly drains into rivers. **Deforestation** of large areas breaks the natural cycle and causes flooding or drought. Maintaining forests can restore the natural balance, supplying water to human populations.
- Soil to grow crops – soil is maintained by the organisms that live in the soil. Breaking their natural cycles destroys the soil. Processes such as ploughing can do this.
- Mineral nutrients for crop growth – continuous cropping removes all the minerals and disrupts the natural cycles.
- Pollination – many crops are pollinated by insects.
- Fish and game – we remove animals from the cycle for food. Over-use will disrupt the natural cycle.

Human exploitation is often harmful. Our current 'take–make–dump' system produces a lot of waste such as non-recycled household goods, emissions from burning fossil fuels, and excess materials from intensive agricultural practices. Human systems are often not closed-loop systems. These practices unbalance natural ecosystems by altering the inputs and outputs. This is not sustainable.

B7.4.14, B7.4.16–20 How humans harm natural ecosystems

- Non-recycled waste is dumped or buried in groundfill sites. Much of it does not decompose quickly and accumulates.
- **H** Small particles or chemicals (which may be toxic) are absorbed by plants and passed on to the animals that eat those plants. This continues up the food chain and the chemicals become more concentrated higher up the food chain. This is called **bioaccumulation**.
- Even accumulation of non-toxic materials can cause harm. When mineral nutrients from excess fertiliser accumulate in water they cause increased growth of algae in the water. This is called **eutrophication**. As the algae die they are decomposed by large numbers of bacteria that use up all the oxygen in the water – this kills the other living organisms in the water.

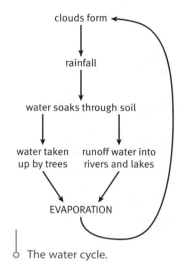

clouds form → rainfall → water soaks through soil → water taken up by trees / runoff water into rivers and lakes → EVAPORATION

○ The water cycle.

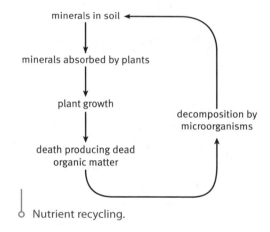

minerals in soil → minerals absorbed by plants → plant growth → death producing dead organic matter → decomposition by microorganisms

○ Nutrient recycling.

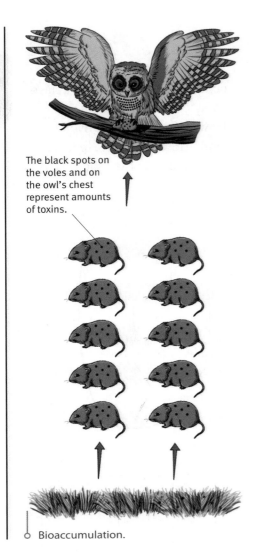

The black spots on the voles and on the owl's chest represent amounts of toxins.

Bioaccumulation.

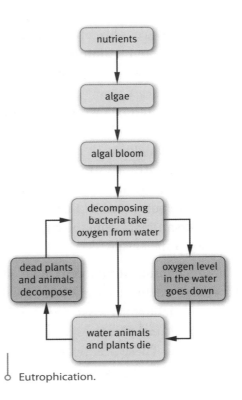

Eutrophication.

- Continuous cropping of food plants or timber removes biomass from the ecosystem. This means that chemicals are removed and cannot be recycled, so the natural ecosystem runs out of mineral nutrients and the natural cycles break down. Plants cannot grow without the minerals and the soil is exposed. With little dead organic matter soil can be eroded quickly – this causes **desertification**.

- Natural vegetation has a rich **biodiversity**. If natural vegetation is replaced by agricultural crops there is a great loss of biodiversity. When the crops are harvested the soil is exposed to erosion, which may lead to desertification. The lost soil can be washed into rivers causing **silting**.

- Use of fossil fuels such as crude oil alters the natural ecosystem because the fuel took millions of years to form from the decay of dead organisms. The energy collected from the Sun over millions of years when these organisms were alive is released quickly – this is known as fossil sunlight energy.

B7.4.19, B7.4.21–23 How can humans be more sustainable?

The rate at which we currently use natural resources is not sustainable. It can only be made sustainable if we use resources at a rate at which they can be replaced.

- Use of natural resources such as timber and fish must be controlled. This can be achieved by selective felling of specific species and mature trees, and by replanting. Fish must also be selectively harvested and strict **quotas** agreed. This requires international agreement. **Restocking** natural fisheries will also support increased harvesting.

- Energy sources must be sustainable. The Sun is the most sustainable source of energy. It supplies energy to natural ecosystems and to agriculture. It can be used to grow crops for fuel – **biofuels**. The Sun's energy can also be harvested through photoelectric cells to produce electricity and through solar heating systems. The Sun's energy also creates the wind and can be harvested through wind turbines.

- Sustainable use of energy and natural ecosystems is essential to avoid increased desertification, drought, flooding, and the loss of the natural ecosystems, which may lead to global catastrophe. However, it is hard for local populations to understand that their role is essential – they must not over-exploit their local ecosystems for short-term gain, such as the exploitation of tigers.

Use extra paper to answer these questions if you need to.

1 **a** What is meant by an open-loop system?
  b Describe one example of an open-loop system.
  c What happens to wastes in an open-loop system?
  d What is meant by a closed-loop system?
  e Describe one example of a closed-loop system.
  f What are used as reactants in a closed-loop system?
  g Which type of system do humans often create?

2 **a** What is meant by a sustainable process?
  b Explain why human systems are often not sustainable.
  c Why are ecosystems often not perfectly closed loops?
  d Name two possible losses from an ecosystem.
  e Explain why the input to an ecosystem should equal the losses.

3 **a** What is the source of energy for all ecosystems?
  b Describe how carbon is recycled in an ecosystem.
  c How does burning fossil sunlight energy alter the system?
  d Describe how nitrogen is recycled in an ecosystem.

4 **a** Explain the role of microorganisms in an ecosystem.
  b Name one type of decomposer.
  c Explain the role of digestive enzymes in decomposition.

5 **a** Explain what is meant by 'take–reuse–recycle'.
  b Why is a 'take–reuse–recycle' policy better than a 'take–make–dump' policy?
  c Explain why some plants apparently over-produce pollen.

6 **a** What is meant by deforestation?
  b Explain why deforestation can lead to flooding and drought.
  c Describe how deforestation can damage the soil.
  d What effect might this have on rivers and lakes?

7 **a** What is meant by biodegradable?
  b Name two substances that are not biodegradable.

8 **a** What is an ecosystem service?
  b Describe two ecosystem services.
  c What is meant by over-exploitation?

9 **a** How do we exploit the seas?
  b Suggest a possible consequence of over-exploiting the seas.

10 **a** Describe the effect of continuously cropping the same food plant from soil.
  b What effects do intensively farmed livestock have on the ecosystem?
  c Explain how intensive agriculture reduces biodiversity.

  d Explain why it is important to maintain biodiversity on a farm.
  e Why is it important to not use too much fertiliser?

11 **a** How long does crude oil take to form?
  b What is crude oil made from?
  c Where did the energy in crude oil originally come from?
  d Explain why using crude oil does not fit in with a closed-loop system.

12 **a** What is a quota?
  b Explain why fishing quotas are important.
  c Explain why international cooperation may be essential to maintain fish stocks.
  d What is meant by restocking?
  e Explain why only adult fish should be caught.

13 **a** Describe the techniques used to prevent deforestation.
  b What are nitrogen-fixing bacteria?
  c How can the action of nitrogen-fixing bacteria be maximised in agriculture?
  d How does crop rotation help to maintain soil stability?
  e Describe two techniques used in agriculture to overcome the problem of soil erosion.

14 **a** List three ways in which we make use of the Sun's energy.
  b Explain why using the Sun's energy is sustainable.

15 **a** Describe how a local human community might make use of the natural ecosystem sustainably.
  b Why might some local human communities start to over-exploit their natural ecosystem?
  c Give three reasons why it is important to conserve individual species such as the tiger.
  d Explain why natural ecosystems must be conserved.

16 **a** What is bioaccumulation?
  b Explain why organisms low down a food chain may be unharmed by toxic substances.
  c Explain why organisms higher up the food chain are more likely to be harmed by a toxic compound.

17 **a** Describe the process of eutrophication.
  b What is an algal bloom?
  c What process uses up oxygen in eutrophication?
  d Which organisms use up most oxygen during eutrophication?
  e What actually kills the fish in eutrophication?

1   The flow diagram shows a system in which resources from natural ecosystems are used for manufacturing and consumption.

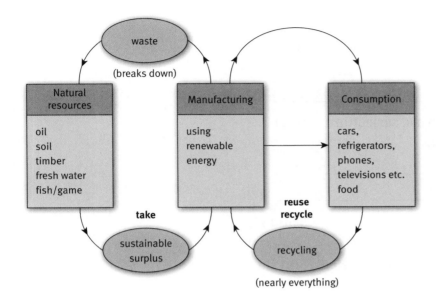

a   What name is given to this type of system?

_____ [1]

b   State **two** reasons for your choice.

_____

_____

_____ [2]

c   In natural ecosystems microorganisms have an important role. State the role of microorganisms in a natural ecosystem and describe how they carry out that role.

_____

_____

_____

_____ [3]

Total [6]

2   Describe and explain the effects of deforestation.

The quality of written communication will be assessed in your answer to this question.

Write your answer on separate paper or in your exercise book.

Total [6]

3 a   What is meant by intensive agriculture?

_____

_____ [1]

b Intensive agriculture is an open-loop system. One input is the addition of fertiliser.

Explain why fertiliser must be added.

_____

_____

_____ [2]

c List **two other** inputs to intensive agriculture such as growing almonds in California.

_____

_____ [2]

Total [5]

4 Ecosystem services are ways in which living systems provide for human needs.

a Explain the role of bees in providing for human needs.

_____

_____

_____ [2]

b Describe how natural vegetation protects soil from erosion.

_____

_____

_____ [2]

c Describe how forests can affect the provision of clean water.

_____

_____

_____

_____ [3]

Total [7]

5 Eutrophication can result from the addition of too much fertiliser. Describe what happens during eutrophication and the effects it can have on the waterways.

_____

_____

_____

_____

_____

Total [4]

1 Complete the sentences by crossing out the incorrect word.

Given suitable conditions bacteria reproduce **quickly** / **slowly**.

Bacteria can be used to manufacture **enzymes** / **stem cells**.

Fungi can be grown in **kettles** / **fermenters**.

A **vectra** / **vector** is used to insert genes into bacterial cells.

Nanotechnology uses particles that are **100** / **10 000** nanometres long.

2 Place the following steps in the correct order in the boxes below to describe the process of genetic modification.

A Select the modified individuals.

B Put the gene into a suitable vector.

C Isolate and replicate the required gene.

D Use the vector to insert the gene into a new cell.

3 Explain the following statements.

a Cheeses made using chymosin can be eaten by vegetarians.

_____

b Stem cells can develop into a range of cell types.

_____

c Bacteria can manufacture human insulin.

_____

d Many washing powders are called biological washing powders.

_____

4 Put a (ring) around **T** or **F** to show whether each statement is **true** or **false**.

Heart valves can be replaced.	T	F
New skin can be grown using tissue culture.	T	F
Fungi can be used to make medicines.	T	F
Quorn is protein made from bacteria.	T	F
Stem cells can only be found in plants.	T	F
Plants can be genetically modified to grow human tissue.	T	F
Bone marrow contains stem cells.	T	F
Biofuels produce no carbon dioxide.	T	F

5 Complete the word grid. All the words are used in this topic.

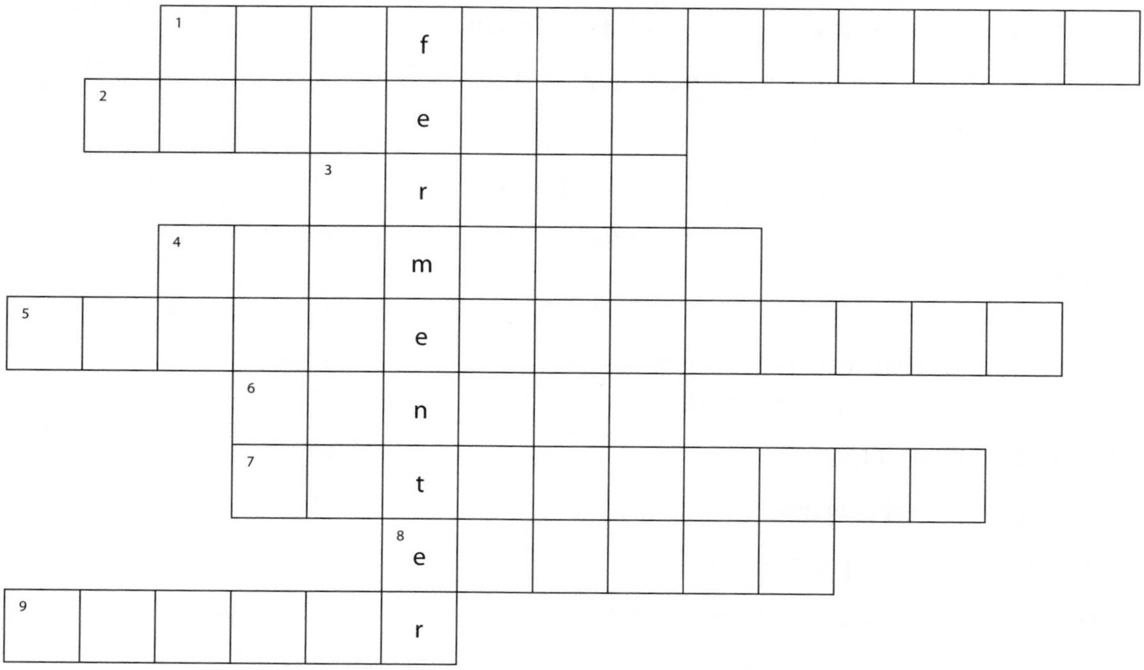

			f									

(crossword grid with letters reading vertically: f, e, r, m, e, n, t, e, r)

Clues

1 cells do this to become specialised
2 single-celled organisms that contain plasmids
3 the name for a genetic marker
4 another name for rennet
5 technology using tiny particles
6 an organism used to grow single-cell protein
7 a chemical made by fungi used in medicine
8 a chemical used in biological washing powder
9 something used to insert genes into a bacterium

6 A gene probe for cystic fibrosis contains the sequence AAG CGC.

The list shows sections of DNA from four people. Which of them has cystic fibrosis?

Sally   AAG CGC

Peter   ACG TGA

David   TTC GCG

Wendy   GGA TCT

B7.5.1 The role of bacteria

There is a huge range of different microorganisms. Because they are living organisms they produce a wide range of chemicals as part of normal life. These include **enzymes** and **antibiotics** that we find very useful.

We can grow microorganisms in conditions that ensure they produce large amounts of these chemicals. Bacteria are particularly useful as they have certain features:

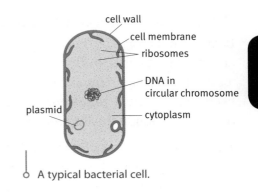

A typical bacterial cell.

Feature	Benefit
rapid reproduction	The population grows rapidly and can produce large amounts of the useful products quickly.
presence of plasmids	Plasmids are genetic material that can be used to introduce new genes – this means that we can make the bacteria produce what we want.
simple biochemistry	The nutrients and conditions needed for growth are simple and can be supplied easily.
ability to make complex molecules	Despite their simple biochemistry bacteria can still make complex molecules including enzymes, antibiotics, food additives, and hormones.
lack of ethical concerns in their culture	There are no animal welfare issues – the bacteria are often kept in their ideal conditions and are removed to be reused at the end of the process.

B7.5.2 Fermentation

Microorganisms include bacteria and fungi. They can be grown in industrial tanks called **fermenters**. Many microorganisms are grown in batches under ideal conditions that are carefully monitored and controlled. Excess heat and toxic waste products are removed.

- Most antibiotics are produced by fungi. The **fungus** *Penicillium* makes penicillin, which kills bacteria and can be used to treat infections.
- Fungi can be used to make a protein called **single-cell protein**. This can be extracted and processed to eat. The product is called Quorn.
- Bacteria and fungi can be used to make enzymes used in food manufacture. For example, the enzyme **chymosin** or **rennet** is used to make cheese.
- Bacterial enzymes can also be used in washing powders to help digest stains made by fats, proteins, or carbohydrates.
- **Biofuels** can be made using enzymes from microorganisms. Ethanol is made by fermenting sugar and a newly developed enzyme (lignocellulase) can digest woody tissue.

B7.5.3–5 Genetic modification

Bacteria hold some of their genetic material in **plasmids**. These are small rings of DNA that are easy to modify. Inserting a gene for a human protein into a plasmid and placing the plasmid in a bacterium is called **genetic modification**. The bacterium uses the information in the human gene to make the human protein.

The main steps in genetic modification are:

1. isolating and replicating the required gene (e.g., the gene coding for **insulin**)
2. placing the gene into a **vector** (a plasmid or a **virus**)
3. using the vector to insert the gene into a new cell (plasmids are small and can move in and out of bacterial cells easily)
4. selecting the modified individuals.

Examples of successful genetic modification include:

- using bacteria to manufacture medicinal drugs such as insulin (the hormone used to treat diabetes)
- making crop plants **resistant** to **herbicides** so that crops can be sprayed to kill weeds.

B7.5.6 DNA technology

Genetic testing involves testing a person's blood to see if it contains a particular gene – perhaps a gene for an inherited disorder.

DNA consists of two strands that bind to each other using **complementary** sequences of bases. This means that specific sequences can be identified using known sections of DNA as markers (**gene probes**). It is a complex process:

1. Some DNA is extracted from white blood cells.
2. The DNA is isolated and cut up using enzymes.
3. The DNA is heated to split the complementary strands creating single-stranded DNA with its base sequence exposed.
4. A gene probe is made. This is a length of single-stranded DNA that carries a complementary base sequence to the gene being looked for. A fluorescent marker is attached to it.
5. The gene probe is mixed with the DNA sample and will bind (using its complementary base sequence) to the gene that is being looked for.
6. The DNA is separated using **gel electrophoresis**. This uses the size of the DNA fragments to separate out the fragments that have probes attached from the remaining single-stranded DNA.
7. UV light is shone on the sample to locate the DNA fragments that have the fluorescent marker and probe attached.

This technique can be used to identify people with faulty alleles such as an inherited disease or to locate a gene on a chromosome.

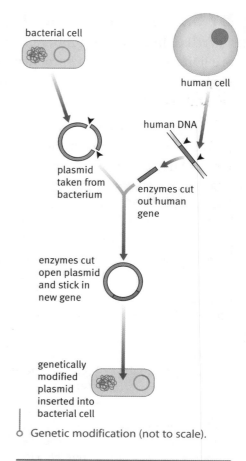

bacterial cell

human cell

human DNA

plasmid taken from bacterium

enzymes cut out human gene

enzymes cut open plasmid and stick in new gene

genetically modified plasmid inserted into bacterial cell

Genetic modification (not to scale).

Tip

Remember that insulin made by genetic modification is human insulin from a human gene, so there are no ethical or medical issues about its use.

Tip

Remember that DNA technology relies on complementary (matching) base pairs.

B7.5.7–8 Nanotechnology

Nanotechnology is technology using tiny particles that are no larger than some molecules. The particles used are no larger than 100 **nanometres**.

Examples of nanotechnology include:

* silver particles embedded in plastic food wrapping help preserve the food; the silver particles inhibit bacterial growth
* antibodies in food wrapping react with bacteria and inhibit their growth
* nanoparticles in food wrapping respond to oxygen levels, indicating that the wrapping may be damaged
* nanoparticles respond to ripening fruit to indicate the condition of the food.

B7.5.9 Stem cell technology

Stem cells are cells that have not specialised or **differentiated**. This means that they can divide and specialise to become a range of different types of cell.

Stem cells can be used in medical treatments to grow new **tissues** and there is potential to grow whole new **organs**.

Leukaemia can be treated by transplanting bone marrow, which contains stem cells that are able to divide and differentiate into a range of blood cell types. The new marrow enables the patient to make normal blood.

Tissue culture can grow new tissues in the laboratory – for example, skin can be grown for grafts to treat burns.

It may soon be possible to treat a range of problems using stem cells including spinal cord injuries that cause paralysis, diabetes, and Alzheimer's disease.

B7.5.10 Biomedical engineering

The heart is a good example of an essential organ for which **biomedical engineering** can restore proper functioning if there is a fault. There are two faults that can be corrected relatively easily:

* The rhythm of the heartbeat is controlled by an area of the heart called the **pacemaker**, which creates electrical signals to stimulate the heart muscle. If this is faulty the electrical signals can be created by an artificial pacemaker embedded under the muscle of the chest.
* Faulty **heart valves** that ensure the correct flow of blood through the heart can be replaced by artificial versions or by real valves from a donor.

①

DNA extracted from tissue sample– e.g. blood sample, or cheek scrape, or hair (with follicle).

②

Double-stranded DNA in sample.

③

DNA separated into single strands by gentle heating.

④

Short sections of DNA with fluorescent markers are added. The sequence of the short section is complementary to a target section in the original DNA.

⑤
Complementary DNA binds if it matches the target sequence.

Genetic profiling and the use of gene probes.

Tip
A nanometre is one-millionth of a millimetre. You could fit 10 000 nanoparticles along a 1-mm length.

Tip
Stem cells are found in a number of tissues including bone marrow, umbilical cords, and skin.

Use extra paper to answer these questions if you need to.

1 a What are microorganisms?
  b How are bacteria different from human cells?
  c Explain why bacteria may be described as living factories.
  d List five features of bacteria that mean they are ideal for industrial manufacturing.
  e How are fungi different from bacteria?

2 a Explain what is meant by fermentation.
  b List two products made by fermentation.
  c What conditions need to be controlled in a fermenter?

3 a What is single-cell protein?
  b What type of organism makes single-cell protein?
  c How can single-cell protein be used?

4 a What is the source of rennet?
  b How is rennet used in the food industry?
  c Name a source of chymosin, other than rennet.
  d Explain why cheese made using this chymosin is suitable for vegetarians.

5 a What are biofuels?
  b How is ethanol made from sugar?
  c Why might someone argue that crops should not be grown specially to make biofuels?
  d Name the enzyme that has been developed to digest woody tissue.

6 a What is a biological washing powder?
  b What types of stain can they work best on?

7 a What is meant by 'genetic modification?
  b Name the rings of DNA found in bacteria.
  c Why does a bacterium need a human gene in order to make a human protein?
  d Name the human protein produced by bacteria that is used to treat diabetes.
  e What is a vector?
  f Explain why plasmids are good vectors.
  g Describe how the human insulin gene can be inserted into a bacterium.

8 a Give one example of genetic modification in plants.
  b Explain the advantages of this genetic modification.
  c Give three arguments against genetic modification.
  d Offer an alternative argument for each point you have made.

9 a What does the prefix 'nano' mean?
  b How big are the particles used in nanotechnology?
  c Describe three examples of how nanoparticles can be used in food packaging.
  d How many nanometres are there in a metre?
  e Name a metal commonly used in nanotechnology.

10 a What is meant by a differentiated cell?
   b Why are cells differentiated?
   c What is a stem cell?
   d Where in the body do stem cells occur?

11 a What is meant by tissue culture?
   b Why might skin need to be replaced in a medical procedure?
   c Describe how stem cells can be used to treat leukaemia.
   d List three possible future uses for stem cells in medical treatments.
   e Explain why a donor is needed when using stem cells in medicine.
   f Explain why the donor must be matched to the recipient.

12 a What is biomedical engineering?
   b Name two parts of the heart that can be repaired using biomedical engineering.
   c What is the role of a pacemaker in the heart?
   d Why might the pacemaker need to be replaced?
   e What is the role of valves in the heart?
   f Why might the valves need to be replaced?
   g Name two possible sources of new valves.
   h Describe three properties of the materials used to make artificial valves and pacemakers.

H 13 a Briefly describe the structure of DNA.
    b Describe two features of DNA structure that allow genetic testing to occur.
    c What tissue is usually sampled to extract DNA for genetic tests?
    d Explain why red blood cells cannot be used for genetic testing.

14 a What is a gene probe?
   b Why must DNA be heated before it is mixed with a gene probe?
   c Why are gene probes attached to fluorescent markers?
   d How are fragments of DNA with probes attached separated from other fragments of DNA?
   e Name two genetic disorders that could be tested for using genetic testing.

1 a Name two organisms that can be grown in a fermenter.

_____ [2]

b Name two products that can be made in a fermenter.

_____ [2]

Total [4]

2 A student decided to investigate the effect of changing temperature on the rate of fermentation.

a i Write a hypothesis about the effect of temperature on the rate of fermentation and predict the results you might expect. [2]

_____

_____

ii Explain this hypothesis and prediction. [2]

_____

She was given a suspension of microorganisms in glucose solution and the apparatus shown below right. Fermentation releases carbon dioxide, which turns the hydrogencarbonate indicator from pink to yellow.

b i Suggest what type of microorganism is used. [1]

_____

ii Identify two additional pieces of apparatus that would be essential for the student to carry out this investigation. [2]

_____

The student divided the suspension of microorganisms into five portions and heated each portion to a different temperature. She measured how long it took for the indicator solution to turn yellow. She recorded the following results.

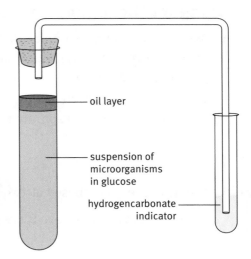

oil layer

suspension of microorganisms in glucose

hydrogencarbonate indicator

Temperature (°C)	Time (s)	Rate (s^{-1}) (Rate = $\frac{1}{time}$)
10	432	0.002
20	312	0.003
30	148	0.007
40	74	0.014
50	78	0.013

c i State whether these results back up your hypothesis and justify your statement. [3]

_____

_____

ii Suggest how the student could modify her investigation to improve your confidence in the results. [1]

_____

Total [11]

3 Suggest some advantages of:

a producing insulin using genetically modified bacteria

_____

_____ [2]

b producing cheese using chymosin

_____

_____ [2]

c making single-cell proteins from fungi

_____

_____ [2]

d using silver nanoparticles in food wrapping.

_____

_____ [2]

Total [8]

Going for the highest grades

4 Describe how a bacterium could be genetically modified to manufacture a human protein such as insulin.

✎ The quality of written communication will be assessed in your answer to this question.

Write your answer on separate paper or in your exercise book.

Total [6]

H 5 A gene probe is composed of two parts: DNA and a marker.

a How many strands are there in the DNA of a gene probe?

_____ [1]

b Explain how the marker is made visible

_____ [1]

c Explain how a gene probe is used.

_____

_____ [2]

1 David carried out a programme to improve his fitness. The table shows his heart rate before and after exercise in four successive weeks.

Time since start of fitness programme (days)	Resting heart rate (bpm)	Heart rate after exercise (bpm)
0	73	147
7	71	145
14	69	143
21	65	148
28	62	138

a i   The data recorded are mean values calculated after David carried out the fitness test three times. Explain why three readings were taken and a mean calculated.

_____

_____ [2]

ii   Suggest one precaution David had to take to make his results valid.

_____ [1]

b   The following table shows the raw data that David collected on day 7 and day 21.

Day	Heart rate after exercise (bpm)			
	1st count	2nd count	3rd count	Mean
7	143	147	145	145
21	139	143	162	148

Using both tables of data:

i   Discuss the evidence that David's fitness has improved.

_____

_____

_____ [3]

ii   Evaluate his data.

_____

_____

_____ [3]

Total [9]

2   Bob observed that some pondweed in his fish tank bubbled when sunlight shone on the tank. He thought that this was because the pondweed was photosynthesising. He decided to test this idea by placing the tank in the dark and shining a light with a dimmer switch on the tank. He expected there to be more bubbles when the light was brighter.

a   What was Bob's observation?

_____ [1]

b   What was Bob's prediction?

_____ [1]

c   Suggest an explanation for Bob's prediction.

_____

_____ [2]

d   Bob's results are show below.

Brightness of lamp	Number of bubbles per minute
off	0
dim	0
medium	0
bright	18

i   Does Bob's data match his prediction?

_____ [1]

ii Suggest an alternative explanation to account for Bob's results.

_____

_____ [2]

iii How should Bob modify his test?

_____ [1]

Total [8]

3 Between 1996 and 2001 scientists asked 1 million women to help with their health research as part of the Million Women Study.

The women wrote down their height, weight, and how much they exercised. Over the next few years, about 2500 of the women broke (fractured) their hips.

The scientists wanted to find out if there were correlations between:

- exercise and hip fracture risk
- body mass index (BMI) and hip fracture risk.

a Before starting their research, the scientists read about other scientists' research on hip fracture risks.

Put ticks next to the **two** best reasons for doing this.

Reason	Tick (✓)
to plan how to find out if the other scientists' work is reproducible	
to repeat exactly what other scientists have done	
to find as many mistakes as possible in the other scientists' investigations	
to find out what is already known about the effects of exercise and BMI on hip fracture risk	

[2]

b The Million Women Study scientists found that women who exercise are less likely to break their hips than women who do not exercise.

Other scientists made similar claims in earlier research.

Explain why the Million Women Study research increases confidence in the claims of the scientists who did the earlier research.

_____

_____ [1]

c The Million Women Study scientists wrote a paper about hip fracture risks for a scientific journal.

Before the paper was published, it was peer reviewed.

Outline the process of peer review.

_____

_____

_____ [2]

d Why might the scientists tell TV and radio journalists about their work?

Put a tick next to the **one** best reason for doing this.

Reason	Tick (✓)
so that other scientists can speak about their work at a scientific conference	
to let women know that exercising can reduce their risk of hip fractures	
so that other scientists can evaluate the quality of the explanation	
so that other scientists can try to reproduce their findings	

[1]

Total [6]

4 Organic farming is a sustainable means of producing food. Discuss the reasons why farmers in the UK might move to organic farming, while farmers in India might be advised not to change to organic farming.

✎ The quality of written communication will be assessed in your answer.

_____

_____

_____

_____

_____

_____

_____

_____

Total [6]

1 Finish the text in Dr Emerald's speech bubbles.

Today I'm interviewing Dr Emerald, who leads the way in green chemistry. So, Dr Emerald, just what is *green chemistry*?

It involves making chemical processes as sustainable as possible.

How do you do that?

Well, we use renewable feedstocks where possible. So our company makes polyester from corn starch instead of crude oil.

How else do you make processes sustainable?

We reduce waste by ....
....
....
....
....

And I guess you try to make processes energy efficient?

Yes, of course. We do this by ......
....
....
....
....

What about pollution? How do you reduce the waste that spews out into the atmosphere, water, and the ground?

In lots of ways! Two of them are
....
....
....
....
....
....

Anything else you want to say?

Yes. We always aim to replace toxic feedstocks with ones that do not threaten human health or the environment.

OK, that's great. Thanks!

H 2 The equation below summarises the laboratory preparation of calcium chloride.

$$CaCO_3(s) + 2HCl(aq) \longrightarrow CaCl_2(aq) + CO_2(g) + H_2O(l)$$

Calculate:

the total number of atoms in the reactants	
the total relative atomic mass of these atoms	
the total number of atoms in the calcium chloride	
the total relative atomic mass of these atoms	
the atom economy for the laboratory preparation of calcium chloride made by this method	

3 Draw lines to link pairs of words or phrases.

You can draw more than one line from each word if you wish.

Write a sentence on each line to show how the two words or phrases are linked together.

bulk chemicals

sulfuric acid   fine chemicals

research and development   new processes

catalysts   government regulations

health and safety   medicinal drugs

food additives   storage

transport   ammonia

fragrances

C7.1.1–5 The chemical industry

Every year, the chemical industry makes **bulk chemicals** such as sulfuric acid, phosphoric acid, sodium hydroxide, and ammonia. Bulk chemicals are made continuously in very large quantities.

The industry makes **fine chemicals** such as medicinal drugs, food additives, and fragrances. These are made in small batches because fine chemicals are very high-quality products.

The chemical industry employs chemists for **research and development**. They aim to discover:
- new products, to meet a new need or to meet an existing need in a new way
- new processes, to make a product more cheaply or sustainably. This is one reason why chemists develop new catalysts.

Government health and safety regulations control chemical processes, and the storage and transport of chemicals. The regulations protect people (for example, workers at a factory) and the environment.

C7.1.6 Producing useful chemicals

The production of a chemical involves the following stages.
- The raw materials are converted into **feedstocks** (the starting materials for the process)
- The feedstocks are converted into products. This is **synthesis**. It happens in a reactor. Feedstocks may be fed into the reactor at high temperature or pressure. The reactor may contain a catalyst.
- A mixture of products, by-products, and waste may leave the reactor. The chemical plant **separates** these from each other. At this stage, unreacted feedstocks return to the reactor.
- The products are **analysed** to check their purity.

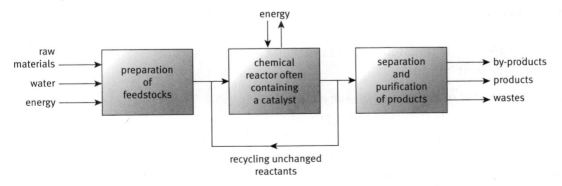

C7.1.7–10 Green chemistry

Green chemistry aims to make chemical processes as safe and sustainable as possible.

Chemists work towards achieving this aim by:

1 ***using renewable feedstocks***, for example, making polyester from corn starch instead of crude oil.

2 ***making the process as efficient as possible***; this is measured as the **atom economy**, which shows the mass of product atoms as a percentage of the mass of reactant atoms.

$$\text{atom economy} = \frac{\text{mass of atoms in the product}}{\text{mass of atoms in the reactants}} \times 100\%$$

For example, you can calculate the atom economy for the laboratory preparation of ethanoyl chloride like this:

$$3CH_3COOH + PCl_3 \longrightarrow 3CH_3COCl + H_3PO_3$$

Number of atoms in the reactants: 6C, 12H, 6O, 1P, 3Cl

(total relative atomic mass = 317.5)

Number of atoms ending up in the desired product: 6C, 9H, 3O, 3Cl

(total relative atomic mass = 235.5)

Number of atoms ending as waste: 3H, 1P, 3O

(total relative atomic mass = 82)

$$\text{atom economy} = \frac{235.5}{317.5} \times 100\%$$

$$= \mathbf{74\%}$$

3 ***reducing waste by***:
   - developing processes with higher atom economies
   - finding uses for by-products
   - increasing recycling at every stage of a product's life cycle.

4 ***making processes more energy efficient by***:
   - insulating pipes and reaction vessels
   - using energy from exothermic reactions to heat reactants, generate electricity, or heat buildings.

5 ***lowering the energy demand of a process by***, for example, developing processes that can run at lower temperatures. Every reaction has its own **activation energy**. This is the energy needed to break bonds in the reactants so that a reaction can start.

A catalyst provides an alternative route for a reaction, with a lower activation energy. The catalyst may reduce the energy inputs for the reaction and increase its rate.

A process is sustainable if it uses resources in a way that can continue in future, replacing them as quickly as they are used. A process is renewable if the resources used can be replaced.

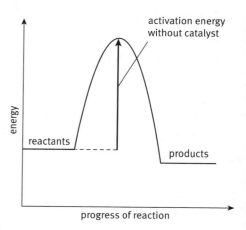

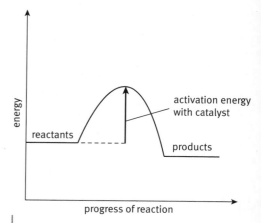

For a certain reaction, the activation energy is lower if a catalyst is added.

Some industrial processes are catalysed by natural catalysts, called **enzymes**. Every enzyme works best under particular conditions of temperature and pH. So if, for example, an enzyme for a reaction only works at temperatures below 37 °C, it is no good adding the enzyme to a reaction mixture at 300 °C.

6 *cutting pollution from wastes by*, for example:
   • removing or destroying harmful chemicals before sending waste to the air, water, or landfill sites
   • neutralising waste acids and alkalis
   • precipitating toxic metal ions.

7 *avoiding hazardous chemicals by* replacing toxic feedstocks with chemicals that do not threaten human health or the environment.

8 *considering the social and economic impacts of a product and its manufacture*.

C7.1.11 Calculating formula masses

Example:

What is the formula mass of calcium carbonate?
   • Write the formula: $CaCO_3$
   • Use the periodic table to find the relative atomic masses of the elements in the compound: Ca = 40, C = 12, O = 12
   • Add the relative atomic masses of all the atoms in the formula to find the relative formula mass: $40 + 12 + (16 \times 3) = 100$

C7.1.12 Calculating masses of reactants and products from balanced equations

Stage 1

Calculate the relative formula masses of the reactants and products.

Stage 2

Calculate the relative masses of reactants and products by taking into account the numbers used to balance the equation. Then add units to convert to reacting masses.

For example:

$$Mg(s) \ + \ 2HCl(aq) \ \longrightarrow \ MgCl_2(aq) \ + \ H_2(g)$$

Stage 1:

24	(1 + 35.5)	24 + (35.5 × 2)	1 × 2
= 24	= 36.5	= 95	= 2

Stage 2:

24 g	36.5 × 2 = **73 g**	**95 g**	**2 g**

Use extra paper to answer these questions if you need to.

1 For each pair of **bold** words below, highlight the word that is correct.

Bulk chemicals such as **ammonia** / **paracetamol** are made continuously in **large** / **small** amounts. Fine chemicals such as **food flavourings** / **sulfuric acid** are made in **large** / **small** batches. The quality of fine chemicals must be controlled **less** / **more** carefully than the quality of bulk chemicals. The exact specification of a fine chemical is **more** / **less** likely to change than that of a bulk chemical.

2 Colour the names of bulk chemicals red. Colour the names of fine chemicals blue.

ammonia	phosphoric acid
food additives	sodium hydroxide
fragrances	medicinal drugs

3 The table below lists some factors that determine the sustainability of a chemical process. Copy and complete the table to explain how each factor affects the sustainability of a chemical process.

Factor	How this factor affects the sustainability of a chemical process
Can the feedstocks be replaced as quickly as they are being used?	
What is the atom economy of the process?	
What waste products are produced?	
Does the process produce useful by-products?	
What are the environmental impacts of the process?	
What are the health and safety risks of the process?	
What are the social impacts of the chemical made by the process?	
What are the economic impacts of the process?	

4 Write **T** next to the statements below that are **true**. Write corrected versions of the statements that are **false**.

a The activation energy of a reaction is the energy needed to make bonds to start a reaction.

b A catalyst provides a different route for a chemical reaction.

c Chemists develop new catalysts to speed up reactions.

d The activation energy of a catalysed reaction is higher than the activation energy of the same reaction without a catalyst.

e Many enzyme catalysts are denatured above temperatures of about 25 °C.

f Enzyme catalysts work well whatever the pH.

5 Calculate the relative formula masses of the compounds below. Use the periodic table to obtain the relative atomic masses of the elements in the compounds.

a calcium carbonate, $CaCO_3$
b sulfuric acid, H_2SO_4
c potassium manganate, $KMnO_4$
d silver nitrate, $AgNO_3$
e copper sulfate, $CuSO_4$
f sulfur dioxide, SO_2
g barium nitrate, $Ba(NO_3)_2$
h magnesium nitrate, $Mg(NO_3)_2$

6 The stages below describe the large-scale production of a chemical. They are in the wrong order.

A analyse the products to check purity
B synthesise products from reactants
C separate products from by-products and waste
D make feedstocks from raw materials

Write a letter A–D in each box to show the correct order.

H 7 Work out the reacting masses of each reactant and product in the equations below.

a $CuCO_3 \longrightarrow CuO + CO_2$
b $NaOH + HCl \longrightarrow NaCl + H_2O$
c $2Mg + O_2 \longrightarrow 2MgO$
d $2NaOH + H_2SO_4 \longrightarrow Na_2SO_4 + 2H_2O$
e $2HCl + CaCO_3 \longrightarrow CaCl_2 + CO_2 + H_2O$
f $2HCl + Mg \longrightarrow MgCl_2 + H_2$
g $Pb(NO_3)_2 + 2KI \longrightarrow PbI_2 + 2KNO_3$
h $2KOH + H_2SO_4 \longrightarrow K_2SO_4 + 2H_2O$

8 Calculate the minimum masses of copper oxide and sulfuric acid needed to make 15.95 g of copper sulfate by the reaction shown in the equation below. Use data from the periodic table.

$CuO(s) + H_2SO_4(aq) \longrightarrow CuSO_4(aq) + H_2O(l)$

9 Look at this equation.

$CaCO_3(s) + 2HCl(aq) \longrightarrow CaCl_2(aq) + CO_2(g) + H_2O(l)$

Use the equation and data from the periodic table to calculate:

a the maximum mass of calcium chloride that could be made starting with 100 g of calcium carbonate

b the mass of waste carbon dioxide that would be made starting from 100 g of calcium carbonate.

10 For the reaction below, calculate the masses of silver nitrate and sodium iodide that react together to make 2.35 g of silver iodide.

$AgNO_3(aq) + NaI(aq) \longrightarrow AgI(s) + NaNO_3(aq)$

1 Orange groves could soon fuel Spanish cars as technology is developed to turn the peel from the fruit into ethanol.

Spain's Valencia region produces four million tonnes of oranges each year. Most of the oranges are made into juice. Juicing creates over 240,000 tonnes of waste, most of which is sold as animal feed.

A promising new technology produces 80 litres of ethanol from one tonne of orange waste. Valencia plans to produce and sell ethanol fuel locally, so creating 2500 jobs and cutting the cost of fuel to motorists by 40%. Petrol imports to the region will fall by at least 40%.

Scientists calculate that fuelling cars with ethanol from oranges — instead of petrol — may reduce greenhouse gas emissions by up to 90%. Ethanol produces less carbon monoxide than petrol, too.

The diagram below shows the production process.

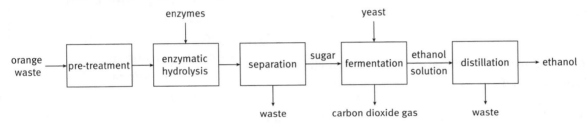

a The feedstock for the process is orange waste.

   i Is the feedstock renewable? Give a reason for your answer.

      _____

      _____ [1]

   ii Give one disadvantage of using orange waste as a feedstock for this process.

      _____

      _____ [1]

   iii Food crops such as maize can also be converted into ethanol for fuel. Suggest one advantage of using orange waste — and not food crops — as a feedstock for ethanol production.

      _____

      _____ [1]

b Give one social benefit of the Spanish project.

   _____ [1]

c **i** Give two environmental benefits of the Spanish project.

      _____

      _____ [2]

ii The ethanol production plant will be near the orange trees and the juice factory. Suggest how this will help to minimise the environmental impact.

_____

_____ [1]

iii One economic benefit of the project is cheaper fuel for motorists. Suggest how this could be a disadvantage for the environment.

_____

_____ [1]

d Of all the production stages, distillation needs the greatest energy input. Scientists are researching how to use waste from the separation stage to provide energy for the distillation stage. Suggest how this will make the overall process more sustainable.

_____

_____ [1]

e The process shown in the equation below converts glucose into ethanol by fermentation.

glucose $\xrightarrow{\text{YEAST}}$ ethanol + carbon dioxide

i Give one environmental problem caused by the by-product of this reaction.

_____ [1]

ii Complete and balance the symbol equation for the fermentation reaction.

$C_6H_{12}O_6 \longrightarrow C_2H_5OH +$ _____ [2]

iii At what temperature is fermentation most efficient?

_____ [1]

iv Why must the fermentation products be distilled to make ethanol for fuel?

_____ [1]

Total [14]

2 The information in the box describes two methods of obtaining aluminium metal. Evaluate the sustainability of the two methods.

The quality of written communication will be assessed in your answer to this question.

Write your answer on separate paper or in your exercise book.

Total [6]

Recycling aluminium
A local council uses lorries to collect used aluminium cans from outside homes. A recycling company shreds the cans. It heats the shreds until they melt, and pours the liquid aluminium into a mould. The liquid cools and solidifies. Approximately 15 MJ of energy is needed to make 1 kg of aluminium by this method.

Extracting aluminium from its ore
Aluminium ore is crushed and processed to obtain pure aluminium oxide. At this stage large amounts of 'red mud' pollution are produced. The aluminium oxide is dissolved in a special solvent. A large electric current passes through the solution. The electricity splits up aluminium oxide to make liquid aluminium and other products. Approximately 260 MJ of energy is needed to make 1 kg of aluminium by this method.

1 Use words from the box to fill in the gaps on the pictures.

| ethanol   ethanoic acid   an ester   an alkane   methanol |

Beer contains ____

Pineapple-scented shampoo contains ____

Pickled onions preserved in ____

Butane camping gas contains ____

Car windscreen wash made from ____

2 The diagram below shows the structure of a molecule of a fat.

$$
\begin{array}{l}
H-\overset{\overset{\displaystyle H}{|}}{C}-O-\overset{\overset{\displaystyle O}{\|}}{C}-CH_2-CH_2-CH_2-CH_2-CH_2-CH_2-CH_2-CH_2-CH_2-CH_2-CH_2-CH_3\\[4pt]
H-\overset{|}{C}-O-\overset{\overset{\displaystyle O}{\|}}{C}-CH_2-CH_2-CH_2-CH_2-CH_2-CH_2-CH_2-CH_2-CH_2-CH_2-CH_2-CH_3\\[4pt]
H-\overset{|}{C}-O-\overset{\overset{\displaystyle O}{\|}}{C}-CH_2-CH_2-CH_2-CH_2-CH_2-CH_2-CH_2-CH_2-CH_2-CH_2-CH_2-CH_3\\[4pt]
\overset{|}{H}
\end{array}
$$

Draw a (ring) around each correct bold word.

An **animal / plant** made this fat to store **protein / energy**.
The fat is **saturated / unsaturated**. This means that **more /
no more** hydrogen atoms can be added to it.

Fats and oils are **alkanes / esters** of **butanol / glycerol** and
fatty / amino acids.

3   Make up 12 sentences using the phrases in the table.

Each sentence must include a phrase from each column.

Write your answers in the grid at the bottom.

For example, the sentence:

> Ethane ... doesn't react with aqueous solutions of
> acids and alkalis ... because ... C–C and C–H bonds are
> unreactive.

is

A	d	6

		because	
A Ethane	a reacts with sodium in a similar way to water		1 its –OH group interacts with water molecules.
B Ethanol	b does not react with sodium		2 it does not contain an –OH group.
C Octanol ($C_8H_{17}OH$)	c reacts with magnesium like other acids		3 it contains an –OH group.
D Ethanoic acid	d doesn't react with aqueous solutions of acids and alkalis		4 only a few of its molecules are ionised at any one time.
	e mixes easily with water		5 the attractions between hydrocarbon chains are weak.
	f does not mix with water		6 C–C and C–H bonds are difficult to break.
	g is a weak acid		7 it releases H^+ ions in solution.
	h has a lower boiling point than water		8 its hydrocarbon chain does not interact with –OH groups.

C7.2.1–9 Alkanes

The **alkanes** are a family of **hydrocarbons**. Hydrocarbons are made up of carbon and hydrogen only.

Name	Molecular formula	Structural formula
methane	CH_4	H | H—C—H | H
ethane	C_2H_6	H H | | H—C—C—H | | H H
propane	C_3H_8	H H H | | | H—C—C—C—H | | | H H H
butane	C_4H_{10}	H H H H | | | | H—C—C—C—C—H | | | | H H H H

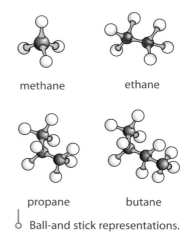

methane   ethane

propane   butane

Ball-and stick representations.

Alkanes burn in air. In a good supply of air, the combustion products are carbon dioxide and water. For example:

methane   +   oxygen   ⟶   carbon dioxide   +   water

$$CH_4(g) \; + \; 2O_2(g) \; \longrightarrow \; CO_2(g) \; + \; 2H_2O(g)$$

The symbol equation shows that one molecule of methane reacts with two molecules of oxygen to make one molecule of carbon dioxide and two molecules of water.

Alkanes do not react with solutions of acids or alkalis. This is because their C–C and C–H bonds are difficult to break and are therefore unreactive.

In alkanes, all the bonds between carbon atoms are single bonds (C–C). The molecules are **saturated** – no more hydrogen atoms can be added to them. The molecules of compounds in some other hydrocarbon families include double bonds between carbon atoms (C=C). These compounds are **unsaturated**.

C7.2.10–16 Alcohols

The alcohols are another family of organic compounds. Alcohol molecules contain an **–OH functional group**.

Name	Molecular formula	Structural formula	Uses
methanol	CH_3OH	H | H—C—O—H | H	raw material to make glues, foams, and windscreen wash
ethanol	C_2H_5OH	H H | | H—C—C—O—H | | H H	solvents, fuel, drinks

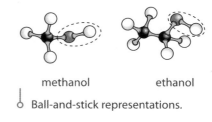

methanol   ethanol

Ball-and-stick representations.

Physical properties of alcohols

Methanol and ethanol mix well with water because their –OH group is similar to water, H_2O. Alcohols with long hydrocarbon chains, like heptanol ($C_7H_{15}OH$), do not mix with water. The long hydrocarbon chain does not interact with water molecules.

Ethanol boils at 79 °C. Propane, with a similar relative formula mass, boils at −42 °C. The alcohol has a higher boiling point because –OH groups tend to pull its molecules together.

Ethanol has a lower boiling point than water. There are only weak attractive forces between the hydrocarbon parts of ethanol molecules. So ethanol molecules are held together less strongly than water molecules.

Chemical properties of alcohols

Alcohol molecules have a hydrocarbon chain, so they burn in air:

ethanol   +   oxygen $\longrightarrow$ carbon dioxide   +   water
C_2H_5OH + $3O_2$ $\longrightarrow$ $2CO_2$ + $3H_2O$

Alcohols react with sodium. For example:

ethanol   +   sodium $\longrightarrow$ sodium ethoxide   +   hydrogen

Water reacts with sodium in a similar way.

water + sodium $\longrightarrow$ sodium hydroxide + hydrogen

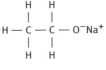

sodium ethoxide

The reactions are similar because both water and ethanol molecules have an –OH group. When they react, an O–H bond breaks. Sodium ethoxide and sodium hydroxide are salts.

Alkanes do not react with sodium. This is because alkanes have no –OH groups, and their C–C and C–H bonds are unreactive.

C7.2.17–22 Making ethanol

The chemical industry makes large amounts of ethanol. Most of it is used for fuel. There are three main methods of manufacturing ethanol.

(1) From sugars

Fermentation converts simple sugars, such as glucose, into ethanol.

glucose $\longrightarrow$ ethanol   +   carbon dioxide
$C_6H_{12}O_6$ $\longrightarrow$ $2C_2H_5OH$ + $2CO_2$

The sugars come from plants such as sugar cane, sugar beet, maize, and rice.

Enzymes in yeast catalyse fermentation. The process works best between 25 °C and 37 °C. Below this temperature, the reaction is too slow. Above this temperature, the enzymes denature. The pH for the reaction must be correct, since changes in pH change the shape of enzymes and make them less effective.

The maximum concentration of an ethanol solution made by fermentation is about 14%. Above this concentration, yeast enzymes do not work.

An ethanol solution can be concentrated by **distillation** to make products like brandy and whisky.

(2) From waste biomass

Genetically modified *E. coli* bacteria can be used to convert waste biomass, for example, corn stalks and wood waste, into ethanol. The optimum conditions for the process are:

- temperature between 25 °C and 37 °C
- pH between 6 and 7.

(3) From ethane

Ethane is obtained from natural gas. It is converted into ethene in cracking reactions. Ethene is also obtained by cracking naphtha from crude oil.

Then ethene reacts with steam at 300 °C and 60–70 times atmospheric pressure. A phosphoric acid catalyst speeds up the reaction.

$$C_2H_4 + H_2O \longrightarrow C_2H_5OH$$

The first time ethene and steam go through the reactor, the yield is only 5%. So unreacted ethene and steam are sent through the reactor several times until the final yield is around 95%.

There are advantages and disadvantages to the three methods of producing ethanol. They are listed in the table below.

Method	Advantages	Disadvantages
fermentation of glucose	• feedstock renewable • low energy costs	• produces waste carbon dioxide • land used to grow crops for making ethanol, not food
conversion of waste biomass by genetically modified *E. coli*	• feedstock renewable • can use waste biomass as feedstock • low energy costs	• produces waste carbon dioxide • not yet used on a large scale
reaction of ethene with steam	• feedstock a by-product of cracking reaction of naphtha	• feedstock not renewable • high energy costs

C7.2.23–30 Carboxylic acids

Carboxylic acids contain this functional group:

Two examples of carboxylic acids are methanoic acid, molecular formula HCOOH, and ethanoic acid, CH_3COOH.

Vinegar is a dilute solution of ethanoic acid in water. Some carboxylic acids smell and taste bad – including those in sweaty socks and rancid butter.

The properties of carboxylic acids are determined by their functional group. Hydrogen ions leave this group when a carboxylic acid dissolves in water.

methanoic acid   ethanoic acid

Carboxylic acids.

ethanoic acid   ethanoate ion

Like other acids, carboxylic acids react with metals, alkalis, and carbonates:

ethanoic acid + sodium $\longrightarrow$ sodium ethanoate + hydrogen

methanoic acid + sodium hydroxide $\longrightarrow$ sodium methanoate + water

ethanoic acid + calcium carbonate $\longrightarrow$ calcium ethanoate + carbon dioxide + water

Carboxylic acids are **weak acids** – only a few molecules are ionised at any one time. This means they are less reactive than **strong acids** such as hydrochloric acid, sulfuric acid, and nitric acid.

Dilute solutions of weak acids have higher pH values than solutions of strong acids of the same concentration.

C7.2.31–36 Esters

Esters contain this functional group:

Esters have distinctive smells. They are responsible for the smells and flavours of fruits.

We use esters:
- to flavour foods
- to make sweet-smelling perfumes, shampoos, and bubble baths
- as solvents
- as plasticisers to make polymers such as PVC soft and flexible.

You can make an ester by warming a mixture of an alcohol and a carboxylic acid. You also need a catalyst, for example, sulfuric acid.

This equation summarises the reaction for making methyl ethanoate:

ethanoic acid + methanol $\longrightarrow$ methyl ethanoate + water

H Making an ester involves:
- heating the reactants under reflux
- distillation, to separate the ester from the reaction mixture
- purification, by shaking with reagents in a tap funnel
- drying, by shaking with anhydrous calcium chloride.

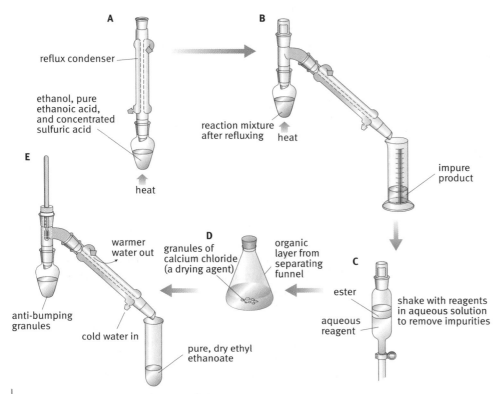

How to make a pure sample of ethyl ethanoate, which is liquid at room temperature.

C7.2.37–39 Fats and oils

Plants and animals make fats and oils as energy stores. Fats and oils are esters of:
- glycerol, an alcohol with three –OH groups
- fatty acids, which have a long hydrocarbon chain attached to a –COOH group.

$$H-\overset{\overset{\displaystyle H}{|}}{C}-O-\overset{\overset{\displaystyle O}{\|}}{C}-CH_2-CH_2-CH_2-CH_2-CH_2-CH_2-CH_2-CH_2-CH_2-CH_2-CH_2-CH_2-CH_3$$

$$H-\overset{|}{C}-O-\overset{\overset{\displaystyle O}{\|}}{C}-CH_2-CH_2-CH_2-CH_2-CH_2-CH_2-CH_2-CH_2-CH_2-CH_2-CH_2-CH_2-CH_3$$

$$H-\underset{\underset{\displaystyle H}{|}}{\overset{|}{C}}-O-\overset{\overset{\displaystyle O}{\|}}{C}-CH_2-CH_2-CH_2-CH_2-CH_2-CH_2-CH_2-CH_2-CH_2-CH_2-CH_2-CH_2-CH_3$$

The structure of a typical fat.

Animal fats, like butter and lard, are made up mostly of saturated molecules. They are usually solid at room temperature.

Vegetable oils, like sunflower oil, are made up mostly of unsaturated molecules. They are usually liquid at room temperature.

Use extra paper to answer these questions if you need to.

1 Draw lines to match each compound to one use.

Compound	Use
ethanol	to make glue
methanol	to make vinegar
ethanoic acid	as a fuel
ethane	as a food flavouring
pentyl pentanoate	to make ethanol

2 Identify one unpleasant smell and one unpleasant taste caused by carboxylic acids.

3 Draw lines to match the name of each compound to the family it belongs to.

Name of compound	Family
ethanoic acid	alkanes
ethanol	carboxylic acids
ethane	esters
ethyl ethanoate	alcohols

4 Write **T** next to the statements that are **true**. Write corrected versions of the statements that are **false**.

a Ethane burns in plenty of air to make ethanol and water.

b Alkanes do not react with acids because they contain only C–H and C–C bonds, which are easy to break and therefore unreactive.

c Ethanol mixes with water because its O–H group interacts with the O–H bonds in water.

d The limit to the concentration of ethanol solution that can be made by fermentation is about 94%.

e Ethanol solution can be concentrated by distillation to make whisky.

f *E. coli* converts waste biomass to ethanoic acid.

g A dilute solution of a weak acid has a lower pH than a solution of a strong acid of the same concentration.

h Carboxylic acids are stronger acids than hydrochloric acid.

5 Copy the table, filling in the empty boxes.

Name	Molecular formula	Structural formula
methane		
	C_4H_{10}	
propane		
	CH_3OH	

methanoic acid		$H-C\overset{O}{\underset{O-H}{<}}$
	CH_3COOH	

6 Complete the word equations below.

a Propane + oxygen $\longrightarrow$ _____ + water

b Ethanol + _____ $\longrightarrow$ carbon dioxide + water

c Ethanoic acid + magnesium $\longrightarrow$ magnesium ethanoate + _____

d Methanoic acid + _____ $\longrightarrow$ magnesium methanoate + water

e Ethanoic acid + calcium carbonate $\longrightarrow$ _____ + _____ + water

f Ethanol + _____ $\longrightarrow$ sodium ethoxide + hydrogen

7 In each list below, circle two chemicals that react together to make an ester.

a Ethanoic acid, ethane, ethyl ethanoate, ethanol

b Propane, propanoic acid, methanol, methane

c Ethanol, butane, ethyl propanoate, propanoic acid

d Methane, methanol, methyl methanoate, methanoic acid

8 List some advantages and disadvantages of producing ethanol fuel by the fermentation of sugar cane compared with producing ethanol fuel from ethane.

(H) 9 Describe how ethanol reacts with sodium. Then compare this reaction to the reaction of ethane with sodium, and the reaction of water with sodium.

10 The stages below describe how to make pure, dry ethyl ethanoate in the laboratory.
They are in the wrong order.

A Put measured amounts of ethanol, ethanoic acid, and sulfuric acid in a flask.

B Shake with dilute sodium hydroxide solution to remove some impurities.

C Use distillation to separate ethyl ethanoate from the mixture.

D Pour the ethyl ethanoate into a separating funnel.

E Heat under reflux.

F Run the ethyl ethanoate into a flask.

G Add granules of anhydrous calcium chloride to dry the ethyl ethanoate.

Fill in the boxes to show the correct order. The first one has been done for you.

A						

11 Complete and balance the symbol equations for the reactions below.

a $CH_4 + O_2 \longrightarrow$

b $CH_3CH_2OH + Na \longrightarrow$

c $CH_3OH + O_2 \longrightarrow$

d $C_2H_6 + O_2 \longrightarrow$

1 Some crisp manufacturers make crisps by frying slices of potato in sunflower oil.

  a Sunflower oil is extracted from sunflower seeds.

   Why do plants make oils?

   _____ [1]

  b Sunflower oil is a mixture of oils. The oils are esters of glycerol and fatty acids.

   The table gives information about some of these fatty acids.

Name of fatty acid	Is the fatty acid saturated or unsaturated?	Is the oil suitable for frying potatoes?
palmitic	saturated	yes
linoleic	unsaturated	no
oleic	unsaturated	yes
stearic	saturated	yes

   Most scientists agree that eating too much saturated fat increases the risk of getting heart disease.

   i Which of the structures below shows an oil that is an ester of glycerol and linoleic acid? _____

A

CH_2—O— $\overset{O}{\overset{\|}{C}}$ —CH_2–CH_2–CH_2–CH_2–CH_2–CH_2–CH_2–CH = CH – CH_2–CH = CH–CH_2–CH_2–CH_2–CH_2–CH_3

CH —O— $\overset{O}{\overset{\|}{C}}$ —CH_2–CH_2–CH_2–CH_2–CH_2–CH_2–CH_2–CH = CH – CH_2–CH = CH–CH_2–CH_2–CH_2–CH_2–CH_3

CH_2—O— $\overset{O}{\overset{\|}{C}}$ —CH_2–CH_2–CH_2–CH_2–CH_2–CH_2–CH_2–CH = CH – CH_2–CH = CH–CH_2–CH_2–CH_2–CH_2–CH_3

B

CH_2—O— $\overset{O}{\overset{\|}{C}}$ –CH_2–CH_2–CH_2–CH_2–CH_2–CH_2–CH_2–CH_2–CH_2–CH_2–CH_2–CH_2–CH_2–CH_2–CH_2–CH_2–CH_3

CH —O— $\overset{O}{\overset{\|}{C}}$ –CH_2–CH_2–CH_2–CH_2–CH_2–CH_2–CH_2–CH_2–CH_2–CH_2–CH_2–CH_2–CH_2–CH_2–CH_2–CH_2–CH_3

CH_2—O— $\overset{O}{\overset{\|}{C}}$ –CH_2–CH_2–CH_2–CH_2–CH_2–CH_2–CH_2–CH_2–CH_2–CH_2–CH_2–CH_2–CH_2–CH_2–CH_2–CH_3

   Give a reason for your choice.

   _____ [1]

   ii Until 1999, nearly all sunflower oil produced in the USA contained a high proportion of esters of linoleic acid.

   Now, many US farmers grow sunflowers whose seeds produce oils containing a high proportion of esters of oleic acid.

   Use the information in the box to suggest why.

   _____

   _____ [2]

Total [4]

2 The solvent in this nail varnish is ethyl ethanoate.

Ethyl ethanoate is an ester.

a To make ethyl ethanoate, scientists react together two chemicals.

   i One of these chemicals is ethanol.

      Ethanol is an alcohol.

      Draw a (ring) around the formula of ethanol.

      C_2H_6 C_2H_4 C_2H_5OH CH_3COOH [1]

   ii The chemical that reacts with ethanol to make ethyl ethanoate is in another chemical family.

       Tick the box next to the name of this family.

       alcohols   ☐   alkanes   ☐

       carboxylic acids   ☐   esters   ☐   [1]

   iii The scientists also add concentrated sulfuric acid to the reaction mixture.

        Explain why.

        _____ [1]

b Ethyl ethanoate occurs naturally in apples and bananas.

   The ethyl ethanoate used to make nail varnish is not extracted from these fruits.

   Suggest why.

   _____
   _____ [2]

   Total [5]

Going for the highest grades

3 Two students, Esther and Jamie, make pure, dry ethyl ethanoate from ethanol and ethanoic acid. Below is the word equation for the reaction:

   ethanol + ethanoic acid ⟶ ethyl ethanoate + water

   The students work separately. Esther achieves a yield of 60% for her ethyl ethanoate. Jamie's yield is 44%.

   Describe the steps for making the ethyl ethanoate. For each step, suggest a difference in technique between the two students that might explain their different yields.

   The quality of written communication will be assessed in your answer to this question.

   Write your answer on separate paper or in your exercise book.

   Total [6]

1 Write the words and phrases in the correct places on the diagrams.

exothermic	endothermic	photosynthesis	respiration
burning	less than	more than	lost to	gained from

An _____ reaction   An _____ reaction

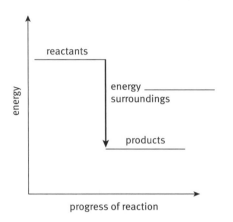

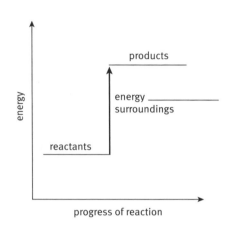

The total energy of the products is _____ the total energy of the reactants.

The total energy of the products is _____ the total energy of the reactants.

Examples: _____

_____

Example: _____

2 Use the energy-level diagrams to answer the questions below. The scale is the same for each diagram.

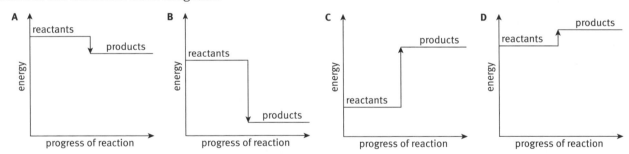

   a   Which diagrams represent exothermic reactions?

_____

   b   Which diagrams represent reactions in which energy is given out? _____

   c   Which diagram represents the reaction that takes in most energy? _____

   d   Which diagram represents the reaction that gives out most energy? _____

   e   Which diagrams represent reactions in which the products have more energy than the reactants?

_____

C7.3.1–2 Exothermic and endothermic reactions

Every chemical reaction involves energy changes.

Exothermic reactions give out energy to their surroundings. The energy of the products is less than the energy of the reactants.

Examples of exothermic reactions are:
- burning
- respiration
- the reaction of dilute hydrochloric acid with sodium hydroxide solution.

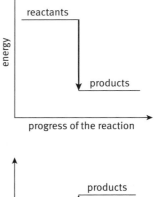

Endothermic reactions take in energy from their surroundings. The energy of the products is greater than the energy of the reactants.

Examples of endothermic reactions are:
- photosynthesis
- the reaction of solid citric acid with sodium hydrogencarbonate solution.

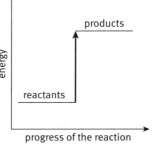

C7.3.3–4 Breaking and making bonds

In chemical reactions, chemical bonds in the reactants break. This process takes in energy. Bond breaking is endothermic.

Then new bonds are made to form products. This process gives out energy. Bond making is exothermic.

For example, when methane burns in oxygen:

$$H-\overset{\displaystyle H}{\underset{\displaystyle H}{\overset{|}{\underset{|}{C}}}}-H \ + \ \begin{matrix} O=O \\ O=O \end{matrix} \longrightarrow \ O=C=O \ + \ \begin{matrix} H \\ H \end{matrix}\!\!\diagdown\!\!O \quad \begin{matrix} H \\ H \end{matrix}\!\!\diagdown\!\!O$$

In this example, the energy taken in to break bonds (in methane and oxygen) is less than the energy given out in making new bonds (in carbon dioxide and water). So the reaction is exothermic.

In endothermic reactions, the energy taken in to break bonds is more than the energy given out in making new bonds.

H If you know the energy changes involved in breaking and making the bonds in a chemical reaction, you can estimate the overall energy change of the reaction.

For example, hydrogen reacts with fluorine to make hydrogen fluoride.

$H_2(g) + F_2(g) \longrightarrow 2HF(g)$

The energy for breaking and making the bonds in this reaction is shown below:

H–H   +   F–F $\longrightarrow$ 2H–F

434   158 $(2 \times 565) = 1130$ kJ

The energy taken in to break bonds in the reactants is
$434 + 158 = 592$ kJ

The energy given out in making bonds in the product is 1130 kJ

Overall energy   =   energy taken in   −   energy given out
  change   to break bonds   in making bonds
  − 538 kJ   = 592   − 1130 kJ
Overall energy change = − 538 kJ

The value for the energy transfer is negative. This shows that energy is given out to the surroundings. So the reaction of hydrogen with fluorine is exothermic.

C7.3.5 Activation energy

In a mixture of methane and oxygen, molecules collide all the time. But colliding molecules only react if they have enough energy to start breaking bonds.

Every reaction needs a certain minimum energy before it can start. This is the **activation energy**.

The diagrams represent the activation energies for two reactions of gases. Reaction A has a lower activation energy than reaction B.

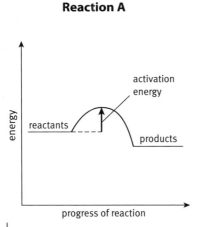

Reaction A

This reaction has a lower activation energy. The reaction is faster than reaction B at room temperature.

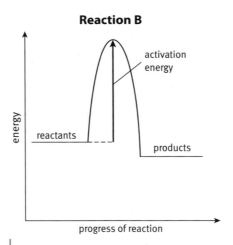

Reaction B

This reaction has a higher activation energy. The reaction is slower at room temperature.

Use extra paper to answer these questions if you need to.

1 Use words from the box to complete the sentences below. Each word may be used once, more than once, or not at all.

more	exothermic	endothermic	less

In an _____ reaction, energy is given out to the surroundings. The energy of the products is _____ than the energy of the reactants. In an _____ reaction, energy is taken in from the surroundings. The energy of the products is _____ than the energy of the reactants.

2 Draw straight lines to match each type of reaction to two examples.

Type of reaction		Example
exothermic		photosynthesis
		combustion
endothermic		respiration
		the reaction of citric acid with sodium hydrogencarbonate

3 For the sentences below:
- write **exo** next to each sentence that is true for **exothermic** reactions
- write **endo** next to each sentence that is true for **endothermic** reactions
- write **both** next to each sentence that is true for both **exothermic and endothermic** reactions.

a The energy of the products is less than the energy of the reactants.

b During the reaction, energy is transferred to the surroundings.

c The energy of the reactants is less than the energy of the products.

d During the reaction, energy is gained from the surroundings.

e Energy is needed to break bonds in the reactants.

f Energy is given out when new bonds are made to form products.

g During the reaction, energy is given out.

h The energy of the products is more than the energy of the reactants.

4 Write a **T** next to each statement that is **true**. Write corrected versions of the statements that are **false**.

a When molecules collide, they always react.

b Every reaction needs a certain minimum energy before it can start.

c The activation energy is the energy needed to break bonds to start a reaction.

d The activation energy is the same for every reaction.

5 Look at the energy-level diagram below.

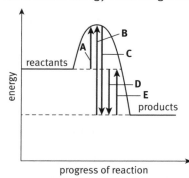

a Give the letter of the arrow that shows the activation energy for the reaction.

b Give the letter of the arrow that shows the overall energy change for the reaction.

c Is the reaction exothermic or endothermic? Explain how you decided.

6 For each reaction below, draw all the bonds that break and all the bonds that are made in the correct boxes.

a $H_2(g) + Cl_2(g) \longrightarrow 2HCl(g)$

bonds that break	bonds that are made

b $CH_4(g) + Cl_2(g) \longrightarrow CH_3Cl(g) + HCl(g)$

bonds that break	bonds that are made

H 7 The table shows the energy needed to break some covalent bonds. Use the data in the table to state whether each of the statements below is **true** or **false**.

Bond	Energy needed to break bond for one relative formula mass (kJ)
H–H	434
O=O	497
H–O	463
Cl–Cl	243
H–Cl	431
C–H	413
C–Cl	339
O–O	146

a A double bond is easier to break than a single bond.

b The H–O bond is harder to break than the H–H bond.

c The H–Cl bond is stronger than the H–O bond.

d More energy is needed to break the C–H bond than the C–Cl bond.

8 Calculate energy changes for the reactions below. Use your answer to question 6, and the data in question 7.

a $H_2(g) + Cl_2(g) \longrightarrow 2HCl(g)$

b $CH_4(g) + Cl_2(g) \longrightarrow CH_3Cl(g) + HCl(g)$

c $2H_2(g) + O_2(g) \longrightarrow 2H_2O(g)$

1 Hydrogen iodide decomposes to make hydrogen and iodine.

Here is an equation for the reaction:

$$2HI \longrightarrow H_2 + I_2$$

The activation energy of the reaction is 183 kJ for the amounts shown in the equation.

a Explain the meaning of the term *activation energy*.

_____

_____ [1]

b Use a ruler to draw an *arrow* on the energy-level diagram below to show the activation energy of the reaction. Label the arrow 'activation energy'.

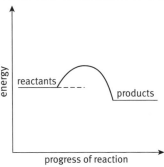

[1]

Total [2]

2 The chemical industry produces hydrogen by reaction 1 below.

Reaction 1: $CH_4(g) + H_2O(g) \longrightarrow CO(g) + 3H_2(g)$

The industry also produces hydrogen by the electrolysis of water (reaction 2).

The energy change for reaction 2 is +286 kJ for the amounts shown in the equation.

Going for the highest grades

Reaction 2: $H_2O(l) \longrightarrow H_2(g) + \frac{1}{2} O_2(g)$

Use the data in the table, and the data and equations above, to suggest and explain one reason why the chemical industry produces more hydrogen by reaction 1 than by reaction 2.

The quality of written communication will be assessed in your answer to this question.

Write your answer on separate paper or in your exercise book.

Total [6]

Bond	Average bond energy for one relative formula mass (kJ)
C–H	413
O–H	463
C≡O	1077
H–H	434

⊕ Going for the highest grades

3 Hydrogen and chlorine react to make hydrogen chloride.

Here is an equation for the reaction:

H — H **+** Cl — Cl ⟶ H — Cl
                              H — Cl

The table shows the average bond energies of the bonds in the reactants and product.

Bond	Average bond energy for one relative formula mass (kJ)
H–H	434
Cl–Cl	243
H–Cl	431

a Use the values in the table to show that the energy change from breaking bonds is 677 kJ.

_____

_____ [1]

b Calculate the energy change from making bonds for the amounts shown in the equation.

Use the equation for the reaction and data from the table.

_____

_____ [2]

c i For any reaction:

Energy transfer
= (energy change for breaking bonds) − (energy change for making bonds)

Work out the energy transfer for the reaction.

_____ [2]

ii Explain how your value shows that the reaction is exothermic.

_____ [1]

iii Complete the energy-level diagram on the right for the reaction of hydrogen with chlorine. You do not need to show the activation energy. [2]

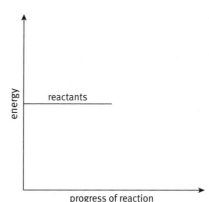

d A scientist does an experiment to measure the energy transfer for the reaction. The size of the measured value is 1.5 kJ greater than the value calculated from the bond energies in the table.

Suggest why the measured and calculated values are not exactly the same.

_____ [1]

Total [9]

1 Fill in the tables for the equilibrium reactions below.

a $PCl_5 \rightleftharpoons PCl_3 + Cl_2$

Equation for forward reaction	
Equation for backward reaction	
Formulae of chemicals present at equilibrium	

b Write and balance a symbol equation for the word equation below:

nitrogen + hydrogen $\rightleftharpoons$ ammonia

Then complete the table below.

Equation for forward reaction	
Equation for backward reaction	
Formulae of chemicals present at equilibrium	

2 The diagram shows how ammonia is made by the Haber process.

Complete the labels by filling in the gaps.

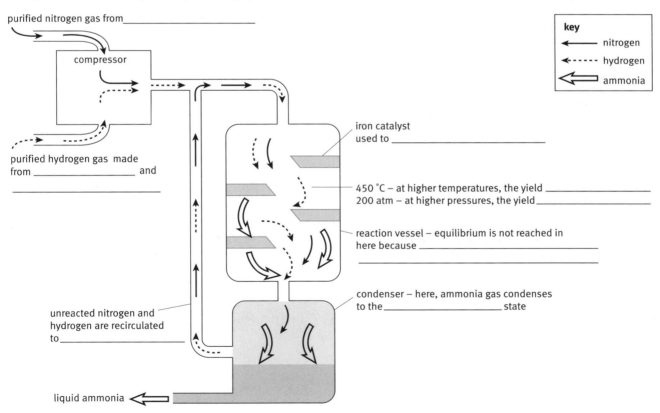

purified nitrogen gas from_____

compressor

key
⟵ nitrogen
⟵----- hydrogen
⟸ ammonia

purified hydrogen gas made
from _____ and
_____

iron catalyst
used to _____

450 °C – at higher temperatures, the yield _____
200 atm – at higher pressures, the yield_____

reaction vessel – equilibrium is not reached in
here because _____
_____

condenser – here, ammonia gas condenses
to the_____ state

unreacted nitrogen and
hydrogen are recirculated
to _____

liquid ammonia ⟸

3 Complete the labels by filling the gaps.

Use the words **higher** and **lower** only.

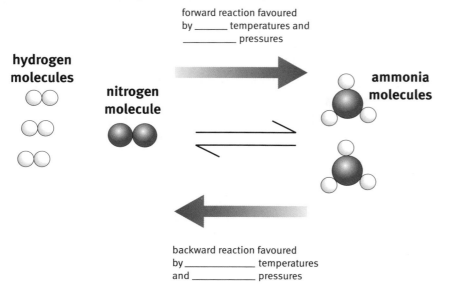

forward reaction favoured by _____ temperatures and _____ pressures

hydrogen molecules

nitrogen molecule

ammonia molecules

backward reaction favoured by _____ temperatures and _____ pressures

4 Solve the anagrams.

Match each anagram answer to a clue.

Clues
A The process of nitrogen _____ converts nitrogen gas from the air into nitrogen compounds.
B Ammonia is a _____ made up of hydrogen and nitrogen.
C Bacteria that live in the roots of a group of plants called _____ can fix nitrogen from the air.
D High levels of _____ in rivers and lakes make algae grow rapidly.
E Some living organisms fix nitrogen at room temperature and pressure using enzymes as _____
F A nitrogen molecule is stable because there is a _____ _____ between its two atoms.
G Chemists are trying to make new catalysts to fix nitrogen so as to reduce _____ costs.
H Most ammonia is used to make _____ .

Anagrams
1 ants tire
2 taxi info
3 a last cyst
4 top blinder
5 greeny
6 mod con up
7 slug mee
8 flirt series

C7.4.1 Reversible reactions

Many chemical reactions are **reversible**. They can go forwards or backwards. The direction of a reaction depends on conditions such as temperature, pressure, or the concentration of chemicals.

For example, at room temperature ammonia gas and hydrogen chloride gas react to make solid white ammonium chloride.

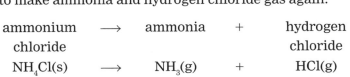

ammonia	+	hydrogen chloride	$\longrightarrow$	ammonium chloride
$NH_3(g)$	+	$HCl(g)$	$\longrightarrow$	$NH_4Cl(s)$

white smoke of ammonium chloride

ammonium solution (concentrated)

hydrochloric acid (conc.)

If you gently heat solid ammonium chloride, it decomposes to make ammonia and hydrogen chloride gas again.

ammonium chloride	$\longrightarrow$	ammonia	+	hydrogen chloride
$NH_4Cl(s)$	$\longrightarrow$	$NH_3(g)$	+	$HCl(g)$

C7.4.2–3 Equilibrium reactions

In a closed container, a reversible reaction reaches **equilibrium**. At equilibrium, all the reactants and products are present in the reaction mixture. Their amounts, or concentrations, do not change. The symbol $\rightleftharpoons$ shows that a reaction is at equilibrium.

An equilibrium system is not static. For example, take the equilibrium reaction below:

$$NH_3(g) + HCl(g) \rightleftharpoons NH_4Cl(s)$$

All the time, ammonia and hydrogen chloride molecules are joining together to make ammonium chloride. This is the forward reaction. At the same time, ammonium chloride decomposes to make ammonia and hydrogen chloride. This is the backward reaction. The equilibrium is **dynamic**.

The forward and backward reactions happen at the same rate, so the amount of each substance in the equilibrium mixture does not change.

You can approach equilibrium from either direction – from the *product side* (right) of a reaction or the *reactant side* (left).

C7.4.4, C7.4.7 Fixing nitrogen

Plants need nitrogen compounds to grow. As the human population increases, more food is needed. Fertilisers containing nitrogen compounds increase crop yields.

Nitrogen is present in the air as nitrogen gas, N_2. But nitrogen gas is unreactive because its molecules contain very strong triple bonds. In **nitrogen fixation**, unreactive nitrogen is converted into nitrogen compounds that plants can use, including ammonia, nitrogen dioxide, and nitrates.

Nitrogen is fixed:
- at normal temperatures and pressures by bacteria that live in the root nodules of plants called legumes. Legumes include peas, beans, and clovers. The enzyme **nitrogenase** converts nitrogen to ammonia, NH_3.
- in the industrial **Haber process**, which produces huge amounts of ammonia every year. Most of the ammonia is used to make fertilisers, such as ammonium nitrate.

C7.4.5, C7.4a–d,g The Haber process

The feedstocks for the Haber process are:
- nitrogen – obtained from the air
- hydrogen – produced from a reaction between natural gas (mainly methane, CH_4) and steam.

Nitrogen and hydrogen form ammonia in a reversible reaction:

$$N_2(g) + 3H_2(g) \rightleftharpoons 2NH_3(g)$$

The gases in the reaction mixture can reach equilibrium if they are left in a closed container for enough time.

The amounts of chemicals in an equilibrium mixture change if the temperature or pressure is changed. **Le Chatelier's principle** helps to predict the effect on an equilibrium mixture of changing reaction conditions: *When conditions change, an equilibrium mixture responds so as to counteract the effect of the change.*

Changing pressure

The equation shows four gas molecules on the left and two on the right:

$$N_2(g) + 3H_2(g) \rightleftharpoons 2NH_3(g)$$

Increasing the pressure shifts the equilibrium towards the right, increasing the yield of ammonia. Le Chatelier's principle predicts this – as the number of molecules decreases, so does the pressure.

Changing temperature

The forward reaction is exothermic:

$$N_2(g) + 3H_2(g) \rightleftharpoons 2NH_3(g) \qquad \Delta H = -92 \text{ kJ/mol}$$

Lowering the temperature increases the amount of ammonia in the equilibrium mixture. Le Chatelier's principle predicts this. When the temperature is lower, more of the heat energy given out by the exothermic reaction can be absorbed.

Haber process conditions

In the Haber process the gases do not stay in the reactor for long enough to reach equilibrium.

The conditions chosen for the reaction are:

- pressure = 200 times atmospheric pressure
- temperature = 450 °C
- iron catalyst.

Under these conditions, the yield of ammonia is about 15%. This is increased by recycling unreacted hydrogen and nitrogen gas.

The conditions for the Haber process are a compromise. Chemists want to produce as much ammonia as possible as quickly as possible.

- Higher pressures increase the yield. But high-pressure equipment is expensive to build and run, and risky to operate.
- Low temperatures increase the yield of ammonia. But at low temperatures the reaction is slow. The temperature chosen, 450 °C, is a compromise between the need to maximise both yield and rate.

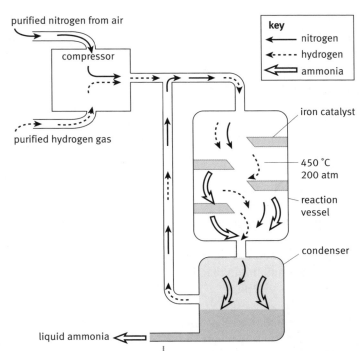

This diagram summarises the Haber process.

C7.4.7e,f, C7.4.8 Catalysing the Haber process

In the Haber process, an iron catalyst increases the reaction rate. Chemists are searching for better catalysts, to make the process more efficient. For example, ruthenium catalysts increase the yield to 20% even at lower pressures.

Chemists are also developing new catalysts that mimic nitrogen-fixing enzymes. These will increase the efficiency of the Haber process, and allow it to work well at lower temperatures and pressures. They will reduce the high energy costs of the process.

C7.4.9–10 Impacts of nitrogen fertilisers

Nitrate fertilisers run off the land into rivers and lakes. Here, they make algae grow quickly. The algae damage ecosystems.

Nitrates harm health if they get into drinking water.

Use extra paper to answer these questions if you need to.

1 Write **T** next to each statement that is true for a system at equilibrium. Write **F** next to each statement that is false for a system at equilibrium.
   a Each reactant and product is present in an equilibrium mixture.
   b At equilibrium, the amounts of products change.
   c Equilibrium can be approached from the product side only.
   d An equilibrium mixture contains reactants only.
   e At equilibrium, amounts of reactants do not change.
   f Equilibrium can be approached from the reactant side or the product side.

2 Write one equation to show the two reactions below as a single equilibrium reaction.
   $H_2(g) + I_2(g) \longrightarrow 2HI(g)$
   $2HI(g) \longrightarrow H_2(g) + I_2(g)$

3 Write one equation to show the two reactions below as a single equilibrium reaction.
   $CaCO_3(s) \longrightarrow CaO(s) + CO_2(g)$
   $CaO(s) + CO_2(g) \longrightarrow CaCO_3(s)$

4 Use words from the box to complete the sentences below. Each word may be used once, more than once, or not at all.

peas	**hydrogen**	**enzymes**	**air**
beans	**fixation**	**ammonia**	**grass**

   Plants need nitrogen compounds to grow. Nitrogen gas is present in the _____. Most plants cannot use this nitrogen as it is. Bacteria that live in the roots of plants such as _____ and _____ have _____ that convert nitrogen gas into _____. This process is called nitrogen _____.

5 Draw straight lines to match each feedstock for the Haber process with the one or more substances it is made from.

Feedstock	What it is obtained from
hydrogen	air
	steam
nitrogen	methane

6 Describe the relationship shown by the graph below.

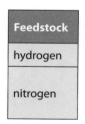

450 °C

% yield of ammonia / pressure (atmospheres)

7 Write down the conditions that are usually chosen for the Haber process in the table below.

Temperature (°C)	
Pressure (atmospheres)	
Catalyst	

8 Write **I** next to changes that increase the yield of ammonia in the Haber process. Write **D** next to changes that decrease the yield of ammonia.
   a increasing the pressure
   b using a catalyst
   c increasing the temperature
   d recycling unreacted hydrogen

9 Making certain changes to the Haber process could make it more sustainable. Draw lines to match each possible change to the best reason for making it.

Change	Reason
obtain hydrogen from water only instead of from methane and steam	to reduce greenhouse gas emissions
use a more efficient catalyst	to reduce energy use during production
supply energy from hydroelectric plants instead of from burning fossil fuels	to leave stocks of non-renewable resources for future generations

10 Explain why chemists are interested in producing new catalysts to fix nitrogen that work in a similar way to natural enzymes.

11 Explain how the increasing use of nitrogen compound fertilisers damages the environment.

H 12 The graph shows the relationship between temperature and yield for the Haber process.

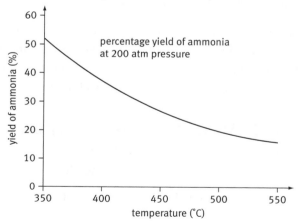

percentage yield of ammonia at 200 atm pressure

yield of ammonia (%) / temperature (°C)

   a Describe the relationship shown by the graph.
   b Explain why a temperature of 450 °C is chosen for the Haber process.

13 Use the equation below to help you explain dynamic equilibrium.
   $2NO_2(g) \rightleftharpoons N_2O_4(g)$

1   Citric acid is a weak acid.
    It is found in lemons and oranges.

    Martha adds citric acid crystals to water.

    The system soon reaches dynamic equilibrium.

    The equation below represents the equilibrium reaction.

    citric acid + water $\rightleftharpoons$ citrate ions + hydrogen ions

    a   Write a word equation for the forward reaction.

    _____ [1]

    b   Name the chemicals present in the equilibrium mixture.

    _____

    _____ [1]

    c   Which of the following statements about the equilibrium
        reaction are true?

        Tick **three** boxes to show the best answers.

        In solution, only some citric acid is ionised.   ☐

        In the equilibrium mixture, citrate ions and hydrogen
        ions are reacting to make citric acid and water.   ☐

        The backward reaction is faster than the forward
        reaction.   ☐

        In the equilibrium mixture, citric acid and water are
        reacting to make citrate ions and hydrogen ions.   ☐

        The forward reaction is faster than the backward
        reaction.   ☐

        In solution, all the citric acid is ionised.   ☐

                                                                    [3]

                                                    Total [5]

2   The chemical industry uses the Haber process to manufacture
    huge amounts of ammonia.

    a   The Haber process is based on the reaction below.

        $N_2(g) + 3H_2(g) \rightleftharpoons 2NH_3(g)$

        i   What does the symbol $\rightleftharpoons$ tell you about the reaction?

        _____ [1]

        ii   Explain why, in the Haber process, the gases shown in
            the equation do not reach equilibrium.

        _____ [1]

b The Haber process takes place in apparatus like that opposite.

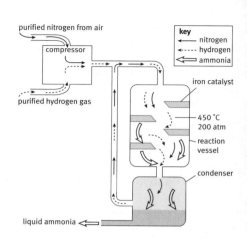

purified nitrogen from air

compressor

purified hydrogen gas

key
nitrogen
hydrogen
ammonia

iron catalyst

450 °C
200 atm

reaction vessel

condenser

liquid ammonia

i Explain why unreacted nitrogen and hydrogen are recycled.

_____ [1]

ii Give the purpose of the catalyst.

_____ [1]

c The graph below right shows the relationship between temperature and yield of ammonia.

i Use the graph to describe the relationship between temperature and yield of ammonia.

_____

_____ [2]

ii Use the equation and data below to give a reason for the relationship you described in part (i).

$$N_2(g) + 3H_2(g) \rightleftharpoons 2NH_3(g) \quad \Delta H = -92 \text{ kJ/mol}$$

_____

_____ [2]

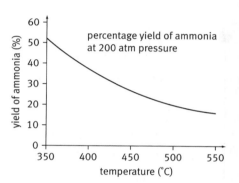

percentage yield of ammonia at 200 atm pressure

yield of ammonia (%)

temperature (°C)

d The yield of ammonia increases as pressure increases. Explain why.

_____

_____ [2]

Total [10]

Going for the highest grades

3 The chemical industry produces huge amounts of sulfur trioxide gas each year.

The equation for the reaction is given below:

$$2SO_2(g) + O_2(g) \rightleftharpoons 2SO_3(g)$$

Use the equation for the reaction, the graph opposite, and your own knowledge, to suggest why the reaction is normally carried out at a temperature of 450 °C and at atmospheric pressure.

The quality of written communication will be assessed in your answer to this question.

Write your answer on separate paper or in your exercise book.

Total [6]

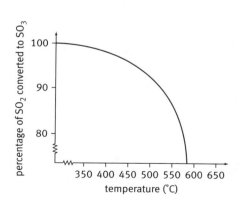

percentage of SO₂ converted to SO₃

temperature (°C)

1 The diagram shows the paper chromatogram of a green felt-tip pen.

Use the words and phrases in the box to annotate the diagram.
Use each word or phrase once, more than once, or not at all.
Write one word or phrase in each small box on the diagram.

solvent front	mobile phase
this dye moves up the paper faster	an aqueous solvent
this dye moves up the paper slower	a non-aqueous solvent
stationary phase	equilibrium lies towards the left
equilibrium lies towards the right	lid

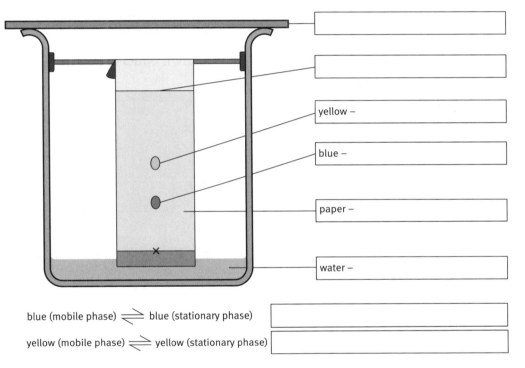

yellow –

blue –

paper –

water –

blue (mobile phase) ⇌ blue (stationary phase)

yellow (mobile phase) ⇌ yellow (stationary phase)

2 Use the gas chromatogram to answer the questions below.

    a Which compound has the shortest retention time? _____

    b Which compound passes through the column most slowly? _____

    c Which peak is largest? _____

    d Which compound makes up the highest proportion of the mixture? _____

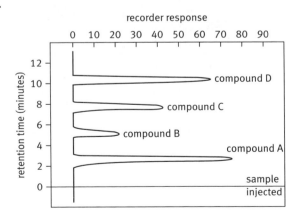

3 Write each letter in the correct section of the Venn diagram on the next page.

    A The stationary phase is an absorbent solid supported on glass or plastic.

    B The mobile phase is a liquid solvent.

    C The mobile phase is helium gas.

D The stationary phase is absorbent paper.

E This method can be quantitative.

F This method gives qualitative information only.

G This method separates mixtures.

H Analysts use this method to measure blood-alcohol levels in drink-driving suspects.

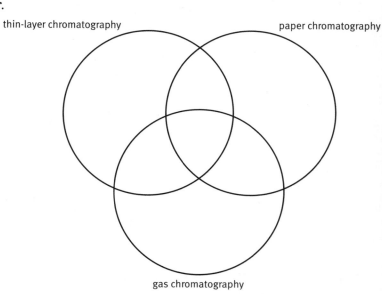

4 Nathan wants to find the concentration of a solution of hydrochloric acid. He sets up the apparatus below.

a Write one word or phrase in each small box below on the diagram.

| pipette | burette | sodium hydroxide solution of known concentration |
| indicator | flask | hydrochloric acid |

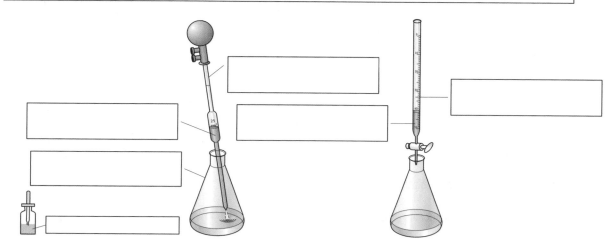

b Nathan's results are in the table.

Titration number	Rough	1	2	3	4
Final burette reading in cm³	49.2	48.7	50.0	37.6	26.0
Initial burette reading in cm³	23.1	23.7	24.9	12.7	1.0
Volume of acid used in cm³	26.1	25.0	25.1	24.9	25.0

  i Calculate the average volume of hydrochloric acid added from the burette. Ignore the rough titration.

  _____

  _____

  ii Write down the range of the results. Ignore the rough titration.

  _____

  _____

C7.5.1–4 Analytical procedures

Chemists do **qualitative** analysis to identify chemicals in a sample. They do **quantitative** analysis to find out amounts of chemicals.

Chemists use standard methods to collect, store, and prepare samples for analysis. This means that we can trust and compare analysis results.

- Collection – the sample must represent the bulk of the material.
- Storage – the sample must not 'go off' or be contaminated.
- Preparation – the sample is often dissolved in solution.

C7.5.5–15 Chromatography

In chromatography a **mobile phase** moves through a **stationary phase**. A chemist adds a sample of a mixture to the stationary phase. The mobile phase flows along. This makes the chemicals in the sample move through the stationary phase. Each chemical moves at a different speed. So the chemicals separate.

The chemicals move at different speeds because their molecules distribute themselves between the mobile and stationary phases. For each chemical there is a dynamic equilibrium between the two phases. So for a mixture of two chemicals, X and Y, there are two dynamic equilibria, shown opposite.

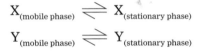

$$X_{(mobile\ phase)} \rightleftharpoons X_{(stationary\ phase)}$$
$$Y_{(mobile\ phase)} \rightleftharpoons Y_{(stationary\ phase)}$$

The position of equilibrium determines how quickly a chemical moves. If the equilibrium lies towards the mobile phase, the chemical moves quickly.

Paper and thin-layer chromatography

In **paper chromatography**, the stationary phase is chromatography paper. In **thin-layer chromatography** (TLC), the stationary phase is an absorbent solid supported on glass or plastic.

In both paper and thin-layer chromatography the mobile phase is a solvent. It may be an **aqueous solvent** (water) or a **non-aqueous solvent** (one with no water in it).

To analyse a sample by paper chromatography or TLC:

1 *Prepare the paper or slide*
   - Draw a pencil line and add a drop of the sample.
   - Put spots of **reference material** solutions on the line. These are substances you suspect might be in the unknown mixture.

2 *Run the chromatogram*
   - Set up this apparatus.
   - When the solvent gets near the top, take out the paper or plate.
   - Mark the **solvent front**.

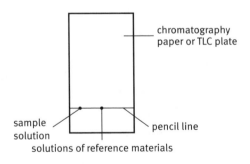

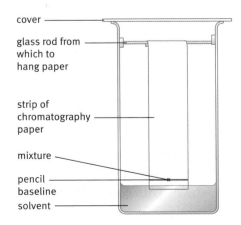

3 ***Locate the separated chemicals***
  - Use pencil to draw around *coloured* spots.
  - Use a **locating agent** to find *colourless* spots.

4 ***Interpret the chromatogram***
  - Identify spots by comparing them with reference material spots
  - ***Or*** calculate a chemical's **retardation factor (R_f)**.

$$R_f = \frac{\text{distance moved by chemical}}{\text{distance moved by solvent}} = \frac{y}{x}$$

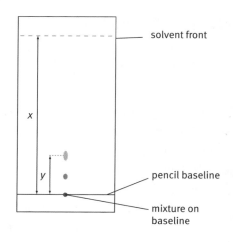

solvent front

pencil baseline

mixture on baseline

Gas chromatography

Gas chromatography (GC) separates mixtures and detects chemicals. Chemists use GC qualitatively and quantitatively.

The stationary phase is a thin film of liquid on the surface of a powder. The powder is packed into a long, thin tube. The mobile phase – or **carrier gas** – is helium.

To analyse a sample by GC:

1 ***Use the oven*** to keep the column at the correct temperature.

2 ***Turn on the carrier gas*** and adjust its flow rate.

3 ***Inject the sample where the column enters the oven***. The chemicals in the sample become gases and mix with the carrier gas. The mixture moves through the column to the detector.

4 ***Interpret the chromatogram:***
  - Each peak represents one compound.
  - The position of a peak shows its **retention time** (the time for it to pass through the column).
  - Peak heights show relative amounts of substances.

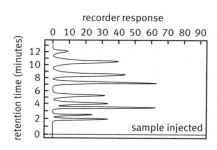

C7.5.16, C7.5.17, C7.5.21 Quantitative analysis by titration

Chemists use titrations to measure concentration, to check purity, and to find out the amounts of chemicals that react together.

To use an acid–base titration to find the concentration of a sodium hydroxide solution:

1 ***Make up a standard solution of acid*** and pour it into a burette. Read the burette scale.

2 ***Use a pipette*** to measure accurately a fixed volume of sodium hydroxide solution. Put it in a conical flask.

3 ***Add a few drops of indicator***.

4 ***Add acid from the burette***. Stop when the indicator changes colour. Read the burette scale. Calculate the amount of acid added. This **rough titration** gives an idea of how much acid you need to neutralise the sodium hydroxide, or reach the **end point**.

5 ***Repeat the procedure***, but add the acid one drop at a time when you near the end point. Continue until you have three consistent values for the volume of acid.

6 ***Calculate the mean and range*** for your results.

C7.5.18 Preparing a standard solution

This is how to prepare a solution of sodium carbonate with an accurately known concentration.

1 Accurately weigh the sodium carbonate.

2 Dissolve the solute in a small amount of solvent, warming it if necessary.

3 Transfer the sodium carbonate solution to a graduated flask.

4 Rinse all the solution into the flask with more solvent.

5 Add solvent drop by drop to make up the volume to the mark on the flask.

6 Stopper and shake the flask.

C7.5.19, C7.5.20, C7.5.23 Titration calculations

1 *What is the concentration of sodium chloride solution made by dissolving 5 g of solid in water and making the volume up to 500 cm³?*

$$\text{concentration} = \frac{\text{mass of solute}}{\text{volume of solution}} = \frac{5\text{ g}}{500\text{ cm}^3} = 0.01\text{ g/cm}^3$$

Multiply by 1000 to find the mass in 1 dm³: $0.01\text{ g/cm}^3 \times 1000\text{ cm}^3/\text{dm}^3 = \textbf{10 g/dm}^3$

2 *What mass of solute is in a 50 cm³ sample of a solution of hydrochloric acid of concentration 36 g/dm³?*

$$\text{mass of solute} = \text{concentration} \times \text{volume} = 36\text{ g/dm}^3 \times \frac{50\text{ dm}^3}{1000} = \textbf{1.8 g}$$

3 *Zac uses 25.0 cm³ of hydrochloric acid of concentration 3.65 g/dm³ to neutralise 25 cm³ of sodium hydroxide solution. What is the concentration of the sodium hydroxide solution?*

$$\text{HCl(aq)} + \text{NaOH(aq)} \longrightarrow \text{NaCl(aq)} + \text{H}_2\text{O(l)}$$

Reacting masses: 36.5 g   40 g

In 25.0 cm³ of the hydrochloric acid solution there is: $\dfrac{25\text{ cm}^3}{1000\text{ cm}^3} \times 3.65\text{ g} = 0.0913\text{ g of acid}$

If 36.5 g of hydrochloric acid reacts with 40 g of sodium hydroxide, then 0.0913 g of acid reacts with:

$\dfrac{0.0913\text{ g}}{36.5\text{ g}} \times 40\text{ g} = 0.100\text{ g of sodium hydroxide}$

This mass of sodium hydroxide is in 25 cm³ (0.025 dm³) of solution. So the concentration of sodium hydroxide is:

$$\frac{\text{mass of solute}}{\text{volume of solution}} = \frac{0.100\text{ g}}{0.025\text{ dm}^3} = \textbf{4.00 g/dm}^3$$

Use extra paper to answer these questions if you need to.

1 Draw straight lines to match each process an analyst carries out with one reason.

Process	Reason
qualitative analysis	to prevent samples being contaminated or tampered with
quantitative analysis	to find out the amounts of the chemicals in a sample
store samples safely	to be able to compare samples to each other or to standard results
follow a standard procedure to collect samples	to find out which chemicals are in a sample

2 The stages below describe how chemists use gas chromatography (GC) instruments. They are in the wrong order.

A Turn on the carrier gas and adjust its pressure to get the correct flow rate.

B Wait while the chemicals in the sample turn to gases, mix with the carrier gas, and pass through the column.

C Turn on the oven and wait until the column reaches the correct temperature.

D Use a syringe to inject a sample at the start of the column.

E Interpret the printout.

Fill in the boxes to show the correct order. The first one has been done for you.

C					

3 Some of the stages of thin-layer chromatography (TLC) are described below. Give a reason for each stage.
a Dissolve the sample in a solvent.
b Use a pencil (not pen) to draw a line near the bottom of the plate.
c Cover the beaker with a piece of glass.
d Mark the final solvent front on the chromatogram.
e Spray the chromatogram with a locating agent chemical.

4 On the diagram here, calculate the R_f values for spots X and Y.

5 A student writes out the steps for making up a standard solution of sodium hydroxide. She makes one mistake in each step. Write a corrected version of each step.

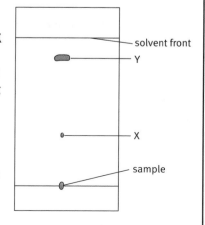

solvent front
Y
X
sample

a Roughly weigh 1.0 g of sodium hydroxide.
b Dissolve the sodium hydroxide in a small volume of tap water in a beaker.
c Transfer the solution to a 250 cm³ measuring cylinder.
d Rinse all of the solution from the beaker using more tap water.
e Add more water up to the 250 cm³ mark on the measuring cylinder.
f Place your hand over the top of the measuring cylinder and shake it.

6 Emma and Jess each do a set of six titrations to find the concentration of a solution of hydrochloric acid. Their results are in the table.

	Volume of sodium hydroxide solution (cm³)					
	Run 1	Run 2	Run 3	Run 4	Run 5	Run 6
Emma	24.2	24.4	25.0	25.8	25.8	25.6
Jess	25.2	24.8	25.2	25.0	24.8	25.0

a Which set of results will give a better estimate for the concentration of the acid? Explain why.

b There is not a significant difference between Emma and Jess's results. Explain how the data in the table shows this.

7 Calculate the concentrations of the solutions in the table. Give your answers in g/dm³.

Solute		Volume of solution (cm³)
Name	Mass of solid in solution (g)	
copper sulfate	4	1000
sodium chloride	15	500
magnesium sulfate	30	100
zinc bromide	40	250

8 Calculate the mass of solute in each of the solutions below.
a 1 dm³ of sodium hydroxide solution of concentration 40 g/dm³
b 250 cm³ of nitric acid of concentration 6 g/dm³
c 100 cm³ of potassium chloride solution of concentration 30 g/dm³
d 500 cm³ of sodium iodide solution of concentration 100 g/dm³

9 a Harriet uses 21.0 cm³ of hydrochloric acid of concentration 3.65 g/dm³ to neutralise 25.0 cm³ of potassium hydroxide solution. Calculate the concentration of the potassium hydroxide solution. The equation for the reaction is below.

$$HCl(aq) + KOH(aq) \longrightarrow KCl(aq) + H_2O(l)$$

b Ryan uses 48.0 cm³ of sodium hydroxide of concentration 4.0 g/dm³ to neutralise 25.0 cm³ of nitric acid. Calculate the concentration of the nitric acid. The equation for the reaction is below.

$$HNO_3(aq) + NaOH(aq) \longrightarrow NaNO_3(aq) + H_2O(l)$$

1   Ron drove through a red traffic light. A police officer
stopped him and took him to the police station.
At the police station, a doctor cleaned Ron's arm with an
alcohol-free wipe. Then the doctor took a blood sample
from Ron's arm. He divided the sample into two. He sealed
and labelled each sample. The doctor gave one sample
to the police officer and one to Ron. The police officer
sent her sample to a laboratory for analysis. Ron took his
sample home and put it in the fridge.

At the laboratory, a chemist looked carefully at the seals and
labels on the sample. She injected part of the sample into a gas
chromatography (GC) instrument, and obtained a printout.

a   i   Suggest why the doctor used an alcohol-free wipe to clean
Ron's arm.

_____ [1]

ii   Suggest why the doctor labelled the samples carefully.

_____ [1]

iii Suggest why the chemist looked carefully at the seals on
the sample.

_____ [1]

iv   Suggest why Ron kept his sample in the fridge.

_____ [1]

b   Below is the GC printout for the sample of Ron's blood that was
sent to the lab.

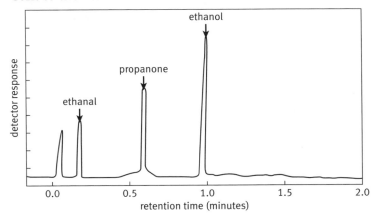

i   Estimate the retention time for the alcohol (ethanol) peak.

_____ [1]

ii   How many different chemicals are shown on the printout?

_____ [1]

c   Ron thinks the results of the analysis are incorrect.

He wants to check the results.

He takes the sample the doctor gave him to another laboratory.

A chemist at this laboratory injects part of the sample into a GC instrument.

He obtains the printout below.

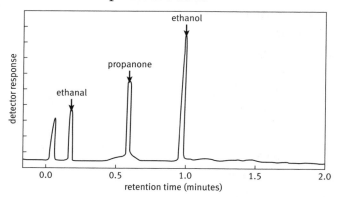

Does this printout support Ron's belief that the results of the first analysis are incorrect?

_____

Give a reason for your answer. _____ [1]

Total [7]

2   The chromatograms below show the coloured compounds in two fruit juices.

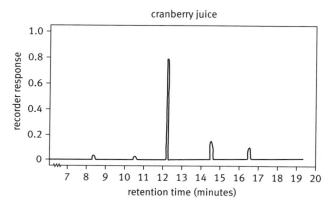

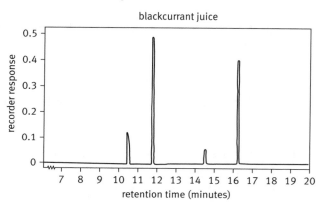

The table shows the retention times of some of the coloured compounds and each has a letter to identify it.

Compound	Letter to identify compound	Retention time (min)
delphinidin 3-galactoside	A	8.3
delphinidin 3-glucoside	B	10.5
delphinidin 3-rutinoside	C	11.8
cyanidin 3-galactoside	D	12.2
cyanidin 3-glucoside	E	14.5
cyanidin 3-rutinoside	F	16.3
cyanidin 3-arabinoside	G	16.5

Use the chromatograms, and data from the table, to compare the compounds in the two fruit juices, and their relative amounts.

The quality of written communication will be assessed in your answer to this question. Write your answer on separate paper or in your exercise book.

Total [6]

1 For an equilibrium reaction in which all the reactants and products are gases, an increase in pressure favours the reaction that produces fewer molecules, as shown by the equation for the reaction.

a The graphs show how the yield of a product changes with pressure for the equilibrium reactions below.

One of the graphs applies to two of the reactions.

A $H_2(g) + I_2(g) \rightleftharpoons 2HI(g)$

B $2SO_2(g) + O_2(g) \rightleftharpoons 2SO_3(g)$

C $N_2(g) + 3H_2(g) \rightleftharpoons 2NH_3(g)$

D $N_2O_4(g) \rightleftharpoons 2NO_2(g)$

Next to each graph, write the letter of one reaction above that the graph could represent.

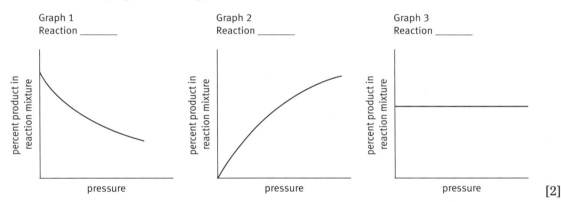

Graph 1
Reaction _____

Graph 2
Reaction _____

Graph 3
Reaction _____

percent product in reaction mixture

pressure

[2]

b A chemist investigates the relationship between pressure and percentage of sulfur trioxide in the equilibrium mixture for the reaction below.

$2SO_2(g) + O_2(g) \rightleftharpoons 2SO_3(g)$

i Identify the outcome of the investigation.

_____ [1]

ii Identify **three** factors that might affect the outcome.

State which **two** of these factors the chemist must control, and give a reason for your choice.

_____

_____

_____ [2]

c The chemist investigates how the percentage of oxygen in the mixture that enters the reaction vessel affects the percentage of sulfur dioxide that is converted to sulfur trioxide for the reaction below.

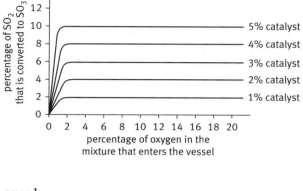

$$2SO_2(g) + O_2(g) \rightleftharpoons 2SO_3(g)$$

He repeats the investigation using different amounts of catalyst.

He obtains the graph on the right.

Describe fully the two correlations shown by the graph.

_____

_____

_____

_____

_____ [2]

d The graph opposite shows the correlation between temperature and the percentage of sulfur dioxide that is converted to sulfur trioxide.

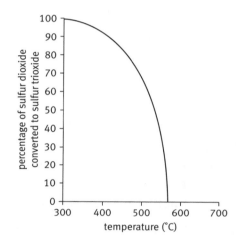

Some students discuss the graph.

Carrie The graph shows that the higher the temperature, the greater the percentage of sulfur dioxide that is converted to sulfur trioxide.

Joe The only factor that could cause the change in the percentage of sulfur dioxide that is converted is temperature.

Leah To make the biggest amount of sulfur trioxide possible in the shortest time, the temperature should be as low as possible.

Ezekiel The graph shows that you can convert a higher percentage of sulfur dioxide if you use a catalyst.

Evaluate the comments of the students.

_____

_____

_____

_____

_____

_____

_____ [4]

Total [11]

2 a In the 1920s, Russian scientist Alexander Oparin wondered how life began. He experimented with organic compounds in solution. He noticed that the chemicals sometimes organised themselves into droplets and layers.

Oparin came up with an explanation:

Explanation 1

Life began when the Earth had an atmosphere of methane, ammonia, hydrogen, and water vapour, and when there were many thunderstorms. In these conditions amino acids (organic compounds that are the basis of life) were formed.

Suggest why Oparin must have used creative thinking to help him develop this explanation.

_____

_____ [1]

b In the 1950s, another scientist, Stanley Miller, read about the work of Oparin.

Miller used Explanation 1 to make a prediction:

If methane, ammonia, hydrogen, and water vapour are circulated past electric sparks (to simulate lightning), amino acids will be formed.

Put ticks (✓) in the boxes next to the **two** statements that are true.

If the prediction is correct, we can be sure that the explanation is correct. ☐

If the prediction is correct, we can be more confident that the explanation is correct. ☐

If the prediction is wrong, we can be sure that the explanation is wrong. ☐

If the prediction is wrong, we can be less confident that the explanation is correct. ☐

[2]

c Miller did an experiment to test his prediction.

He mixed methane, ammonia, hydrogen, and water vapour.

He let the mixture circulate past electric sparks for a week.

He used paper chromatography to analyse the products of the reactions that took place.

His chromatogram looked like this:

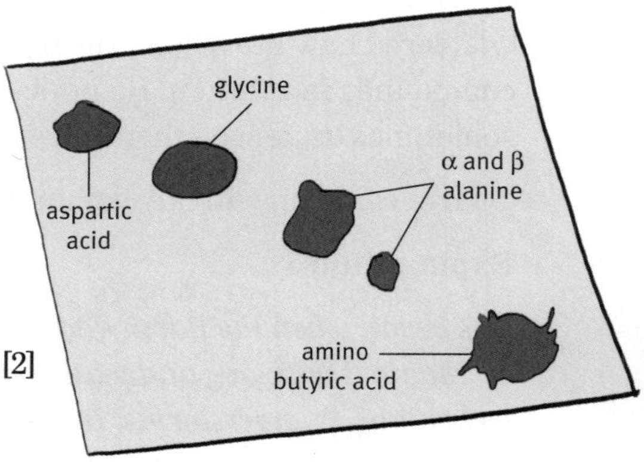

Glycine, aspartic acid, and alanine are amino acids.

Does Explanation 1 account for the results on the chromatogram?

Explain your answer.

_____

_____ [2]

d Other scientists developed another explanation for how life began:

Explanation 2

Life began at deep sea vents. Hot chemicals bubble out of the vents.

Conditions are perfect for the chemical reactions that make amino acids, the organic compounds that are the basis for life.

i Scientists have made the observations **A–D** below.

Tick (✓) the two pieces of evidence that best support Explanation 2.

A Tiny organisms live in hot rock deep under the surface of the Earth. ☐

B At the temperature of deep sea vents, amino acids normally break down into smaller molecules. ☐

C Scientists have found ancient fossils near deep sea vents. ☐

D Most living things cannot survive at the high pressures near deep sea vents. ☐

[2]

ii Suggest how scientists might decide whether Explanation 1 or Explanation 2 is a better explanation for how life began.

_____

_____

_____

_____ [3]

Total [10]

1 Match the descriptions of the Moon with its appearance and position.

Look at the diagram (positions 1–8) to help you complete the first column.

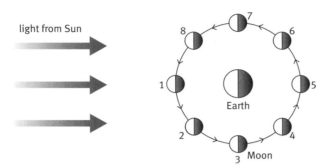

light from Sun

Earth

Moon

Position no.

Description
full moon
new moon
first quarter
last quarter

Appearance

2 The diagram below shows the positions of the Earth and the planet Mars at intervals of one month.

a Draw straight lines to show the direction in which Mars is seen against the background of the fixed stars.

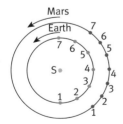

Mars
Earth

S

b Between which numbered months does Mars appear to move backwards? _____

What is the Solar System?

The Solar System is the collection of planets, comets, and all other objects that **orbit** the Sun. The Sun is a star.

The Earth takes 365¼ days to complete one orbit. We call this one **year**. It also rotates about an imaginary line called its **axis**.

The Moon orbits the Earth. It takes about 28 days for one orbit.

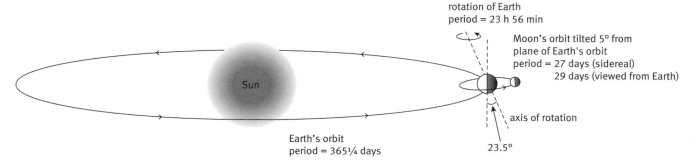

The orbits of the Earth and Moon (not to scale).

P7.1.1–2, P7.1.4 The movement of the Sun

The Sun appears to move across the sky from east to west. This is because the Earth is spinning on its axis.

The Sun reappears in the same place once every **24 hours**. This is a **solar day**.

H It takes the Earth 23 hours and 56 minutes to spin around once on its axis, a rotation of 360°. This is a **sidereal day**.

During a sidereal day, the Earth also moves further along its orbit around the Sun. For the same part of the Earth to face the Sun again, it needs to turn for an extra 4 minutes. This explains why a solar day is 4 minutes longer than a sidereal day.

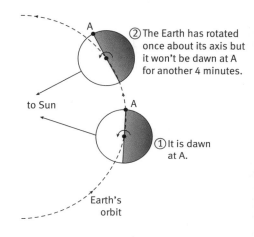

P7.1.1, P7.1.4, P7.1.7 The movement of the stars

Long-exposure photographs show the stars to be moving in circles around the Pole Star. Of course the stars are not actually moving like this – we are observing them from a spinning Earth. The stars will appear to be back in the same places after 23 hours and 56 minutes, when the Earth has rotated once about its axis.

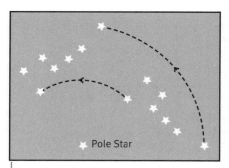

From the UK, the stars look as if they are moving in circles around the Pole Star.

A group of stars that form a pattern is a **constellation**. We see different constellations in summer and winter because of the Earth's movement around the Sun.

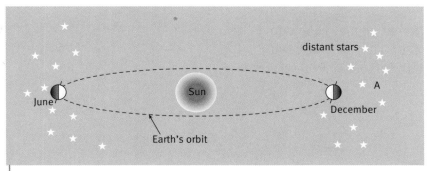

○ We can see the distant stars at A in December but not in June.

P7.1.1, P7.1.4 The movement of the Moon

The Moon appears to move across the sky from east to west, like the Sun. But the Moon takes longer – it reappears in the same part of the sky every 24 hours and 49 minutes.

The longer time for the Moon is explained like this:
- As well as the Earth's rotation giving us a different view of the Moon, the Moon itself is orbiting the Earth. One orbit takes about 28 days.
- The Moon orbits the Earth from west to east. So during the night the position of the Moon over 28 days appears to slip slowly back through the pattern of the stars.

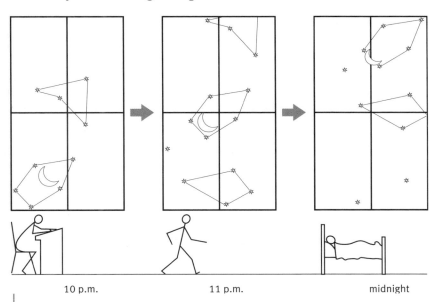

10 p.m.   11 p.m.   midnight

View through a window showing the Moon moving from east to west through the night, but slipping back relative to the pattern of stars.

P7.1.3–4, P7.1.8 Moving planets

You can see the planets Mercury, Venus, Mars, Jupiter, and Saturn with your naked eye. The planets orbit the Sun. This makes their positions appear to change night by night against the background of the fixed stars.

For most of the time the planets seem to move in a steady pattern across the sky, from east to west like the Sun and Moon. But sometimes the planets seem to go backwards. This is called **retrograde motion**.

Ⓗ Retrograde motion happens because different planets – including Earth – take different times to orbit the Sun. The place we see a planet in the sky depends on where both the planet and the Earth are in their orbits.

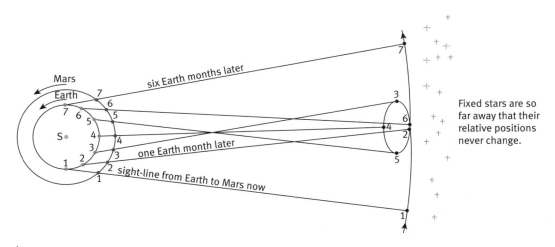

Fixed stars are so far away that their relative positions never change.

From months 1 to 3, Mars appears to move forwards. Then, for two months, it goes into reverse before moving forward again.

P7.1.5 The phases of the Moon

We can only see the part of the Moon that is lit up by the Sun. As the Moon orbits the Earth, we see different parts of the Moon lit up.

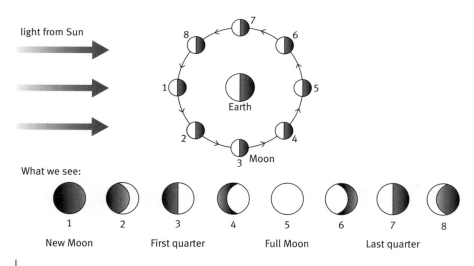

Phases of the Moon.

P7.1.6 What causes an eclipse?

Eclipses involve the Sun and the Moon.
- In a **solar eclipse**, the Moon blocks the Sun's light.
- In a **lunar eclipse**, the Moon moves into the Earth's shadow.

The Moon and Earth both have shadows. The shadows have a region of total darkness (the **umbra**) and a region of partial darkness (the **penumbra**). The Earth's shadow is bigger than the Moon's shadow.
- Where the Moon's umbra touches the surface of the Earth, there is a solar eclipse from inside the area of the umbra. There is a partial eclipse inside the area of the penumbra.
- When the Moon passes into the Earth's umbra, there is a lunar eclipse. Lunar eclipses are more common than solar eclipses because the Earth's shadow is bigger than the Moon's shadow. During a lunar eclipse you can still see the Moon, but it looks red. This is because red light from the Sun is refracted by the Earth's atmosphere, so it can still reach the Moon's surface.

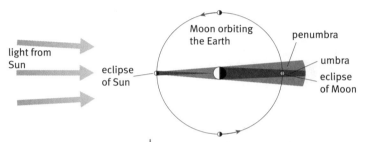

The umbra and penumbra in an eclipse of the Sun and an eclipse of the Moon.

H Eclipses are rare because the Moon does not often line up exactly with the Sun. This is because the Moon's orbit is tilted by 5° relative to the plane of the Earth's orbit.

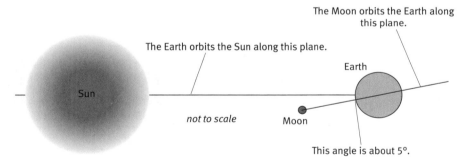

The orbit of the Moon is tilted relative to the plane of the Earth's orbit around the Sun. The effect is exaggerated here.

P7.1.9 Locating objects in the sky

You can describe the stars as though they were lights on the inside of a spinning sphere. This is the **celestial sphere**. The celestial sphere has:
- an axis from the Pole Star through the axis of the Earth
- a celestial equator, which is an extension of the Earth's equator.

Astronomers use two angles to describe the positions of astronomical objects. The angles are measured from a reference point in the sky. The system works wherever you are and whatever the time of day or year.

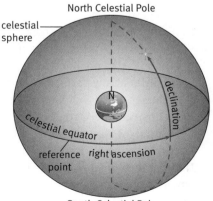

Right ascension measures the angle east from the reference point. Declination measures the angle of the star above or below the celestial equator.

Use extra paper to answer these questions if you need to.

1 Highlight the one correct word in each pair of **bold** words.

   a The **planets / stars** orbit the Sun.

   b The Sun appears to move across the sky from **east / west** to **east / west**.

   c The Sun appears to move across the sky once every **12 / 24** hours.

   d In a **solar / lunar** eclipse, the Moon blocks light from the Sun.

2 Draw a line to match each description to the correct time period.

Description	Time period
time for the Earth to rotate once about its axis	about 28 days
time for the Earth to complete one orbit of the Sun	24 hours and 49 minutes
time for the Moon to move across the sky once	365¼ days
time for the Moon to orbit the Earth	23 hours and 56 minutes
time for the Sun to next reappear in the same place in the sky as it is now	24 hours

3 Write **T** next to the statements below that are **true**. Write corrected versions of the statements that are **false**.

   a During a solar eclipse the Earth comes between the Moon and the Sun.

   b Sometimes some planets appear to move backwards relative to the stars.

   c During the night, stars in the northern hemisphere move in circles about the Pole Star.

   d The Moon can only be seen at night.

   e In a lunar eclipse the Moon's shadow falls on the Earth.

   f From the same place on Earth, different stars can be seen at different times of the year.

   g Three angles are needed to pinpoint the position of a star at any particular time.

   h Eclipses of the Sun are more frequent than eclipses of the Moon.

   i A group of stars with a recognisable pattern in the sky is called a constellation.

4 Number the objects below in order of their size. The smallest object is number 1.

   planet   [ ]
   Solar System   [ ]
   Universe   [ ]
   Earth's Moon   [ ]
   galaxy   [ ]
   Sun   [ ]

5 **Table A** gives data about the Moon during the month of May 2012 for the city of Ulaanbaatar in Mongolia. Use data from Table A to answer parts **a** to **d** below the table.

Date	Time the Moon rises	Time the Moon sets	% of the Moon that is illuminated by the Sun
15 May	02:25	14:50	29
16 May	02:47	15:53	21
17 May	03:09	16:56	13
18 May	03:33	17:59	7
19 May	04:00	19:00	3
20 May	04:30	20:00	1
21 May	05:06	20:56	0
22 May	05:49	21:47	1
23 May	06:38	22:33	5

Table A Ulaanbaatar.

   a **i** Describe the pattern in moonrise times.

      ii Explain this pattern.

   b Give the date of the new Moon.

   c Estimate the date of the full Moon before this new Moon. Explain why you chose this date.

   d Draw what the Moon looks like on 23 May.

   e Bolormaa looks for the Moon at 22:00 on 22 May. Explain why she does not see it.

Table B gives data about the Moon for London, UK.

Date	Time the Moon rises	Time the Moon sets	% of the Moon that is illuminated by the Sun
15 May	02:39	15:19	27
16 May	02:58	16:25	18
17 May	03:18	17:30	11
18 May	03:40	18:35	6
19 May	04:05	19:39	2
20 May	04:35	20:39	0
21 May	05:11	21:35	0
22 May	05:54	22:25	2
23 May	06:46	23:08	6

Table B London.

   f **i** Describe the difference in moonrise times for Ulaanbaatar and London.

      ii Explain this difference.

   g Sophie looks for the Moon in London at 22:00 on 22 May. She does not see it. Suggest why not.

**P
7**

1   Charlotte has been observing the December night sky. She noticed a particular group of stars that made a pattern – her star book called this pattern 'Orion'.

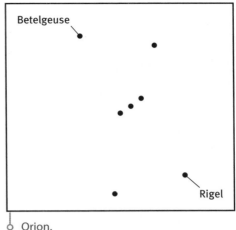

Orion.

a   What word is used to describe a pattern of stars like Orion?

_____   [1]

b   Charlotte measures some angles and makes a careful note of the position of Orion.

Name the two angles she needs to identify the position of a star.

_____ and _____ [2]

c   Charlotte looks in the same position two hours later and finds that Orion has moved. Explain why this is.

_____   [1]

d   One star, not in Orion, does not appear to have moved. Explain why it is in the same position.

_____
_____   [1]

e   Charlotte looks again for Orion in June, but can't find it. Explain why this is.

_____
_____
_____   [2]

f   Charlotte also notes the time at which the Moon rises for several days. Here are her results.

Date	Time of moonrise
December 24th	16:04
December 25th	17:30
December 26th	18:56
December 27th	20:20

Explain why the moonrise is getting later every day.

_____   [1]

Total [8]

2 Two students are looking at a bright object in the night sky.

   • Chloe says that it is a star.
   • Kai-Wei says that, although it looks like the other stars, it is actually a planet.

a What observation(s) might the students make with the naked eye to help them decide who is right? Explain your answer.

_____

_____

_____

_____ [3]

b Identity one difference between a star and a planet.

_____

_____ [2]

Total [5]

Going for the highest grades

3 Nasir al-Din al-Tusi was an astronomer from Persia. He lived from 1201 to 1274. Diagram 1 is a copy of a diagram drawn by Nasir al-Din al-Tusi to explain how an eclipse of the Sun occurs.

Diagram 2 is a modern diagram showing how an eclipse of the Sun occurs.

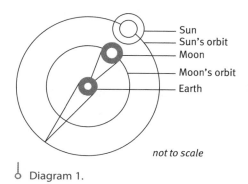

not to scale

Diagram 1.

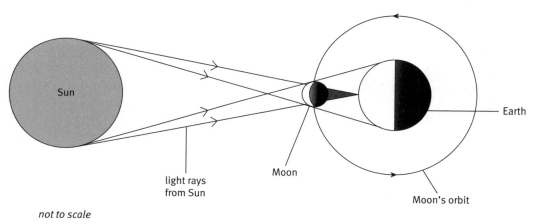

not to scale

Diagram 2.

Evaluate the two diagrams.

The quality of written communication will be assessed in your answer to this question.

Write your answer on separate paper or in your exercise book.

Total [6]

1 Tick the boxes that show correct ray diagrams.

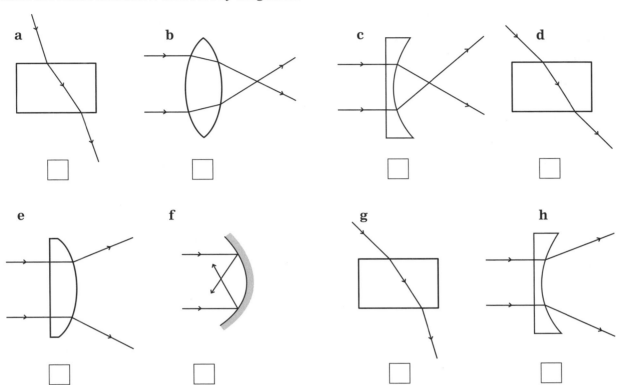

a ☐   b ☐   c ☐   d ☐

e ☐   f ☐   g ☐   h ☐

2 All these lenses are made of the same material. Arrange them in order of power – least powerful 1, most powerful 3.

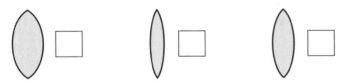

☐   ☐   ☐

H **3 a** Complete this diagram for rays going through a convex lens.

Label the position of the image.

b Draw a (ring) around the correct bold words.

The image in the diagram above is:

* **inverted / right way up**

* **smaller / magnified**

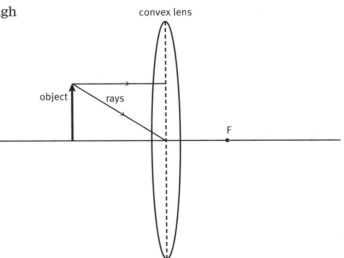

convex lens

object   rays   F

P7.2.1–3 Waves and refraction

Light travels as **waves**. A substance that allows light to travel through it is called a **medium**. The speed of a wave depends on the medium. If a wave travels from one medium to another, its speed changes.

Once a vibrating source has made a wave, the frequency of the wave cannot change. So when the speed of a wave changes, its wavelength also changes. The wave may then change direction. This is **refraction**.

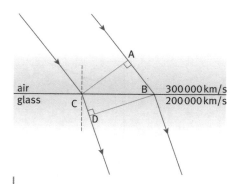

Light is refracted because its speed is greater in air than in glass. Light travels the distance AB in air in the same time as it travels the distance CD in glass.

When a wave passes from a less dense medium (air) to a more dense medium (glass) its speed and wavelength change.

Why do we use telescopes?

Ruth is looking at the Moon with her naked eye. Shona is using a telescope to look at the Moon. The telescope has a **magnification** of 50 – it makes the Moon look 50 times bigger and 50 times closer. Shona can see craters that Ruth cannot see.

Now they look at the stars. The stars are so far away that they are points of light, even through the telescope. But Shona's telescope makes the angle between the stars 50 times greater. It also collects more light, so Shona can see dimmer stars that Ruth cannot see.

P7.2.5 Refraction at lenses

Shona's telescope is a **refracting** telescope. It uses **convex lenses** to form an image of a star. The lenses are made from glass. They refract light.

Parallel rays entering a convex lens come to a point called a **focus**. The rays have **converged**.

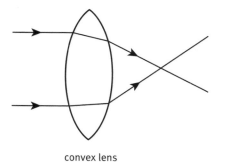

Convex lenses are thicker in the middle than at the edges.

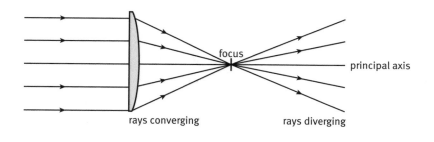

focus

principal axis

rays converging   rays diverging

convex lens

Light is refracted as it enters and leaves a convex lens.

P7.2.4, P7.2.6, P7.2.9 Images in lenses

Use these rules to help you draw ray diagrams:
- Use arrows to show the direction that light is travelling.
- A ray through the centre of a lens does not change direction (ray **a**).
- A ray parallel to the principal axis passes through the focus (ray **b**).
- A ray through the focus emerges parallel to the principal axis (ray **c**).

Stars are very far away, so rays reaching Earth from stars are parallel. A convex lens refracts rays from a star through a single point. The point is the **image** of the star – to our eyes, it looks as if the star is at that point.

H Objects in our own Solar System, such as moons and planets, are closer than stars. Light rays from different parts of the object arrive at a lens at different angles. Rays from the top of the object go to the bottom of the image. The image is upside-down, or **inverted**.

Images of distant objects that are very big, such as galaxies, are also inverted by a convex lens.

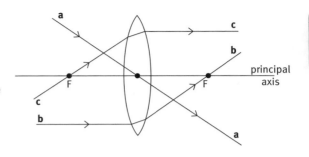

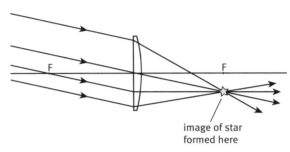

image of star formed here

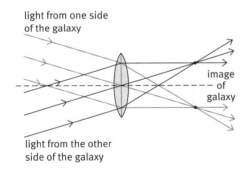

light from one side of the galaxy

image of galaxy

light from the other side of the galaxy

Exam tip

At Foundation tier you need to interpret ray diagrams and draw ray diagrams to show how parallel light comes to a focus. At Higher tier, you also need to draw ray diagrams to show how images of stars, galaxies, moons, and planets in our Solar System are formed.

P7.2.7–9 Focal length and lens power

Rajul holds a convex lens in front of the classroom wall. He moves the lens backwards and forwards until he sees a sharp image of the view outside on the classroom wall. The distance from the lens to the wall is the **focal length** of the lens.

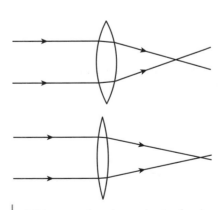

A fat convex lens has a shorter focal length than a thin lens made of the same material. The fat lens refracts light more. It is more powerful.

The **power** of a lens is measured in **dioptres**.

$$\text{power} = \frac{1}{\text{focal length}}$$
(dioptres) (metres^{-1})

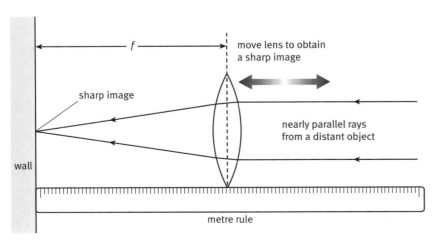

f — move lens to obtain a sharp image

sharp image

nearly parallel rays from a distant object

wall

metre rule

P7.2.10–11 Inside a telescope

Matthew makes an **optical telescope** from two convex lenses. He looks at a star.

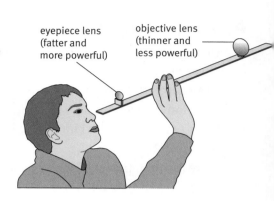

eyepiece lens (fatter and more powerful)   objective lens (thinner and less powerful)

- The **objective lens** has a long focal length (low power). It collects light from the star. It forms an image of the star inside the telescope.
- The **eyepiece lens** has a short focal length (high power). It magnifies the image formed by the objective lens. Matthew sees this magnified image.
- The distance between the lenses is equal to the sum of the two focal lengths.

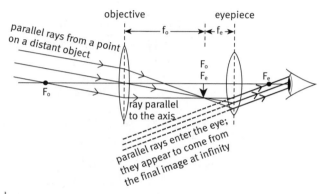

Ray diagram for a refracting telescope.

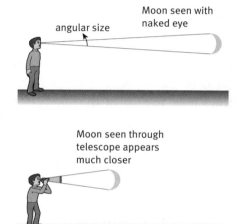

Moon seen with naked eye

angular size

Moon seen through telescope appears much closer

A telescope increases the angular size of the Moon.

P7.2.12 Magnification

H Matthew's telescope makes the angles between stars look much bigger than if he looked with his eyes only. This is the **angular magnification** of the telescope.

$$\text{magnification} = \frac{\text{focal length of objective lens}}{\text{focal length of eyepiece lens}}$$

P7.2.13–15 Reflecting telescopes

Most telescopes use a concave mirror, not a lens, as the objective. A concave mirror brings parallel light to a focus.

An eyepiece lens then magnifies the image from the mirror.

Reflecting telescopes have these advantages:

- It is easier to make a big mirror than a big lens. You need big mirrors to view weak radiation from faint or very distant objects.
- It is hard to make a glass lens with no imperfections.
- A big convex lens is fat in the middle. Glass absorbs light on its way through the lens, so faint objects look even fainter.
- Mirrors reflect all colours the same. A lens refracts blue light more than red, which distorts the image. The next section explains why.

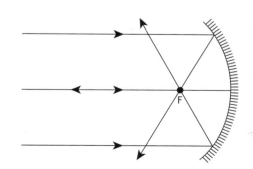

P7.2.20–21 Dispersion

White light is made up of a mixture of colours. Violet light has a higher frequency than red light, and a shorter wavelength. Violet light slows down more in glass, and is refracted more.

In lenses and prisms, refraction splits white light into its colours. This is **dispersion**.

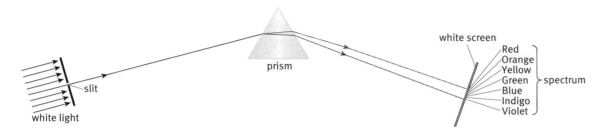

Dispersion in a prism.

Dispersion also occurs at a **diffraction grating** (narrow parallel lines on a sheet of glass). When white light shines on the grating, different colours emerge at different angles. This forms spectra.

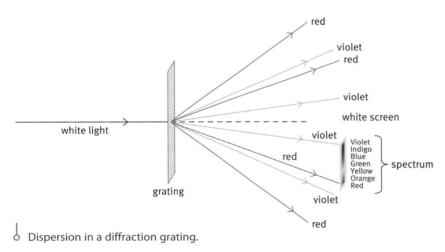

Dispersion in a diffraction grating.

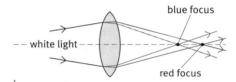

Dispersion distorts images from lenses. This is a problem in telescopes.

Astronomers view stars through **spectrometers** containing prisms or gratings. These show the frequencies of light emitted by the star.

P7.2.16–19 Diffraction

When waves go through a gap, they bend and spread out. This is **diffraction**. The effect of diffraction is greatest when the size of the gap is similar to – or smaller than – the wavelength of the waves.

H The light-gathering area of a telescope's objective lens or mirror is its **aperture**. If diffraction occurs at the aperture the image will be blurred. Optical telescopes have apertures much bigger than the wavelength of light to reduce diffraction and form sharp images.

Radio waves have long wavelengths. A telescope that detects radio waves from distant objects needs a very big aperture.

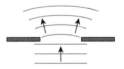

Waves spread out as they pass through the aperture.

A narrower aperture has more effect.

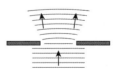

A smaller wavelength gives less diffraction.

Diffraction is greatest when the gap is similar to the wavelength of the waves.

Use extra paper to answer these questions if you need to.

1 Draw lines to match each word to its description.

Word	Description
dioptre	the distance between the focus and the centre of a lens
convex lens	how much bigger an image is than the object
spectrum	in a telescope, the lens that is nearer the object
magnification	a lens that is thicker in the centre than the edges, causing light rays to converge
focal length	the continuous band of colours seen when light passes through a prism
objective lens	the unit for measuring the power of a lens

2 In each sentence below, highlight the one **bold** word that is correct.

   a The bouncing back of light at the boundary between two materials is called **refraction / reflection / diffraction.**

   b The change of direction of light as it passes from one material to another is called **refraction / reflection / diffraction.**

   c The spreading out of a wave as it passes through a small aperture is called **refraction / reflection / diffraction.**

3 Write **T** next to the statements below that are true. Write corrected versions of the statements that are false.

   a Light from distant stars reaches Earth as parallel sets of rays.

   b When light waves travel from air to glass, they speed up.

   c The frequency of a wave changes when it passes from one medium to another.

   d The wavelength of a wave stays the same when it passes from one medium to another.

   e The frequency of a wave cannot change once it has been made.

   f The speed at which a wave travels depends on the medium it is travelling in.

4 In which of the situations shown in the diagrams will the diffraction of the waves be least? Explain your answer.

a

b

c

5 Write **O** next to the statements below that are true of an objective telescope lens. Write **E** next to the statements that are true of an eyepiece lens. Write **B** next to the statements that are true of both.

   a This lens collects light from the object being observed.

   b This lens produces a magnified image of another image.

   c This is a converging lens.

   d In some telescopes, this lens is replaced by a mirror.

   e This lens produces the image that we see.

6 Four students have measured the focal lengths of convex lenses, made of the same glass.

   a Complete the table below.

Student	Focal length (cm)	Power (dioptres)
Guy	50	
Kevin	20	
Nikhita	10	
Clare	40	

   b Whose lens is thinnest?

   c Which pair of lenses would make the best telescope?

   d Whose lens should be used as the eyepiece lens in the telescope?

7 In each sentence below, highlight the one correct **bold** word in each pair.

   Most telescopes use a **convex / concave** mirror instead of the objective lens. These are **reflecting / refracting** telescopes. One disadvantage of **lenses / mirrors** is that they refract different colours by different amounts. This distorts the image. Also, it is **harder / easier** to manufacture large mirrors than lenses.

8 Calculate the angular magnification for each of the telescopes in the table.

Focal length of objective lens (cm)	Focal length of eyepiece lens (cm)	Magnification
20	5	
30	4	
25	3	

1   This question is about telescopes.

Rebekah makes a telescope.

The ray diagram below shows the arrangement of the lenses forming her telescope. The diagram is not drawn to scale.

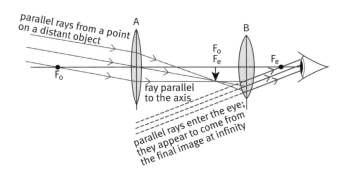

⚲ Rebekah's telescope.

Lens A has a focal length of 80 cm. Lens B has a focal length of 5 cm.

a   Complete the diagram by labelling:
  • the objective lens
  • the principal axis
  • the focal length of lens A.   [3]

b   The light rays incident on the telescope are effectively parallel.

  Explain why this is.

  _____

  _____ [1]

c   Calculate the power of lens A and give the unit. Show your working.

  Power of lens A = _____   _____   [2]

Ⓗ d   Calculate the angular magnification of the telescope. Show your working.

  Magnification = _____   [2]

e   Alex makes a telescope.

  It has an angular magnification of 20.

  Its eyepiece lens has a focal length of 2 cm.

Normally, the distance between the lenses in a telescope is the sum of the focal length of the objective lens and the focal length of the eyepiece lens.

Whose telescope is longer – Rebekah's or Alex's?

Show how you work out your answer.

[3]

Total [11]

2 a The diagrams below show waves approaching apertures.

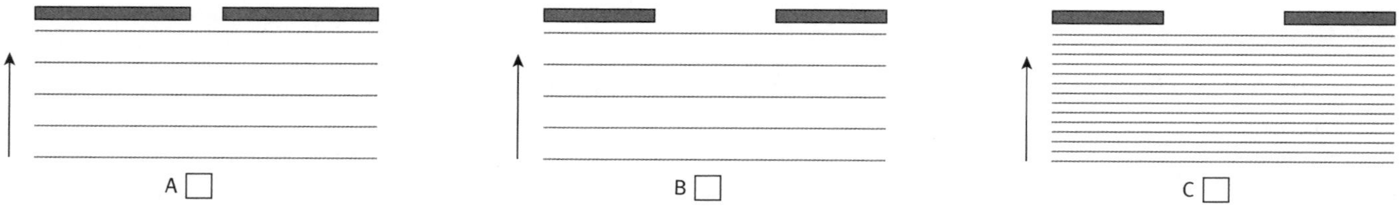

A ☐   B ☐   C ☐

i Tick the box below the diagram in which the diffraction of the waves will be greatest. You might need to use a ruler to help you decide. [1]

ii Explain the choice you made in part (i).

_____

_____ [1]

b The table shows data about four radio telescopes.

i Identify the telescope in which waves of wavelength 3 m would be diffracted least. Explain your choice.

_____

_____ [2]

Name and location of telescope	Aperture (m)
Arecibo, Puerto Rico	305
Goldstone, USA	64
Honeysuckle Creek, Australia	26
Lovell, UK	76
Parkes Observatory, Australia	64

ii Astronauts first landed on the Moon in 1969. They sent radio waves to Earth so that people could watch the astronauts on television. The telescopes at Parkes, Honeysuckle Creek, and Goldstone received the radio waves at the same time.

Suggest why the quality of the television pictures from Parkes Observatory was better than the quality of the television pictures from Honeysuckle Creek. The wavelength of the signals sent from the Moon was about 13 cm.

_____

_____ [2]

Total [6]

1 The graph shows data published by Hubble in 1929. Use these words to complete the graph labels and fill in the gaps below.

> accurately   away   distance of galaxy from Earth   distance
> graph   Hubble   light   measure   period   redshift   speed
> speed of recession   uncertain   Universe   variable   galaxy

Hubble used the _____ of Cepheid

_____ stars to measure the

_____ to galaxies. The _____

from these galaxies is redshifted. This means that

they are moving _____, and the

_____ is expanding. The speed of

recession can be found from the amount of

_____.

Hubble found that as the distance to a _____

increases, the _____ of recession increases.

The gradient of the _____ is called

the _____ constant. Its exact value is

_____ as it is difficult to _____ the

distances _____.

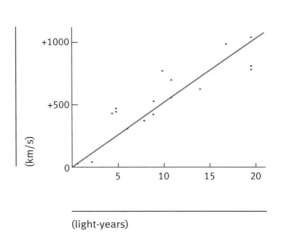

(light-years)

2 Solve the clues to complete the grid and reveal the name of a famous scientist.

What is she famous for?

1 Our galaxy (5–3)

2 Seen through a telescope, this appears as a fuzzy patch of light (6)

3 Scientist who debated with Curtis about whether there were galaxies outside our own (7)

4 A star that pulses in brightness (7, 8)

5 Distance light travels in a year (5–4)

6 Luminosity depends on the _____ and size of the star (11)

7 Data from an absorption spectrum, used to calculate the recession speed of distant galaxies (8)

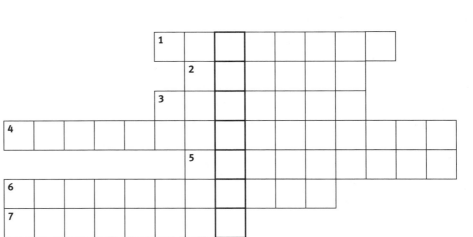

P7.3.6 Light-years

A **light-year** is the distance light travels in one year. After the Sun, the nearest stars are about 4 light-years away. This means we see the light that left those stars 4 years ago. Some galaxies are millions of light-years away.

P7.3.1–7, P7.3.17 Using parallax

As the Earth orbits the Sun, the closest stars appear to change their positions relative to the very distant 'fixed stars'. This effect is called **parallax**. Actually, the stars have not moved. It is the Earth, from which we are observing, that has moved.

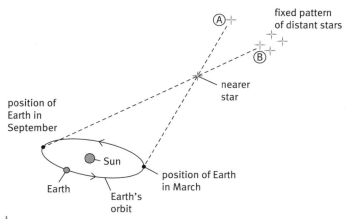

In March the nearer star is in front of star A, but in September it is in front of star B.

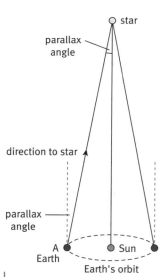

The parallax angle is half the angle the star has apparently moved in 6 months.

The **parallax angle** of a star is half the angle the star has apparently moved in 6 months (when the Earth has travelled from one side of the Sun to the other).

- Parallax angles are tiny. They are measured in **seconds of arc.** (1 second of arc is $\frac{1}{3600}$ of a degree.)

- The smaller the parallax angle, the further away the star:

  distance to star (in parsecs) $= \dfrac{1}{\text{parallax angle}}$
  (in seconds of arc)

A **parsec** (pc) is the distance to a star whose parallax angle is 1 second of arc. Astronomers use parsecs to measure distance.

- A parsec is similar in magnitude (size) to a light-year.
- Distances between stars within a galaxy (interstellar distances) are usually a few parsecs.
- Distances between galaxies are measured in **megaparsecs** (Mpc).

P7.3.8–9 Star luminosity

The **luminosity** of a star is the amount of radiation it emits every second. Luminosity depends on temperature and size – the hotter and bigger the star, the more energy it radiates per second.

The **observed intensity** of a star describes the radiation reaching Earth from a star. Observed intensity depends on the luminosity of the star and its distance from Earth. The further away a star is, the less bright it seems to be. This is because the light has spread out over a bigger area.

Astronomers can calculate the distance to a star if they know its luminosity and its observed intensity.

Hussein's torch seems dimmer than Sean's identical torch, because Hussein is further away.

P7.3.10 Cepheid variable stars

A **Cepheid variable star** is a star whose brightness varies. There is a regular pattern of change as the star gets bigger and smaller. The time between peaks of brightness is the **period** of a Cepheid variable star.

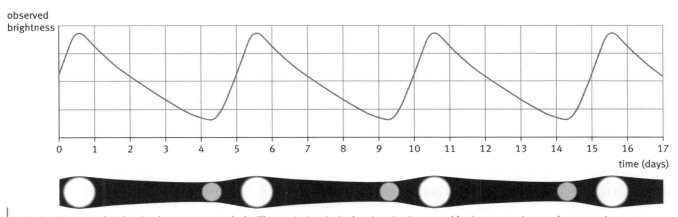

The brightness of Delta Cephei varies regularly. The variation in its luminosity is caused by its expansion and contraction.

P7.3.10–11 Using Cepheid variables to estimate distance

Henrietta Leavitt discovered a correlation between the luminosity of a Cepheid variable star and its period – the greater the luminosity, the longer the period.

Distances to many galaxies are too large to measure using parallax. Instead, astronomers look for a Cepheid variable star within a galaxy. They use the relationship between luminosity and period to work out the distance to the star.

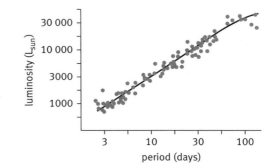

Astronomers calculate distances to a Cepheid variable star like this:

- Measure the period.
- Use the period to work out the luminosity.
- Measure the observed brightness.
- Compare the observed brightness with the luminosity to work out the distance.

P7.3.12–16 Observing nebulae and galaxies

Telescope observations show that our galaxy, the Milky Way, is made up of millions of stars. The Sun is one of these stars.

In the 1920s, astronomers were puzzled by fuzzy patches of light seen through telescopes. They called them **nebulae**. Nebulae have different shapes, including spirals. Astronomers debated spiral nebulae.

- **Shapley** thought the Milky Way was the entire Universe. He said that nebulae were clouds of gas within the Milky Way.
- **Curtis** thought that spiral nebulae were huge, distant clusters of stars – other galaxies outside the Milky Way.

Neither astronomer had evidence strong enough to settle the argument. Later, **Hubble** found a Cepheid variable in a spiral nebula, Andromeda. Hubble measured the distance from Earth to the star. The star was further away than any star in the Milky Way. He concluded that the star was in a separate galaxy.

Cepheid variable stars have been used to show that most spiral nebulae are distant galaxies. There are billions of galaxies in the Universe.

P7.3.18–21 The expanding Universe

Astronomers study absorption spectra from distant galaxies. Compared to spectra from nearby stars, the black absorption lines for distant galaxies are shifted towards the red end of the spectrum. This is **redshift**. Redshift shows that galaxies are moving away from us.

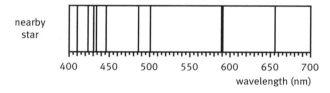

nearby star

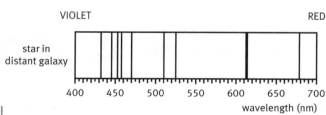

VIOLET   RED

star in distant galaxy

The absorption spectrum from the star in a distant galaxy shows redshift compared to the spectrum from the closer star.

The **speed of recession** of a galaxy is the speed at which it is moving away from us. Its value can be found from the redshift of the galaxy.

Hubble measured the distance to Cepheid variable stars in several galaxies. He found that the further away a galaxy is, the greater its speed of recession. (In this equation, you can use either the top or bottom set of units.)

speed of recession = Hubble constant × distance

| (km/s) | (s^{-1}) | (km) |
| (km/s) | (km/s per Mpc) | (Mpc) |

Other astronomers gathered data from Cepheid variable stars in different galaxies. These data have given better values of the Hubble constant.

The fact that galaxies are moving away from us suggests that the Universe began with a **big bang** about 14 thousand million years ago.

Ⓗ Distant galaxies seem to be moving away faster than nearby galaxies. This has led scientists to conclude that space itself is expanding.

Exam tip

In Higher-tier exams, you might need to use the Hubble equation to calculate speed of recession, the Hubble constant, or distance. In Foundation-tier exams, you will only be asked to calculate the speed of recession.

Use extra paper to answer these questions if you need to.

1 Draw lines to match each word to its description.

Word	Description
parallax	a group of thousands of millions of stars
parsec	the way that closer stars seem to move over time relative to more distant ones
light-year	a star whose brightness varies periodically
nebula	the distance that light travels in 1 year
galaxy	the distance to a star with a parallax angle of 1 second of arc
Cepheid variable	name once given to any fuzzy object seen in the night sky

2 Use the data in the table to answer the questions below.

Star	Parallax angle (seconds of arc)
A	0.52
B	0.015
C	0.084
D	0.17

a Which star is closest?

b Which star is furthest away?

c Calculate the distance of star D from Earth.

3 Use the words and phrases in the box to fill in the gaps in the sentences below. Each word may be used once, more than once, or not at all.

| parallax angle   size   distance from Earth |
| luminosity   observed intensity   height |

a The _____ of a star is related to its distance from Earth.

b The period of a Cepheid variable is related to its _____.

c The speed at which a galaxy is moving away is related to its _____.

d The _____ of a star depends on its temperature and size.

e The observed intensity of light from a star depends on its _____ and _____.

4 In the 1920s there was a great debate between the astronomers Curtis and Shapley. Hubble later provided evidence showing that one of them was correct.

Copy and complete the conversation below.

Curtis: I think that nebulae are distant galaxies outside our galaxy.

Shapley: You are wrong. I think they are...

Hubble: I have used a Cepheid variable star to ....

Hubble: My measurements show that...

Hubble: So _____ must be right.

5 a Complete the table.

Star	Parallax angle (seconds of arc)	Distance (parsecs)
Kapteyn's Star	0.250	
Procyon	0.285	
Sirius	0.370	

b Explain why parallax cannot be used to find stellar distances greater than 100 parsecs.

c The star Alpha-Centauri is 1.2 parsecs away from Earth. Which of the following gives its distance in light-years?

A 4.3 light-years

B 43 light-years

C 4300 light-years

D 4.3 light-seconds

6 Write **T** next to the statements that are true. Write corrected versions of the statements that are false.

a The parallax angle of a star is the angle moved against a background of very distant stars in 6 months.

b A parsec is similar in magnitude to a light-year.

c A megaparsec is one billion parsecs.

d Typical interstellar distances are measured in megaparsecs.

e Cepheid variable stars pulse in brightness.

f The smaller the period of a Cepheid variable, the greater its luminosity.

g The Sun is the only star in the Milky Way galaxy.

h Distances between galaxies are measured in megaparsecs.

i The further away a star is, the lower its luminosity.

j Scientists believe the Universe began with a big bang about 14 million years ago.

7 Put these sentences in order to show how an astronomer can work out the distance to a Cepheid variable star.

A Plot the observed brightness of the Cepheid variable over several months.

B Compare the observed intensity with the luminosity to find the distance.

C Use the period to work out its luminosity.

D Find the period of the Cepheid variable from the graph.

8 a Calculate the speed of recession of a galaxy that is 3×10^{21} km away from Earth. Assume the Hubble constant to be 2×10^{-18} s^{-1}.

Ⓗ b Another galaxy has a speed of recession of 2000 km/s. How far away is it?

c The distance to a Cepheid variable star is measured as 4.3×10^{20} km, and the speed of recession of its galaxy is 1990 km/s. What value does this give for the Hubble constant?

1   Look at this graph showing the variation of brightness of the
    star TU Cassiopeiae.

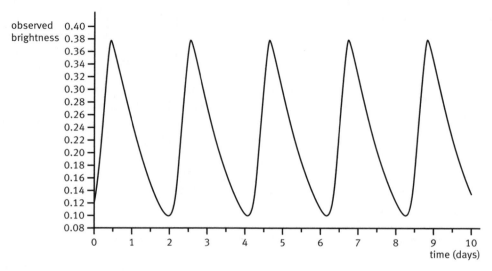

a   What sort of star is TU Cassiopeiae? Draw a (ring) around
    the correct answer.

neutron star   supernova   Cepheid variable   red giant

[1]

b   Use the graph above to work out the period of the star.

_____ [1]

c   The period can be linked to the luminosity of a star.

Use your answer to part **b** and the graph below to work
out the luminosity of TU Cassiopeiae.

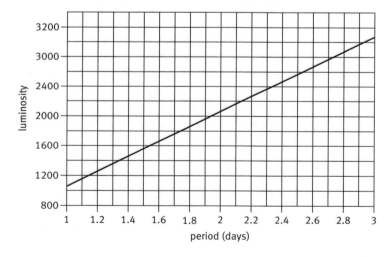

[1]

Answer: _____ units

d The tables give data about three other stars.

Table A

Name of star	Luminosity (relative to the Sun)	Distance from Earth (pc)
Epsilon Cassiopeiae	2500	126
Alpha Cassiopeiae	676	70
Beta Cassiopeiae	27	17

Table B

List of stars in order of observed intensity (highest observed intensity – most bright – first)
Alpha Cassiopeiae
Beta Cassiopeiae
Epsilon Cassiopeiae

Use the data in Table A to explain the data in Table B.

✎ The quality of written communication will be assessed in your answer to this question.

Write your answer on separate paper or in your exercise book. [6]

Total [9]

2 A data book gives parallax angles for various astronomical objects, as shown in the table on the right.

a Explain what is meant by parallax.

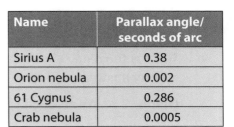

Name	Parallax angle/ seconds of arc
Sirius A	0.38
Orion nebula	0.002
61 Cygnus	0.286
Crab nebula	0.0005

_____

_____

_____

[2]

b Without doing any calculation, which object is closest to Earth?

Explain how you know.

_____

_____

[2]

c Calculate the distance to 61 Cygnus in parsecs. Show your working.

Distance = _____ parsecs [2]

d 61 Cygnus is a pair of stars in the constellation of Cygnus.

A constellation is a group of stars that forms a recognisable pattern from Earth.

Alpha Cygni is another star in the constellation of Cygnus.

Its distance from Earth is approximately 440 pc.

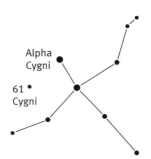

The constellation of Cygnus. The dots represent stars. The lines show the swan-like shape of the constellation.

Compare the distances from Earth of Alpha Cygni and 61 Cygni.

i What conclusion can you make from this data about the stars in a constellation?

_____

_____ [2]

ii Suggest what extra data you could collect to become more confident in your conclusion.

_____ [1]

Total [9]

3 This question is about galaxies.

a Explain what a galaxy is.

_____

_____ [1]

b What is the name of our galaxy? Draw a ring around the correct answer.

Orion   **Andromeda**   **Milky Way**

Cygnus   **Cassiopeia**   [1]

c The distance to a certain star has been measured as 230 megaparsecs. Is the star in our galaxy or in another? Explain how you know.

_____

_____ [1]

d The astronomer Edwin Hubble found evidence that distant galaxies are all moving away from the Earth. His result can be written as an equation:

speed of recession (km/s) = Hubble constant (s^{-1}) × distance to galaxy (km)

A galaxy estimated to be 1.5×10^{21} km away has a measured speed of recession of 3500 km/s. Use this equation to calculate a value for the Hubble constant. Show your working.

Hubble constant = _____ s^{-1} [2]

e Explain why it is difficult to get a precise value for the Hubble constant.

_____

_____ [1]

Total [6]

1 This flow chart shows how stars are thought to be formed and change. Fill in the blanks.

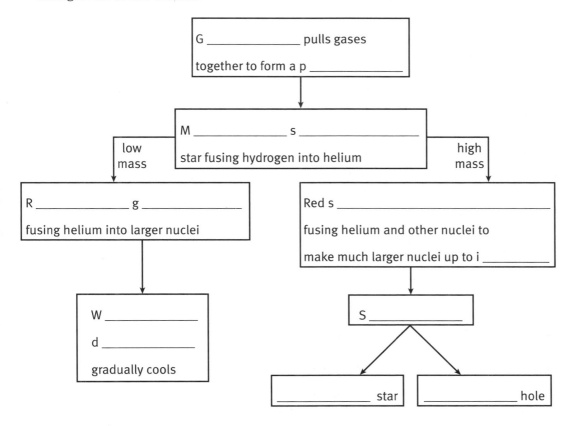

G _____ pulls gases together to form a p _____

low mass

M _____ s _____ star fusing hydrogen into helium

high mass

R _____ g _____ fusing helium into larger nuclei

Red s _____ fusing helium and other nuclei to make much larger nuclei up to i _____

W _____ d _____ gradually cools

S _____

_____ star

_____ hole

2 Tick the graph(s) showing the correct relationship between the pressure and volume of gas at constant temperature.

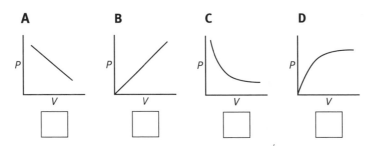

A   B   C   D

3 Tick the graph(s) showing the correct relationship between the pressure and temperature of a constant volume of gas.

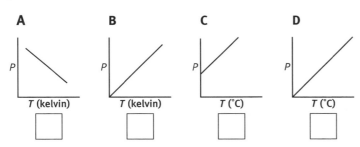

A   B   C   D

P7.4.1 Star spectra and temperature

Hot objects, including stars, emit energy across all wavelengths of the electromagnetic radiation.

Different stars emit different amounts of radiation at different frequencies, depending on their temperature. This is why the coolest stars appear red, slightly hotter ones look orange, then yellow, then white. The very hottest stars are blue–white.

Astronomers use a **spectrometer** to:
* measure how much radiation is emitted at each frequency
* identify the **peak frequency** of a star.

The peak frequency gives an accurate value for the temperature of a star. The greater the peak frequency, the higher the temperature. The luminosity of a star also increases with temperature.

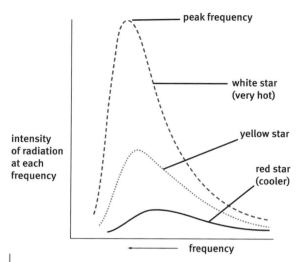

The frequency spectra of three stars.

P7.4.2–4 Identifying elements in stars

Astronomers use spectra from stars to identify their elements.

The surface of the Sun emits white light. As the light travels through the Sun's atmosphere, atoms in this atmosphere absorb light of certain frequencies.

The light that travels on has these frequencies missing. When the light is spread into a spectrum there are dark lines across it. This is the **absorption spectrum** of the Sun.

Each element produces a unique pattern of lines in its absorption spectrum. Astronomers identify the elements in stars by comparing star absorption spectra to those of elements in the lab.

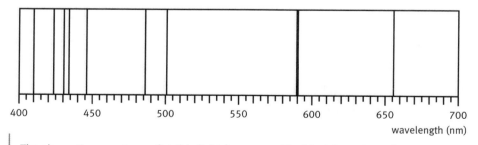

The absorption spectrum of visible light from a star. The black lines show the wavelengths of radiation that are absorbed by atoms of elements in the atmosphere of the star.

H Electrons in an atom of an element can only have certain energy values. The energy levels occupied by electrons are different for every element.

Electrons move between energy levels if they are given exactly the right amount of energy. When light from a star passes through its atmosphere, some of the photons (packets of energy) have energy of exactly the right frequency to move electrons to higher energy levels. It is these frequencies that are missing from absorption spectra.

If electrons are given enough energy they can leave the atom completely. This is **ionisation**.

P7.4.5–10 How do gases behave?

Stars are giant balls of hot gases. To understand stars, you need to understand gases.

The particles of a gas move very quickly in random directions. When they hit the sides of a container they exert a force as they change direction. This causes gas pressure.

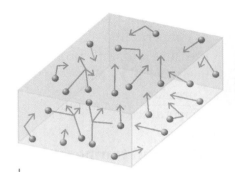

Particles in gases move randomly in all directions.

Pressure and volume

If you decrease the volume of the container, the particles hit the sides more often. The pressure increases.

Volume and pressure are **inversely proportional**. For a fixed mass of gas at constant temperature:
- as volume increases, pressure increases
- pressure × volume = constant

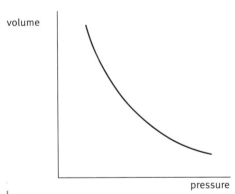

Increasing the pressure on a gas reduces its volume (at constant temperature).

Pressure and temperature

The hotter a gas, the more energy its particles have, and the faster they move. The faster the particles move, the harder and more often they hit the sides of the container.

If you cool a gas, its particles lose energy. They move more and more slowly. At the lowest imaginable temperature the particles would have no energy. They would stop moving, and would never hit the sides of the container. This lowest theoretical temperature is **absolute zero**. It corresponds to –273 °C.

Scientists sometimes use a temperature scale that starts at absolute zero, called the **kelvin scale**. The divisions are called **kelvin (K)** instead of degrees Celsius.

> Temperature in K =
>   temperature in °C + 273
>
> Temperature in °C =
>   temperature in K − 273

For a fixed mass and volume of gas:

- as temperature increases, pressure increases
- pressure is directly proportional to the temperature measured in kelvin
- $\dfrac{\text{pressure}}{\text{temperature}} = \text{constant}$

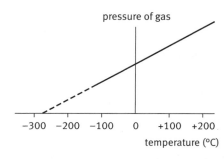

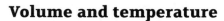

Volume and temperature

If you decrease the temperature of a gas at constant pressure, its volume decreases. At a temperature of absolute zero, the volume would theoretically be zero.

For a fixed mass of gas at a fixed pressure:

- as temperature increases, volume increases
- volume is directly proportional to the temperature measured in kelvin
- $\dfrac{\text{volume}}{\text{temperature}} = \text{constant}$

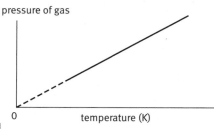

Increasing the temperature of a gas increases its pressure (at constant volume).

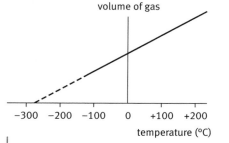
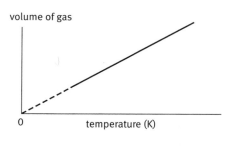

Increasing the temperature of a gas increases its volume (at constant pressure).

P7.4.11–12 What is a protostar?

Gravity compresses a cloud of hydrogen and helium gas. The gas particles get closer and closer. The volume of the gas cloud decreases.

As the gas particles fall towards each other they move faster and faster. Temperature and pressure increase. This mass of gas is called a **protostar**.

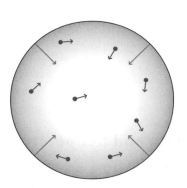

P7.4.13–15, P7.4.17 What is nuclear fusion?

In the early twentieth century scientists discovered nuclear reactions. They thought these reactions might be the source of energy in the Sun.

When hydrogen nuclei come together closely enough, they may join to form nuclei of another element, helium. The process releases energy. This is **nuclear fusion**.

A protostar becomes a star when fusion begins. Nuclear fusion happens in all stars, including the Sun.

The **nuclear equation** below shows one fusion reaction that happens in the Sun.

$$^1_1H + ^1_1H \rightarrow ^2_1H + ^0_1e^+$$

The product of the reaction above may then fuse with another hydrogen nucleus to form an isotope of helium:

$$^1_1H + ^2_1H \rightarrow ^3_2He$$

In a nuclear equation you must balance:
- mass (top numbers)
- charge (lower numbers)

The symbol $^0_1e^+$ represents a **positron**. Positrons are emitted in some nuclear reactions to conserve charge.

In fusion reactions, the total mass of product particles is slightly less than the total mass of reactant particles. The mass that is lost has been released as energy.

H You can use **Einstein's equation** to calculate the energy released in nuclear fusion and fission reactions:

$$E = mc^2$$

energy released = mass lost $\times$ (speed of light in a vacuum)^2

> **Exam tip**
>
> In the exam you may be asked to complete and interpret nuclear equations. Practise!

P7.4.16, P7.4.19–21, P7.4.23–28 Inside stars

Main-sequence stars

Stars like the Sun, which fuse hydrogen to form helium, are **main-sequence stars**.

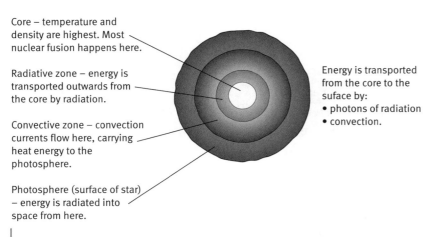

Core – temperature and density are highest. Most nuclear fusion happens here.

Radiative zone – energy is transported outwards from the core by radiation.

Convective zone – convection currents flow here, carrying heat energy to the photosphere.

Photosphere (surface of star) – energy is radiated into space from here.

Energy is transported from the core to the suface by:
- photons of radiation
- convection.

The diagram outlines the processes that happen inside a main-sequence star with a mass that is 5 times the mass of the Sun.

Red giant and supergiant stars

In the core of a main-sequence star, hydrogen nuclei fuse to form helium. Eventually the hydrogen runs out. The pressure decreases. The core collapses.

The outer layers of the star, which contain hydrogen, then fall inwards. New fusion reactions begin in the core. These reactions make the outer layers of the star expand. The photosphere cools, and its colour changes from yellow to red. A **red giant** or **supergiant** has formed.

While the outer layers of a red giant or supergiant expand, its core gets smaller. It becomes hot enough for helium nuclei to fuse together to form heavier nuclei. The more massive the star, the hotter its core and the heavier the nuclei it can produce by fusion.

- In red giants, fusion reactions produce nuclei of carbon. Further fusion reactions then make heavier nuclei such as nitrogen and oxygen.
- In supergiants, the core pressure and temperature are even higher. Fusion reactions may produce elements with nuclei as heavy as that of iron.

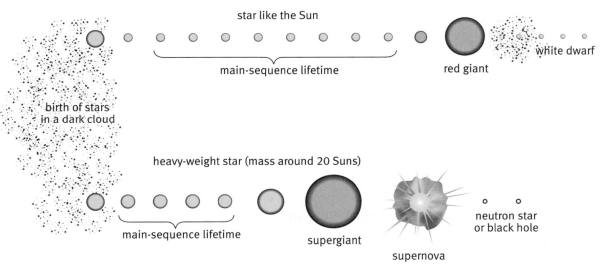

The diagrams show how stars change.

White dwarf stars

The Sun has a relatively low mass. When it becomes a red giant it will not be compressed further once its helium has been used up. The star will shrink to become a **white dwarf star**. There is no fusion in a white dwarf. It gradually cools and fades.

Supernova

When the core of a supergiant is mainly iron, it explodes. This is a **supernova**. It is so hot that fusion reactions produce atoms of elements as heavy as uranium.

After a supernova explosion, a dense core remains.
- A smaller core becomes a **neutron star**.
- A bigger core collapses to become a **black hole**. A black hole has so much mass concentrated into a tiny space that even light cannot escape from it.

The clouds of dust and gas blown outwards by a supernova may eventually form new protostars.

P7.4.22 The Hertzsprung–Russell (H–R) diagram

The H–R diagram is a plot of the luminosity of a star against its temperature. Different types of stars are in different regions of the graph.

For main-sequence stars, the diagram shows a correlation. The hotter the star, the more radiation it emits and so the greater its luminosity.

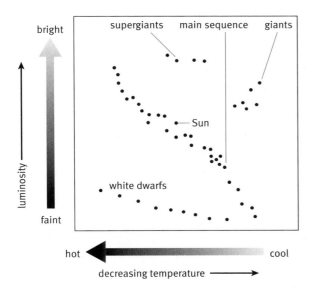

> **Exam tip**
>
> In the exam you may be asked to identify regions on the H–R graph where different types of star are located.

P7.4.29–31 Exoplanets

Astronomers have found convincing evidence of planets orbiting nearby stars. These are **exoplanets.**

Some exoplanets might have conditions that are just right for life. Because of this, some scientists think it is likely that life may exist elsewhere in the Universe.

However, no evidence of extraterrestrial life has so far been detected.

Use extra paper to answer these questions if you need to.

1 The graphs below show the frequency spectra of three stars.

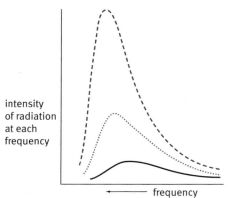

intensity of radiation at each frequency

← frequency

a Label the hottest star and the coolest star.

b The stars are different colours: red, white, and yellow. Label each spectrum with the colour of the star.

2 Complete the table.

Temperature (°C)	Temperature (K)
0	
200	
−200	
	0
	7
	300

3 **a** A scientist heats 100 cm³ of gas from 200 K to 600 K. Calculate the new volume of the gas.

b A scientist cools 10 dm³ of gas from 500 K to 250 K. Calculate the new volume of the gas.

4 A scientist fills a container with a gas until its pressure is 1×10^5 Pa. She heats the gas from 300 K to 600 K. Its volume does not change. Calculate the new pressure of the gas.

5 A scientist fills a container with a gas until its pressure is 2×10^5 Pa. She cools the gas from 300 K to 200 K. Calculate the new pressure of the gas.

6 A scientist doubles the volume of a fixed mass of gas, keeping the temperature constant. Write **T** next to the statements below that are true.

a On average, the gas particles get further apart.

b The pressure of the gas will increase.

c Gas particles hit the walls of the container with a greater force.

d Gas particles hit the walls of the container less often.

7 Jasmine writes about the formation of a protostar. She makes mistakes in some sentences. Write a corrected version of each incorrect sentence below.

a In space, a magnetic force compresses a cloud of hydrogen and helium gas.

b The gas particles attract each other.

c The gas particles get closer and closer, and the cloud collapses inwards.

d The volume of the cloud has increased.

e As the gas particles fall towards each other they move more and more slowly, so the temperature and pressure increase.

8 Complete the nuclear equations below.

a $^{12}_{6}C + ^{1}_{1}H \rightarrow ^{...}_{7}N$

b $^{13}_{7}N \rightarrow ^{13}_{...}C + ^{0}_{+1}e$

c $^{13}_{6}... + ^{...}_{1}H \rightarrow ^{14}_{7}...$

d $^{...}_{...}N + ^{1}_{1}H \rightarrow ^{12}_{6}C + ^{4}_{2}He$

9 The diagram shows the cross-section of a main-sequence star.

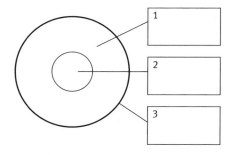

Write the correct letter in each box. You will need to write more than one letter in each box.

a convective and radiative zone

b core

c photosphere

d Most nuclear fusion takes place here.

e Energy radiates into space from here.

f Energy is transported through this part of the star by convection and radiation.

g In this part of the star, the temperature and density are highest.

10 Write the letters of the star types below on the correct places in the Hertzsprung–Russell diagram.

a main-sequence stars

b white dwarfs

c red giants

d supergiants

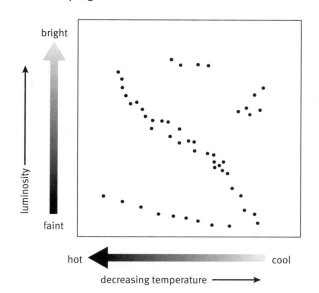

1   X is a star in the Milky Way.

Use the evidence below to suggest what type of star X is most likely to be. Explain your decision.

The quality of written communication will be assessed in your answer to this question.

Write your answer on separate paper or in your exercise book.

Evidence A

Colour of star X	yellow-white
Is star X visible from Earth?	yes

Evidence B

Element	Percentage of element on surface of star X
hydrogen	73.46
helium	24.85
oxygen	0.77
carbon	0.29
iron	0.16
neon	0.12

Evidence C

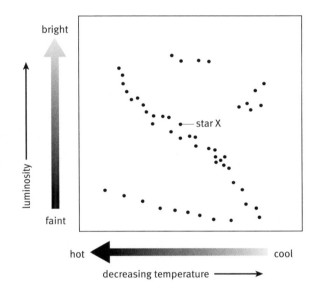

Evidence D

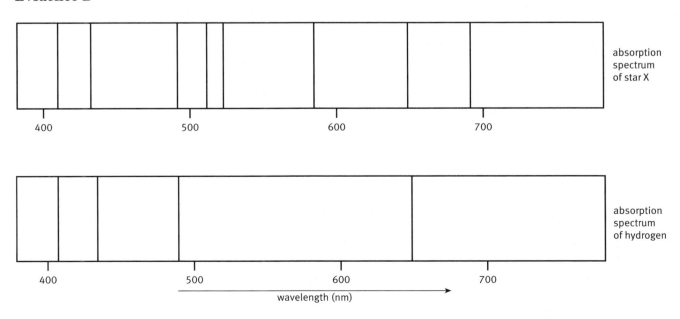

Total [6]

Going for the highest grades

H **2** The equations below show three fusion reactions that take place in the core of the Sun. **The equations are not complete.**

Reaction 1 $\quad {}^1_1H + {}^1_1H \rightarrow {}^{\cdots}_1H + {}^0_1e^+$

Reaction 2 $\quad {}^1_1H + {}^2_1H \rightarrow {}^3_2He$

Reaction 3 $\quad {}^3_2He + {}^3_2He \rightarrow {}^4_2\cdots + {}^1_1H + {}^1_1H$

a Name the particle represented by the symbol ${}^0_1e^+$

_____ [1]

b Complete the equation for reaction 1.

Write your answer on the dotted line in the reaction 1 equation above. [1]

c Identify the missing symbol in the reaction 3 equation.

Write your answer on the dotted line in the reaction 3 equation above. [1]

d The table gives the masses of all the particles in reactions 1, 2, and 3.

Formula of particle	Mass of particle (atomic mass units, u)
${}^1_1H$	1.00728
${}^2_1H$	2.01355
${}^3_2He$	3.01493
${}^4_2He$	4.00160
${}^0_1e^+$	0

i Calculate the mass changes for reactions 1 and 2.

Give your answers in atomic mass units.

Mass change for reaction 1 = _____ u

Mass change for reaction 2 = _____ u [4]

ii The mass change for reaction 3 is 0.01370 u.

Identify the reaction (1, 2, or 3) that releases the most energy.

Explain your choice.

_____

_____ [2]

e In 1 second, the Sun radiates 3.9×10^{26} J of energy.

Calculate the mass lost by the Sun in 1 second.

The speed of light in a vacuum is 3×10^8 m/s.

Mass lost by Sun in 1 second = _____ kg [2]

Total [11]

1　Draw lines to join the beginnings of the sentences to the endings.

Draw one, two, or three lines from each beginning.

Beginning
Disadvantages of space telescopes are that they are …
Computers are used to control telescopes because they can …
International cooperation in astronomy allows …
In deciding where to site a new observatory it is necessary to consider …

Endings
… allow the telescope to be used by an astronomer not at the observatory.
… the pooling of scientific expertise.
… the cost of new major telescopes to be shared.
… the amount of light pollution.
… enable a telescope to track a distant star while the Earth rotates.
… the environmental and social impact of the project.
… expensive to set up and maintain.
… common local weather conditions.

2　Read the article in the box.

The Royal Greenwich Observatory and Telescopes

In 1675 King Charles II commissioned the building of the Royal Observatory in Greenwich. Its aim was to provide accurate star data for use at sea. Greenwich was a small village outside London, several miles from the smoke of London. The observatory was built in a royal park, so the land did not need to be purchased.

Over the years, many important observations were made from Greenwich. But by 1945 light pollution from the expanding London meant that the site was no longer useful. A new observatory was built in Sussex.

Several telescopes were built in Sussex, including the Isaac Newton Telescope (INT). But the British climate was never ideal, so in 1984 the INT was moved to a high-altitude, clear-sky site in the Canary Islands.

---

a　Underline the phrase in the first paragraph that gives a scientific reason for the location of the observatory.

b　Draw a ring around the phrase in the first paragraph that gives a reason for the location of the observatory that is not scientific.

c　Explain what is meant by light pollution.

_____

d　Suggest why the British climate might have been a problem for astronomy.

_____

e　Give two advantages of the INT being on a high-altitude site.

_____

P7.5.1–2, P7.5.8 Choosing observatory sites

Astronomers use huge telescopes to collect the weak radiation from faint or very distant sources.

The major optical and infrared telescopes on Earth are in:
- Chile
- Hawaii
- Australia
- the Canary Islands.

When choosing a site for an observatory, astronomers consider the factors in the table.

Astronomical factors	
Factor	**Solution**
The atmosphere refracts light. This distorts images.	A high location (e.g. on a mountain) reduces this problem.
Light is refracted more if the air is damp or polluted.	Locating a telescope in an area with dry, clean air results in higher-quality images.
Astronomical observations cannot be made in cloudy conditions.	Choose an area with frequent cloudless nights.
Cities cause light pollution.	Choose an area far from cities.

Other factors
- Cost, including travel to and from the telescope for supplies and workers.
- Environmental impact near the observatory.
- Impact on local people.
- Working conditions for employees.

P7.5.3–4 Computer control of telescopes

Paolo is an astronomer. He is using a telescope that is thousands of miles away. He uses computer controls to point the telescope towards a particular star and track it as the Earth rotates. Images are recorded digitally and sent electronically to his computer.

Paolo also uses his computer to analyse the images and improve their quality – by adding false colour, for example. Paolo sends his observations to astronomers all over the world.

P7.5.5 Telescopes in space

Telescopes on Earth are affected by:
- the atmosphere, which absorbs most infrared, ultraviolet, X-ray, and gamma radiation
- atmospheric refraction, which distorts images and makes stars 'twinkle'
- light pollution
- bad weather.

All these problems can be overcome by placing the telescope in space, where there is no atmosphere, light pollution, or weather. For example, the **Hubble Space Telescope** has a resolution better than the best Earth-based telescopes.

But there are disadvantages too, including the high costs of setting up, maintaining, and repairing a telescope in space, and uncertainties in future funding.

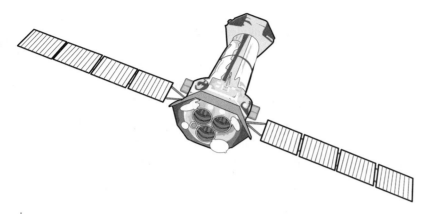

The XMM Newton telescope was launched by the European Space Agency in 1999. It detects X-rays from stars. X-rays from stars cannot be detected on Earth because they are absorbed by our atmosphere.

P7.5.6–7 International collaboration

Collaboration between countries allows the cost of a major telescope to be shared and expertise pooled.

For example, 14 European countries and Brazil have collaborated to run the **European Southern Observatory (ESO)**, which has several telescopes in Chile. Chile provides the base and the office staff. Over 1000 astronomers from all over the world use the facility each year.

The Gran Telescopio Canarias is in the Canary Islands, at the top of a high volcanic peak. It is funded mainly by Spain, with contributions from Mexico and the USA. Planning for the construction of the telescope involved more than 1000 people from 100 companies.

The dome of the Gran Telescopio Canarias.

> **Exam tip**
>
> You need to know two examples showing how international cooperation is essential for progress in astronomy.

Use extra paper to answer these questions if you need to.

1 Write **T** next to the statements that are true. Write corrected versions of the statements that are false.
   a Space telescopes have bigger lenses or mirrors than Earth-based telescopes.
   b The atmosphere refracts visible light.
   c The atmosphere absorbs some types of electromagnetic radiation.
   d Computer control enables a telescope to track a star while the Earth rotates.
   e Light pollution makes it easier to see stars.
   f Space telescopes can detect electromagnetic waves that cannot be detected at ground level.

2 Put ticks in the boxes next to the places below that have major optical and infrared astronomical observatories on Earth.
   a Australia ☐
   b Bangladesh ☐
   c Canary Islands ☐
   d Chile ☐
   e Hawaii ☐
   f UK ☐
   g Zimbabwe ☐

3 Write S next to scientific factors that influence the choice of site for a major astronomical telescope. Write O next to other factors.
   a height above sea level
   b cost
   c travel distance for astronomers
   d number of cloudless nights
   e amount of atmospheric pollution
   f how much water is in the air
   g environmental impact near the observatory
   h working conditions for the people who work at the observatory
   i the availability of staff to build and administer the observatory
   j distance from built up areas that cause light pollution

4 Use the words in the box to fill in the gaps. Each word may be used once, more than once, or not at all.

track	data	process	travel	positioned
record	equipment	communicate		

   Using a computer to control a telescope means that astronomers do not have to go to a telescope to collect _____ from it. This saves money on _____.
   Computers can be used to _____ space objects

continuously through the night, and to make sure the telescope is _____ precisely.
Astronomers also use computers to _____ and _____ data, and to _____ their findings with colleagues all over the world.

5 Read the following extract.

> The Hubble Space Telescope (HST) was launched as a joint venture between the European Space Agency in Europe and NASA in the USA. The telescope has a 2.4-m primary mirror, and its instrumentation allows it to work at all frequencies from infrared through to ultraviolet.

   a Is the Hubble Space Telescope a reflector or refractor? Explain how you know.
   b List two advantages of international cooperation in projects such as the Hubble Space Telescope.
   c The Hubble Space Telescope is smaller than many Earth-based telescopes, but it is still able to produce higher-quality images than telescopes on Earth. Explain why.

6 The table gives data about some major reflecting telescopes on Earth.

Name of telescope	Aperture (m)	Paid for by	Site
Gran Telescopio Canarias	10.4	Spain, Mexico, USA	Canary Islands
Keck 1	10	USA	Hawaii
Southern African Large Telescope	9.2	South Africa, USA, UK, Germany, Poland, New Zealand	South Africa
Subaru	8.2	Japan	Hawaii
Lamost	4.9	China	China

   a Which telescope is capable of producing the brightest images of faint or distant sources? Explain your answer.
   b Identify two telescopes that are the results of international cooperation.

7 The table gives the altitude (height above sea level) of four telescopes.

Name of telescope	Height above sea level (m)
Keck 1	4145
Gran Telescopio Canarias	2267
Subaru	4145
Southern African Large Telescope	1783

In which telescope(s) will the effects of the atmosphere on the light being collected be least?

1   Imagine that a group of astronomers in India is deciding
    where to build an astronomical telescope.

    Two possible sites are shown on the map.
    The table gives data about the two sites.

	Site 1 – near Leh	**Site 2 – near Mumbai**
Height above sea level (m)	3500	0
Climate	Low rainfall Very hot in summer Very cold in winter	Hot all year round Dry for 7 months of the year High rainfall June–September
Population of town / city	38 000	20 500 000
Education of local people	75% of adults can read and write	97% of adults can read and write Many computer experts in city
Transport	Main roads to other cities blocked by snow in winter No rail or sea transport	Many major roads to other cities Big railway station and harbour
Other factors	People moving to Leh experience difficulty breathing at first because of its high altitude. Historic city with ancient palace	Many sports and cultural activities in city

a   Use the data in the table to evaluate the two sites.

🖉   The quality of written communication will be assessed in
    your answer to this question.

    Write your answer on separate paper or in your exercise
    book.

                                                    [6]

b   Suggest further data the astronomers could collect and evaluate before making their final decision about the better site for the telescope.

_____

_____ [2]

Total [8]

2   Astronomers use telescopes outside the Earth's atmosphere to observe distant planets, galaxies, and other astronomical objects.

The tables give data about space telescopes and information about different types of electromagnetic radiation.

Name of telescope	Space agency that launched and maintains telescope	Type of radiation detected by telescope
Hubble	NASA (USA) and European Space Agency	ultraviolet, visible
AGILE	Italian Space Agency	gamma, X-ray
MOST	Canadian Space Agency	visible
Herschel	NASA (USA) and European Space Agency	infrared
RadioAstron	Astron Space Centre (Russia)	radio

Type of radiation	Is this type of radiation absorbed by our atmosphere?	Examples of space objects that emit this type of radiation
gamma	yes	supernovae, neutron stars, black holes
X-ray	yes (over long distances)	black holes, main-sequence stars, remains of supernovae
ultraviolet	yes	Sun, other stars, galaxies
visible	no	stars, galaxies
infrared	yes	cooler stars, redshifted galaxies
radio	no	remains of supernovae

a   List four types of object that can be observed by the AGILE space telescope.

_____

_____ [4]

b   Name two telescopes that an astronomer might use to observe the remains of supernovae.

_____ [2]

c   Name two telescopes that are the result of international collaboration.

_____ [2]

d   Identify two advantages of international collaboration in astronomical research.

_____

_____ [2]

Total [10]

Cause–effect explanations

1 Sam is investigating gases. He wants to find out how changing the temperature of a gas affects its volume.

a Identify the outcome in the investigation.

_____ [1]

b i Identify three factors that may affect the outcome.

_____ [1]

ii Which of these factors should Sam control?

_____ [1]

iii Explain why Sam should control these outcomes.

_____ [1]

c Sam sets up the apparatus opposite.

He records the height of the column of air in the tube at five different temperatures.

He collects the data in the table.

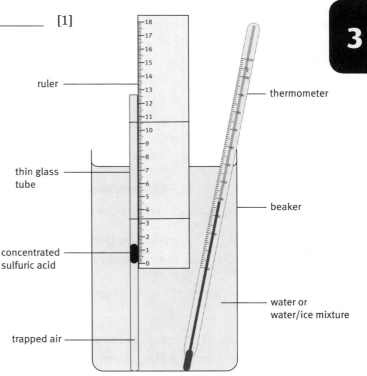

Temperature (°C)	Height of column (mm)	Volume of air (mm³)
0	0	
15	18	
20	24	
25	32	
31	47	
36	58	

i Use the equation below to calculate the volume of air at each temperature.

Write your answers in the table above.

volume = 80 mm³ + [height (mm) × cross-sectional area of tube (mm²)]

volume = 80 mm³ + [height (mm) × 0.8 (mm²)]   [2]

ii Use the data in the table to plot a graph to show the relationship between temperature and gas volume.

Use a separate piece of graph paper.   [3]

iii Describe the relationship shown by the graph.

_____ [1]

iv Use ideas about particles to explain the relationship shown on the graph.

_____

_____

_____ **[2]**

Total [12]

2 Use the Hertzsprung–Russell diagram below to help you answer this question.

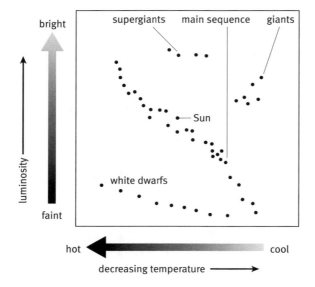

a Describe the correlation between temperature and luminosity for main-sequence stars.

_____

_____ **[1]**

b For stars of a certain temperature, the greater the surface area of a star, the greater its luminosity.

   i Identify the outcome and input factor in the statement above.

_____

_____ **[2]**

   ii Use the statement at the start of part (b) to explain the relative positions of red giants and main-sequence stars on the Hertzsprung–Russell diagram.

_____

_____

_____ **[2]**

Total [5]

3 Barbara and Tom live in the USA. They are discussing risk.

Tom The risk of nuclear power station workers getting cancer as a result of radiation exposure is less than the risk of aeroplane pilots getting cancer as a result of radiation exposure.

Barbara That's not right. I go on aeroplanes all the time. But I would never visit a nuclear power station – think of all that invisible radiation! Nuclear workers must be at greater risk from cancer.

Job	Typical radiation dose (mSv/year)
nuclear power station worker	2.4
pilot who does not fly over the Arctic	5
pilot who regularly flies over the Arctic	9

a Who is correct, Tom or Barbara?

Use data from the table to support your answer.

_____

_____ [2]

H **b** Suggest two reasons for Barbara's opinion.

_____

_____ [2]

Total [4]

4 Read the information in the box, then answer the questions that follow

The Hubble Space Telescope

The Hubble Space Telescope (HST) was launched in 1990. Scientists have used observations from the HST to find out more about Cepheid variable stars, black holes, and the expansion of the Universe. The HST has sent amazing images to Earth, including some showing the collision of a comet with Jupiter.

There have been five servicing missions to the HST to repair damaged instruments and install new ones. On these missions, astronauts travelled to the HST by space shuttle. Once there, they went on spacewalks to service the telescope.

The final servicing mission, of 2009, was delayed by several years. The delay followed the disaster in which Space Shuttle Columbia broke up during re-entry to the Earth's atmosphere, killing all seven crew members.

No more servicing missions to the HST are planned. The telescope is expected to continue operating until 2013.

a   Identify two benefits of the Hubble Space Telescope.

_____

_____ [2]

b   **i**   Identify one risk to astronauts of servicing the Hubble Space Telescope.

_____ [1]

   ii   Suggest one group of people who are likely to think that this risk is worth taking.

_____ [1]

   iii Suggest one group of people who might think that this risk is not worth taking.

_____ [1]

c   Before the final servicing mission, the leaders of the Space Shuttle programme considered different options for servicing the HST. Three of these are listed below.

Option 1: Send astronauts to the HST by Space Shuttle. Make sure the shuttle can reach the International Space Station if an in-flight problem develops that would prevent a safe return to Earth.

Option 2: Develop the technology needed to send a robot to service the HST. This would take several years.

Option 3: Do not service the HST again. Allow it to operate for as long as possible without servicing.

Evaluate the risks and benefits of the three options.

The quality of written communication will be assessed in your answer to this question.

Write your answer on separate paper or in your exercise book. [6]

Total [11]

Glossary

absolute zero Extrapolating from the behaviour of gases at different temperatures, the theoretically lowest possible temperature, $-273°C$. In practice, the lowest temperature achievable is about a degree above this.

activation energy The minimum energy needed in a collision between molecules if they are to react. The activation energy is the height of the energy barrier between reactants and products in a chemical change.

alcohols Alcohols are organic compounds containing the reactive group –OH. Ethanol is an alcohol. It has the formula C_2H_5OH.

algae Simple green water plants.

algal bloom Rapid growth of algae making the water green. It can be toxic.

alkane Alkanes are hydrocarbons found in crude oil. All the C–C bonds in alkanes are single bonds. Ethane is an alkane. It has the formula C_2H_6.

alkene Alkenes are hydrocarbons that contain a C=C double bond. Ethene is an alkene. It has the formula C_2H_4.

anaerobic Without oxygen.

angular magnification (of a refracting telescope) The ratio of the angle subtended by an object when seen through the telescope to the angle subtended by the same object when seen with the naked eye. It can be calculated as focal length of objective lens / focal length of eyepiece lens.

(H) antagonistic effectors Antagonistic effectors have opposite effects.

antagonistic pair Two muscles that work to move the same bone in opposite directions, for example, the biceps and triceps muscles.

aorta The main artery that carries oxygenated blood away from the left ventricle of the heart.

(H) aperture (of a telescope) The light-gathering area of the objective lens or mirror.

aquaculture Farming in water, such as fish farming.

aqueous An aqueous solution is a solution in which water is the solvent.

arrhythmia A problem with the heart in which the muscle does not contract regularly – the rhythm is lost.

astrolabe An instrument used for locating and predicting the positions of the Sun, Moon, planets, and stars, as well as navigating and telling the time.

atom economy A measure of the efficiency of a chemical process. The atom economy for a process shows the mass of product atoms as a percentage of the mass of reactant atoms.

atrium (plural atria) One of the upper chambers in the heart. The two atria pump blood to the ventricles.

bacteria Single-celled microorganisms that do not have a nucleus. Some bacteria may cause disease.

bacteriophage A type of virus that infects bacteria.

baseline data Data gathered at the start of a study or experiment so that patterns and trends can be established

behaviour Everything an organism does; its response to all the stimuli around it.

(H) bioaccumulation Build-up of chemicals in organisms as the chemicals travel through the food chain.

biodegradable Materials that are broken down in the environment by microorganisms. Most synthetic polymers are not biodegradable.

biomass Plant material and animal waste that can be used as a fuel. A renewable energy source.

black hole A mass so great that its gravity prevents anything escaping from it, including light. Some black holes are the collapsed remnants of massive stars.

body mass index Your body mass index is calculated using the formula BMI = body mass (kg) / [height (m)]^2. Tables will tell you if your body mass is healthy for your size.

bond strength A measure of how much energy is needed to break a covalent bond between two atoms. It is measured in joules.

bone Strong, rigid tissues that make up the skeleton of vertebrates.

by-products Unwanted products of chemical synthesis. By-products are formed by side-reactions that happen at the same time as the main reaction, thus reducing the yield of the product required.

(H) calculated risk Risk calculated from reliable data.

cancer A growth or tumour caused by abnormal and uncontrolled cell division.

(H) capillary bed Large numbers of narrow blood vessels that pass through each organ in the body. Capillaries receive blood from arteries and return it to veins. Capillary walls are only one cell thick.

carbon sink A system taking carbon dioxide from the air and storing it, for example, a growing forest.

carboxylic acid Carboxylic acids are organic compounds containing the reactive group –COOH. Ethanoic acid (acetic acid) is an example. It has the formula CH_3COOH.

carrier gas The mobile phase in gas chromatography.

Cepheid variable A star whose brightness varies regularly, over a period of days.

chromatogram The resulting record showing the separated chemicals at the end of a chromatography experiment.

chromatography An analytical technique in which the components of a mixture are separated by the movement of a mobile phase through a stationary phase.

chymosin Enzyme that breaks down proteins (a protease) found in calf stomachs. Fungi have been genetically modified to produce chymosin industrially for cheese-making.

closed-loop system A system with no waste – everything is recycled.

cloud formation Evaporation of water, for example, from a forest, condensing into clouds.

constellation A group of stars that form a pattern in the night sky.

convective zone (of a star) The layer of a star above its radiative zone, where energy is transferred by convective currents in the plasma.

converging lens A lens that changes the direction of light striking it, bringing the light together at a point.

core (of the body) Central parts of the body where the body temperature is kept constant.

crop rotation Changing the crop grown in a field each year to preserve fertility.

dead organic matter Any material that was once part of a living organism.

dehydration Drying out.

denatured A change in the usual nature of something. When enzymes are denatured by heat, their structure, including the shape of the active site, is altered.

Glossary

deoxygenated Blood in which the haemoglobin is not bound to oxygen molecules.

desert Very dry area where no plants can grow. The area can be cold or hot.

desertification Turning to desert.

diabetes type 1 An illness where the level of sugar in the blood cannot be controlled. Type 1 diabetes starts suddenly, often when people are young. Cells in the pancreas stop producing insulin. Treatment is by regular insulin injections.

diabetes type 2 An illness where the level of sugar in the blood cannot be controlled. Type 2 diabetes develops in people with poor diets or who are obese. The cells in the body stop responding to insulin. Treatment is through careful diet and regular exercise.

diastolic The blood pressure when all parts of the heart muscle are relaxed and the heart is filling with blood.

differentiated A differentiated cell has a specialised form suited to its function. It cannot change into another kind of cell.

diffraction What happens when waves hit the edge of a barrier or pass through a gap in a barrier. They bend a little and spread into the region behind the barrier.

digestive enzyme Biological catalysts that break down food.

dioptre Unit of lens power, equivalent to a focal length of 1 metre.

dioxin Poisonous chemicals, for example, released when plastics burn.

direct drilling Planting seeds directly into the soil without ploughing first.

dislocation An injury where a bone is forced out of its joint.

dispersion The splitting of white light into different colours (frequencies), for example, by a prism.

distillation A method of separating a mixture of two or more substances with different boiling points.

DNA fingerprinting A DNA fingerprint uses gene probes to identify particular sequences of DNA bases in a person's genetic make-up. The pattern produced in a DNA fingerprint can be used to identify family relationships.

DNA profiling A DNA profile is produced in the same way as a DNA fingerprint, but fewer gene probes are used. DNA profiling is used in forensic science to test samples of DNA left at crime scenes.

double bond A covalent bond between two atoms involving the sharing of two pairs of electrons. They are found in alkenes and unsaturated hydrocarbons.

double circulation A circulatory system where the blood passes through the heart twice for every complete circulation of the body.

drying agent A chemical used to remove water from moist liquids or gases. Anhydrous calcium chloride and anhydrous sodium sulfate are examples of drying agents.

Ⓗ dynamic equilibrium Chemical equilibria are dynamic. At equilibrium the forward and back reactions are still continuing but at equal rates so that there is no overall change.

ecosystem Living organisms plus their non-living environment working together.

ecosystem services Life-support systems that we depend on for our survival.

electrostatic attraction The force of attraction between objects with opposite electric charges. A positive ion, for example, attracts a negative ion.

embryo selection A process where an embryo's genes are checked before the embryo is put into the mother's womb. Only healthy embryos are chosen.

emission spectrum (of an element) The electromagnetic frequencies emitted by an excited atom as electron energy levels fall.

equilibrium A state of balance in a reversible reaction when neither the forward nor the backward reaction is complete. The reaction appears to have stopped. At equilibrium reactants and products are present and their concentrations are not changing.

esters An organic compound made from a carboxylic acid and an alcohol. Ethyl ethanoate is an ester. It has the formula $CH_3COOC_2H_5$.

ethical Non-scientific, concerned with what is right or wrong.

Ⓗ eutrophication Build-up of nutrients in water.

exoplanet The planet of any star other than the Sun.

extended object An astronomical object made up of many points, for example, the Moon or a galaxy. By contrast, a star is a single point.

eyepiece lens (of an optical telescope) The lens nearer the eye, which will have a higher power. Often called a telescope 'eyepiece'.

fallow crop Crop that is not harvested, allowing the field to regain nutrients.

fat Fats are esters of glycerol with long-chain carboxylic acids (fatty acids). The fatty acids in animal fats are mainly saturated compounds.

fatty acids Another name for carboxylic acids.

feedstocks A chemical, or mixture of chemicals, fed into a process in the chemical industry.

fermentation The conversion of carbohydrates to alcohols and carbon dioxide using yeast.

fitness State of health and strength of the body.

flowers Reproductive structures in plants often containing both male and female reproductive structures.

fluorescent marker Chemical attached to a DNA strand so it can be found or identified when separated from other strands in a gel.

focal length The distance from the optical centre of a lens or mirror to its focus.

focus (of a lens or mirror) The point at which rays arriving parallel to its principal axis cross each other. Also called the 'focal point'.

focusing Adjusting the distance between lenses, or between the eyepiece lens and a photographic plate (or CCD), to obtain a sharp image of the object.

fossil sunlight energy Sunlight energy stored as chemical energy in fossil fuel.

fruit Remaining parts of a flower containing seeds after fertilisation.

functional group A reactive group of atoms in an organic molecule. The hydrocarbon chain making up the rest of the molecule is generally unreactive with common reagents such as acids and alkalis. Examples of functional groups are –OH in alcohols and –COOH in carboxylic acids.

gene probe A short piece of single-stranded DNA used in a genetic test. The gene probe has complementary bases to the allele that is being tested for.

genetic modification (GM) Altering the characteristics of an organism by introducing the genes of another organism into its DNA.

glycerol Glycerol is an alcohol with three –OH groups. Its chemical name is propan-1,2,3-triol. Its formula is CH_2OH–$CHOH$–CH_2OH.

Haber Process The reaction between nitrogen and hydrogen gas used to make ammonia on an industrial scale.

heat under reflux Heating a reaction mixture in a flask fitted with a vertical condenser. Vapours escaping from the flask condense and flow back into the reaction mixture.

heavy metals Metals such as lead and mercury, which are toxic in small concentrations.

herbicide Chemical that kills plants, usually plants that are weeds in crops or gardens.

herbicide resistant Plants that are not killed by herbicides.

Hubble constant The ratio of the speed of recession of galaxies to their distance, with a value of about 72 km/s per Mpc.

hypothalamus The part of the brain that controls many different functions, for example, body temperature.

indicator A chemical that shows whether a solution is acidic or alkaline. For example, litmus turns blue in alkalis and red in acids. Universal indicator has a range of colours that show the pH of a solution.

insulin A hormone produced by the pancreas. It is a chemical that helps to control the level of sugar (glucose) in the blood.

intensity (of light in a star's spectrum) The amount of a star's energy gathered by a telescope every second, per unit area of its aperture.

intensive agriculture Farming with high inputs of fertiliser and pesticides and high productivity.

interference This happens when two waves meet. If the waves have the same frequency, an interference pattern is formed. In some places, crests add to crests, forming bigger crests; in other places, crests and troughs cancel each other out.

inverted image An image that is upside down compared to the object.

irreversible change A chemical change that can only go in one direction, for example, changes involving combustion.

joint A point where two or more bones meet.

Kelvin scale A scale of temperature in which 0 K is absolute zero, and the triple point of water (where solid, liquid, and gas phases co-exist) is 273 K.

kinetic model of matter The idea that a gas consists of particles (atoms or molecules) that move around freely, colliding with each other and with the walls of any container, with most of the volume of gas being empty space.

Le Chatelier's principle The principle that the position of an equilibrium will respond to oppose a change in the reaction conditions.

lifestyle history The way you have been living, taking regular exercise, eating healthily, and so on.

ligament Tissue that joins two or more bones together.

lignocellulase Enzyme that can break down the woody fibres in plant material (lignin) and the cellulose of plant cell walls.

limiting factor The factor that prevents the rate of photosynthesis from increasing at a particular time. This may be light intensity, temperature, carbon dioxide concentration, or water availability.

linear system A system based on the take–make–dump model.

locating agent A chemical used to show up colourless spots on a chromatogram.

luminosity (of a star) The amount of energy radiated into space every second. This can be measured in watts but astronomers usually compare a star's luminosity to the Sun's luminosity.

lunar eclipse This occurs when the Earth comes between the Moon and the Sun, and totally or partially covers the Moon in the Earth's shadow as seen from the Earth's surface.

magnification (of an optical instrument) The process of making something appear closer than it really is.

measurement uncertainty Variations in analytical results owing to factors that the analyst cannot control. Measurement uncertainty arises from both systematic and random errors.

medical history Health or health problems in the past.

medication Any pharmaceutical drug used to treat or prevent an illness.

megaparsec (Mpc) A million parsecs.

mobile phase The solvent that carries chemicals from a sample through a chromatographic column or sheet.

native species Organisms naturally occurring in an area – not introduced by humans.

neutron star The collapsed remnant of a massive star, after a supernova explosion. Made almost entirely of neutrons, they are extremely dense.

nitrogenase The enzyme system that catalyses the reduction of nitrogen gas to ammonia.

non-aqueous A solution in which a liquid other than water is the solvent.

non-biodegradable Waste materials that microorganisms cannot break down.

normal An imaginary line drawn at right angles to the point at which a ray strikes the boundary between one medium and another. Used to define the angle of the ray that strikes or emerges from the boundary.

obesity A medical condition where the increase in body fat poses a serious threat to health. A body mass index over $30 \, kg/m^2$.

objective lens (of an optical telescope) The lens nearer the object, which will have a lower power. Often called a telescope 'objective'.

organic chemistry The study of carbon compounds. This includes all of the natural carbon compounds from living things and synthetic carbon compounds.

overgrazing Too many grazing animals, such as goats, damaging the environment.

oxygenated Blood in which the haemoglobin is bound to oxygen molecules (oxyhaemoglobin).

parsec (pc) A unit of astronomical distance, defined as the distance of a star that has a parallax angle of one arcsecond. Equivalent to 3.1×10^{13} km.

Glossary

penumbra An area of partial darkness in a shadow, for example, places in the Moon's path where the Earth only partially blocks off sunlight. Some sunlight still reaches these places because the Sun has such a large diameter.

perceived risk The level of risk that people think is attached to an activity, not based on data.

petrochemical Chemicals made from crude oil (petroleum) or natural gas.

phagocytosis Engulfing and digestion of microorganisms and other foreign matter by white blood cells.

phases (of the Moon) Changing appearance, due to the relative positions of the Earth, Sun, and Moon.

photosphere The visible surface of a star, which emits electromagnetic radiation.

pipette A pipette is used to measure small volumes of liquids or solutions accurately. A pipette can be used to deliver the same fixed volume of solution again and again during a series of titrations.

plasmids Small circle of DNA found in bacteria. Plasmids are not part of a bacterium's main chromosome.

platelets Cell fragments found in blood. Platelets play a role in the clotting process.

pollen Plant reproductive structures containing a male gamete.

pollinators Animals, such as bees, that transfer pollen from anther to stigma.

precision A measure of the spread of quantitative results. If the measurements are precise all the results are very close in value.

pressure (of a gas) The force a gas exerts per unit area on the walls of its container.

primary forest A forest that has never been felled or logged.

principal axis An imaginary line perpendicular to the centre of a lens or mirror surface.

protons Tiny particles that are present in the nuclei of atoms. Protons are positively charged, 1+.

protostar The early stages in the formation of a new star, before the onset of nuclear fusion in the core.

pulmonary artery The artery that carries deoxygenated blood to the lungs. The artery leaves the right ventricle of the heart.

pulmonary vein The vein that carries oxygenated blood from the lungs to the left atrium of the heart.

qualitative Qualitative analysis is any method for identifying the chemicals in a sample. Thin-layer chromatography is an example of a qualitative method of analysis.

quantitative Quantitative analysis is any method for determining the amount of a chemical in a sample. An acid–base titration is an example of quantitative analysis.

quota Agreed total amount that can be taken or harvested per year.

radiative zone (of a star) The layer of a star surrounding its core, where energy is transferred by photons to the convective zone.

recovery period The time for you to recover after taking exercise and for your heart rate to return to its resting rate.

reflector A telescope that has a mirror as its objective. Also called a reflecting telescope.

refraction Waves change their wavelength if they travel from one medium to another in which their speed is different. For example, when travelling into shallower water, waves have a smaller wavelength as they slow down.

refractor A telescope that has a lens as its objective, rather than a mirror.

reject How a body might react to foreign material introduced in a transplant.

reliability How trustworthy data is.

renewable resource Resources that can be replaced as quickly as they are used. An example is wood from the growth of trees.

rennet An enzyme used in cheese-making.

repeatable A quality of a measurement that gives the same result when repeated under the same conditions.

replicate sample Two or more samples taken from the same material. Replicate samples should be as similar as possible and analysed by the same procedure to help judge the precision of the analysis.

representative sample A sample of a material that is as nearly identical as possible in its chemical composition to that of the larger bulk of material sampled.

resolving power The ability of a telescope to measure the angular separation of different points in the object that is being viewed. Resolving power is limited by diffraction of the electromagnetic waves being collected.

retardation factor A retardation factor, R_f, is a ratio used in paper or thin-layer chromatography. If the conditions are kept the same, each chemical in a mixture will move a fixed fraction of the distance moved by the solvent front. The R_f value is a measure of this fraction.

retention time In chromatography, the time it takes for a component in a mixture to pass through the stationary phase.

retrograde motion An apparent reversal in a planet's usual direction of motion, as seen from the Earth against the background of fixed stars. This happens periodically with all planets beyond the Earth's orbit.

RICE RICE stands for rest, ice, compression, elevation. This is the treatment for a sprain.

rock cycle Continuing changes in rock material, caused by processes such as erosion, sedimentation, compression, and heating.

saturated In the molecules of a saturated compound, all of the bonds are single bonds. The fatty acids in animal fats are all saturated compounds.

shivering Very quick muscle contractions. Releases more energy from muscle cells to raise body temperature.

sidereal day The time taken for the Earth to rotate 360°: 23 hours and 56 minutes.

silting of rivers Eroded soil making the water muddy and settling on the river bed.

single-celled protein (SCP) A microorganism grown as a source of food protein. Most single-celled protein is used in animal feed, but one type is used in food for humans.

skeleton The bones that form a framework for the body. The skeleton supports and protects the internal organs, and provides a system of levers that allow the body to move. Some bones also make red blood cells.

soil erosion Soil removal by wind or rain into rivers or the sea.

solar day The time taken for the Earth to rotate so that it fully faces the Sun again: exactly 24 hours.

solar eclipse When the Moon comes between the Earth and the Sun, and totally or partially blocks the view of the Sun as seen from the Earth's surface.

solvent front The furthest position reached by the solvent during paper or thin-layer chromatography.

spectrometer An instrument that divides a beam of light into a spectrum and enables the relative brightness of each part of the spectrum to be measured.

sprain An injury where ligaments are located.

stable ecosystem An ecosystem that renews itself and does not change.

standard solution A solution whose concentration is accurately known. They are used in titrations.

star life cycle All stars have a beginning and an end. Physical processes in a star change throughout its life, affecting its appearance.

stationary phase The medium through which the mobile phase passes in chromatography.

strong acid A strong acid is fully ionised to produce hydrogen ions when it dissolves in water.

synovial fluid Fluid found in the cavity of a joint. The fluid lubricates and nourishes the joint, and prevents two bones from rubbing against each other.

tap funnel A funnel with a tap to allow the controlled release of a liquid.

tectonic plates Giant slabs of rock (about 12, comprising crust and upper mantle) that make up the Earth's outer layer.

tendon Tissue that joins muscle to a bone.

torn ligament An injury of the elastic tissues that hold bones together, a common sports injury of the knee. For treatment see 'RICE'.

torn tendon An injury of the inelastic tissues that connect muscles to bones. For treatment see 'RICE'.

triple bond A covalent bond between the two atoms involving the sharing of three pairs of electrons, for example, nitrogen gas. It makes the molecule very stable and unreactive.

umbra An area of total darkness in a shadow. For example, places in the Moon's path where the Earth completely blocks off sunlight.

unsaturated There are double bonds in the molecules of unsaturated compounds. There is no spare bonding. The fatty acids in vegetable oils include a high proportion of unsaturated compounds.

valves Flaps of tissue that act like one-way gates, only letting blood flow in one direction around the body. Valves are found in the heart and in veins.

vasoconstriction Narrowing of blood vessels.

vasodilation Widening of blood vessels.

vector A method of transfer. Vectors are used to transfer genes from one organism to another.

vegetable oil Vegetable oils are esters of glycerol with fatty acids (long chain carboxylic acids). More of the fatty acids in vegetable oils are unsaturated when compared with the fatty acids in animal fats.

vena cava The main vein that returns deoxygenated blood to the right atrium of the heart.

ventricle One of the lower chambers of the heart. The right ventricle pumps blood to the lungs. The left ventricle pumps blood to the rest of the body.

vinegar A sour-tasting liquid used as a flavouring and to preserve foods. It is a dilute acetic (ethanoic) acid made by fermenting beer, wine, or cider.

weak acids Weak acids are only slightly ionised to produce hydrogen ions when they dissolve in water.

B7.1 Workout

1   True statements: a, d
2   Correct words: synovial, ligament, inelastic, smooth, physiotherapist
3

Component of a joint	Function
cartilage	protects the ends of the bones
tendon	attaches a muscle to a bone
ligament	holds two bones together at a joint

4   Rest, Ice, Compression, Elevation
5   (in any order:)
   1   How much exercise do you do already?
   2   What is your medical history?
   3   Are you taking any medication?
6   Increase, oxygen/glucose, glucose/oxygen, decrease, height, blood pressure
7   Correct sentences: physiotherapy will help an injured joint to heal, but it may take weeks; a fit person will have a lower heart rate than an unfit person; when measuring your pulse, you should not feel it with your thumb.

B7.1 Quickfire

1   Support, movement, protection
2   By contracting and pulling on the bones
3   **a**   Muscles that work against each other
   b   Muscles can only contract, so one muscle contracting pulls the bone in one direction and elongates the other muscle, and the other muscle contracting pulls the bone in the other direction.
   c   Biceps and triceps
   d   Biceps
   e   Triceps
4   **a**   To enable growth to occur, broken bones to heal, and bone shapes to be modified
   b   Stresses placed on the bones cause them to change shape – they may get thicker.
5   **a**   To allow movement
   b   Elbow, knee, fingers
   c   Ball and socket
6   **a**   Bone, cartilage, synovial fluid, synovial membrane, tendon, ligament
   b   To reduce friction and allow smooth movement
   c   To absorb shocks and allow friction free movement
   d   Synovial fluid
   e   Lubrication – to reduce wear in the joint
7   **a**   A tendon attaches a muscle to a bone.
   b   So that muscle contraction is transmitted to the bone, rather than stretching the tendon
8   **a**   A ligament holds bones together at a joint.
   b   To allow bones to move
9   **a**   To assess the likelihood of heart disease or lung disease
   b   Smoking harms the lungs and reduces the body's ability to absorb oxygen.
   c   Certain exercises may need to be avoided to avoid causing further harm.
   d   For example, in case you have an asthma attack or similar
10 **a**   Data recorded at start of exercise regime
   b   To use for comparison as you get fitter
   c   Three from: resting heart rate, blood pressure, recovery after exercise, BMI, proportion of body fat
   d   How long it takes for the heart rate to drop to the resting rate after exercise

11 **a**   At the neck or wrist
   b   Your thumb has its own pulse.
   c   60–70%
12 **a**   A sphygmomanometer and a cuff around the arm
   b   120/80 mmHg
13 **a**   BMI = mass in kg / (height in metres)^2
   b   Measure your height and body mass then calculate the BMI.
   c   18.5–24.9 kg/m^2
   d   For example, use calipers to measure the thickness of a skin fold, estimating the amount of fat under the skin.
14 **a**   Sprains, dislocations, torn ligaments, and torn tendons
   b   An overstretched ligament
   c   Football involves rapid turns and changes of speed.
   d   Pain, tenderness, swelling, bruising
   e   Rest (or RICE)
   f   Ice reduces the swelling.
   g   If too tight it could reduce blood flow to the area; if too loose it will not provide sufficient support.
   h   It allows gravity to help fluid flow away from the area.
15 **a**   A degree
   b   To work out what the problem is and decide what sort of exercise will be the best treatment
   c   Movement to free up the stiffness
   d   The injury takes a long time to heal and the muscles may take a while to strengthen – repeated exercise helps the muscles to develop in the right way; to strengthen the muscles and ensure full movement in the joint.
   e   So that the patient understands why they are important and will continue doing the exercises
16 **a**   How close your reading is to the real value
   b   So that you have a true value of body fat or blood pressure and do not act using incorrect figures
17 **a**   Repeatability – whether all the readings for one value are similar
   b   Repeat the readings and calculate a mean.
18 Add the readings together and divide by the number of readings.

B7.1 GCSE-style questions

1

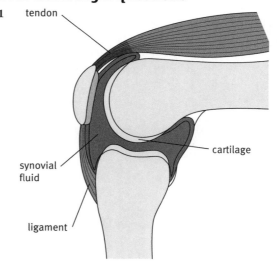

2   **a**   76 kg/(1.9 m)^2 = 21 kg m^{-2} **b** Normal **c** Data taken at the start of a fitness programme, used to compare with data to show improvement
3   **a**   A pulse meter would be more accurate/easier to use.
   b   To ensure the result is repeatable and to calculate a mean
   c   A sprain, an overstretched ligament

4 5/6 marks: all information in the answer is relevant, clear, organised and presented in a structured and coherent format. Specialist terms are used appropriately. Few, if any, errors in grammar, punctuation, and spelling. Answer includes 5 or 6 points from those below.

3/4 marks: most of the information is relevant and presented in a structured and coherent format. Specialist terms are usually used correctly. There are occasional errors in grammar, punctuation, and spelling. Answer includes 3 or 4 points of those listed below.

1/2 marks: answer may be simplistic. There may be limited use of specialist terms. Errors of grammar, punctuation, and spelling prevent communication of the science. Answer includes 1 or 2 points from those listed below.

Examples of points to include:
- RICE:
  - Rest to immobilise the injured joint and keep weight off it
  - Ice to reduce swelling
  - Compression using a bandage, to reduce swelling
  - Elevation to allow excess fluid to drain away
- A physiotherapist would assess the injury.
- Then suggest exercises that will ensure flexibility and strength are regained over a period of time.

B7.2 Workout

1 Two, oxygenated, body, oxygen, glucose, carbon dioxide, urea
2 Red blood cells – carry oxygen; white blood cells – fight infections; platelets – help clot blood; plasma – transports dissolved glucose
3 **a** Haemoglobin binds to oxygen to carry more oxygen than would be possible if it just dissolved in the plasma.
   b This leaves space for more haemoglobin inside the cells.
   c This provides a large surface area for exchange of gases.
4 Arteries, pulmonary vein, pulmonary artery, left, oxygenated, veins
5 Small, large in number, have thin walls
6 Plasma, glucose, oxygen, amino acids
7 True sentences: A, D, F
8 C, B, D, A

B7.2 Quickfire

1 **a** To deliver substances around the body (oxygen and glucose to muscles and carry carbon dioxide away)
   b Arteries, capillaries, and veins
   c Arteries
   d Oxygen, glucose
   e Vein
   f Carbon dioxide and heat
2 **a** From lungs – pulmonary vein – heart (left side) – aorta – artery – organ – vein – vena cava – heart (right side) – pulmonary artery – lungs
   b Double circulation
   c In the ventricles of the heart / aorta
   d In the veins / vena cava
3 **a** So that more oxygen can be delivered more quickly
   b Mammal can be more active and maintain its metabolic rate.
4 **a** Plasma, red blood cells, white blood cells, platelets
   b They contain a pigment called haemoglobin.
   c Oxygen, carbon dioxide, urea, hormones, amino acids
   d Oxygen

5 **a** 5–7 litres
   b 5 million
   c Approximately 25 000 000 000 000 (2.5×10^{13})
6 **a** They fight disease.
   b White blood cells engulf and digest foreign matter.
   c They help to clot blood.
7 **a** Haemoglobin
   b This allows more space for haemoglobin.
8 **a** A biconcave disc
   b It gives a larger surface area to take up and release oxygen.
9 **a** To pump blood around the body
   b 70 bpm
   c It goes up.
10 **a** The atria (singular atrium)
   b The ventricles
   c The right side
   d The left ventricle
   e To create the highest pressure, to send blood all the way around the body
   f They only need to push blood into the ventricles.
11 **a** Pulmonary vein **b** Aorta **c** Pulmonary artery
   d Vena cava
12 **a** The atria
   b All chambers relax as blood flows into the heart; the pacemaker produces an electrical stimulus; the atria contract pushing blood into the ventricles; the ventricles contract pushing blood out of heart into main arteries.
   c The closing of the valves (first the atrioventricular valves, then the semilunar valves)
13 **a** To ensure blood flows in the correct direction
   b These valves prevent blood from flowing up from the ventricles to the atria as the ventricles contract.
   c These valves prevent blood from returning from the arteries to the ventricles as the ventricles relax.
   d None (but there are valves at the start of the aorta and pulmonary artery where the blood leaves the heart)
   e The veins have very low pressure and valves prevent backflow of blood away from the heart down the veins in the legs and arms.
   f The contraction of muscles in the legs and arms squeezes the veins flat.
14 **a** In all the organs between the arteries and veins
   b Exchange surfaces
   c To provide a very large surface area for exchange
   d Artery/arteriole
   e Vein/venule
   f At the arterial end
   g Blood fluid is squeezed out of the capillary to become tissue fluid. The volume of blood in the capillaries therefore decreases, which reduces the pressure.
15 **a** Small diameter, very thin wall, large numbers
   b Red blood cells, platelets, large proteins
   c Water, oxygen, nutrients (amino acids or glucose)
   d At the arterial end
   e Tissue fluid
   f Carbon dioxide and water
   g At the venous end
   h The tissue fluid surrounds the body cells bathing them in oxygen and nutrients. The oxygen and nutrients can diffuse from the fluid through the cell membranes.

Answers

B7.2 GCSE-style questions

1 a

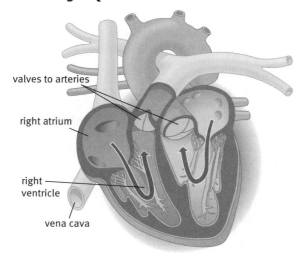

valves to arteries

right atrium

right ventricle

vena cava

b Via pulmonary vein into left atrium, through atrioventricular valve into left ventricle, through semilunar valve into aorta

c Oxygen is picked up by the red blood cells and combines with haemoglobin to produce oxyhaemoglobin.

d Pulmonary artery

2 a

Component of blood	Function
red blood cells	carry oxygen
white blood cells	fight disease
platelets	help clot blood

b To provide a large surface area, for rapid gas exchange

3 a Blood does not need to be at high pressure because the atria only pump blood into the ventricles (a short distance).

b Blood is at low pressure in veins, and valves prevent the backflow of blood.

c The left ventricle must create a higher pressure, to pump blood all around body (a long distance).

4 a Large number of capillaries giving a large surface area; capillary walls permeable to plasma and small particles such as oxygen

b Blood contains i red blood cells ii white blood cells iii platelets; tissue fluid does not.

5 5/6 marks: all information in the answer is relevant, clear, organised and presented in a structured and coherent format. Specialist terms are used appropriately. Few, if any, errors in grammar, punctuation, and spelling. Answer includes 5 or 6 points from those below.
3/4 marks: most of the information is relevant and presented in a structured and coherent format. Specialist terms are usually used correctly. There are occasional errors in grammar, punctuation, and spelling. Answer includes 3 or 4 points of those listed below.
1/2 marks: answer may be simplistic. There may be limited use of specialist terms. Errors of grammar, punctuation, and spelling prevent communication of the science. Answer includes 1 or 2 points from those listed below.
Examples of points to include:
• High pressure of blood at artery end of capillary.
• Capillary wall is porous (allows passage of fluid through it).

• Small molecules can pass through the capillary wall such as oxygen, water, glucose, amino acids.
• These pass into fluid surrounding body cells.
• The tissue fluid carries molecules needed by cells to the cell surfaces.
• This gives a small distance for diffusion into cells.

B7.3 Workout

1 Correct statements: your temperature may be lower at night; your extremities may be cooler than your core; putting more clothes on will increase insulation; sweat cools you down by evaporation.

2 37, respiration, constrict, lose heat / cool down, hypothalamus

3 True statements: A, C, D, E, G, H

4

Type 1 diabetes	Type 2 diabetes
Often appears in young people.	Generally develops later in life.
Cells in pancreas cannot make insulin.	Cells in the body do not respond to insulin
Treated by insulin injections and monitoring diet (carbohydrates).	Treated by careful diet and exercise.

5 Good lifestyle choices: B, E, F, H

6 a Exercising uses energy which was stored as fat.

b The sugars enter her blood and cause the release of insulin. The insulin causes the removal of sugars from the blood leaving less sugars to supply energy to the muscles.

c Fruit and vegetables supply vitamins and other substances (such as antioxidants) which help keep cells healthy. The fibre in fruit and vegetables also helps keep the digestive system healthy.

B7.3 Quickfire

1 a Respiration
b Glucose
c Oxygen
d Carbon dioxide and water
e Exercise increases the respiration rate so more heat is released.
f Muscles (and liver)

2 a 37 °C
b They lose heat to the surroundings more easily.
c In blood flowing round the body
d Skin, brain

3 a An organ that carries out a response
b Sweat glands, muscles
c Your respiration rate is lower at night.
d Heat is lost to the surroundings.
e Put more clothing on, curl up, huddle together

4 a Shivering is contraction of muscles which releases heat.
b Hairs on skin become erect; less blood flows to the skin.

5 a Sweat is produced.
b Sweat evaporates, which requires heat – this heat is taken from the blood.
c Sweat needs energy in the form of heat to evaporate; it takes this heat from the skin. If it does not evaporate then the heat is not removed from the skin.
d If it is humid and there is no breeze the sweat does not evaporate.

6 a Blood sugar levels rise.
b Insulin
c Insulin causes the liver to take sugar out of the blood.
d Tired, weak, irritable

7 a Complex carbohydrates
 b For example, pasta, rice, potato
8 a Genetic – the cells of the pancreas cannot make insulin.
 b They feel tired and weak; eventually a coma may result.
 c Two from: thirst, large volumes of urine, sugar in urine
 d Insulin injections and matching carbohydrate intake to energy use
9 a Middle age
 b Lack of physical activity, obesity, poor diet
 c Regular moderate exercise and low carbohydrate intake
10 a Carbohydrates, proteins, fats, water, vitamins, minerals, and fibre
 b For example, obesity, bowel cancer, diabetes, heart disease, anorexia
11 a Exercise, healthy diet, enough sleep
 b Exercise uses energy which will not therefore be stored as fat.
 c It tones the muscles, improves the efficiency of the heart, and strengthens muscles.
 d For example, cycling, walking, running
12 a Being physically active all day uses a lot of energy.
 b It will contain less fibre, more salt, and more sugar.
13 a Something that increases the chance of a disease developing
 b i High blood pressure ii Obesity iii Too much sugar in the diet iv Not enough fruit and vegetables in the diet v Alcohol
 c If a link can be established between a disease and a particular aspect of lifestyle then advice can be given to other people and incidence of the disease can be reduced
 d They have a better diet – more fish, less red meat.
14 The hypothalamus
15 a Blood vessels in the skin narrow to reduce blood flow to the skin.
 b Less blood flows to the skin surface so less heat is lost to the surroundings.
 c Blood is red and causes a pink colour in the skin. Less blood at the skin gives a paler colour.
 d The blood vessels in the skin dilate. More blood flows to the skin surface and gives a red colour.
16 a Working against each other
 b Vasodilation that brings more blood to the skin surface and vasoconstriction that reduces blood flow to the skin surface
 c They provide a sensitive mechanism with fine control.

B7.3 GCSE-style questions

1 a Swimming
 b 29.3 / 14.2 = 2.1
 c A domestic cleaner is being more active, which uses energy, 11.3 compared with 1.7 kJ/h.
2 a The hypothalamus detects the blood temperature, processes the information, and triggers effectors to correct it if it lies outside the normal range.
 b The hairs stand on end; less sweat is made; vasoconstriction reduces blood flow to skin.
 c The effectors work against one another to give a sensitive mechanism and fine control.
3 a i Pancreas ii A high blood sugar level iii Insulin causes cells to take up sugars from blood, and reduces blood sugar levels.
 b i They cannot make their own insulin, so need insulin from another source to regulate blood sugar level.
   ii Regular exercise uses sugars in the blood, so prevents the level from getting too high.

4 a Eating lentils reduces the risk of developing bowel cancer by a third.
 b Fibre / bran
 c Green vegetables contain fibre which helps move food through the gut. They also provide vitamins to keep cells healthy.
5 5/6 marks: all information in the answer is relevant, clear, organised and presented in a structured and coherent format. Specialist terms are used appropriately. Few, if any, errors in grammar, punctuation, and spelling. Answer includes 5 or 6 points from those below.
 3/4 marks: most of the information is relevant and presented in a structured and coherent format. Specialist terms are usually used correctly. There are occasional errors in grammar, punctuation, and spelling. Answer includes 3 or 4 points of those listed below.
 1/2 marks: answer may be simplistic. There may be limited use of specialist terms. Errors of grammar, punctuation, and spelling prevent communication of the science. Answer includes 1 or 2 points from those listed below.
 Examples of points to include:
 Regular exercise:
 • uses excess energy
 • keeps body weight down
 • keeps joints and muscles moving
 • maintains flexibility and strengthens the muscles.
 A healthy diet:
 • provides nutrients for respiration and growth
 • keeps the cells healthy
 • supplies energy for activity.
 At least two points should be made for exercise and two for diet.

B7.4 Workout

1 Sustainable, substrate, bacteria, enzymes, erosion
2 True statements are: human systems are linear. Earthworms help to recycle mineral nutrients. Deforestation causes flooding. Oil is fossil sunlight energy.
3 D, A, B, C, E
4 a The loss of foliage to protect and enrich soil and the loss of roots to hold soil together allow soil erosion. Loss of soil can cause desertification.
 b There is little or no input or loss of nutrients. Wastes from one process are recycled or reused in another process.
 c Open-loop systems allow loss of wastes and require inputs.
 d Bacteria cause decay which releases nutrients to the soil for plants to use.
5 Biofuel – fuel made from plant growth; fossil sunlight energy – energy stored millions of years ago; intensive agriculture – a human system involving high inputs; open-loop system – a system with a lot of waste; quota – a limit to the number of fish that can be caught
6 a A life support system supplied by an ecosystem that is essential for our survival
 b For example, a supply of clean water, removal of carbon dioxide from the air, pollination of crops
7 a This increases the chances of fertilisation and of survival of the species.
 b Insects pollinate many flowering plants; insects may also eat pests that damage crops.
 c The system has developed with few losses (as wastes are reused) and can survive with few or no inputs other than energy.

d Rivers and streams can carry away some materials such as leaves; animals may feed in one ecosystem and migrate to another.

e Humans often harvest materials and remove them from the ecosystem – this removes materials that cannot then be reused and recycled within the ecosystem.

8 Correct statements: vegetation protects the soil from erosion; agriculture reduces biodiversity; dead organic matter contains energy; mineral nutrients are recycled by bacteria.

B7.4 Quickfire

1 a A system with many inputs and many losses – little is recycled.

b Intensive farming with a high input of fertiliser and fossil fuel; the products are removed to be eaten.

c They are dumped.

d A system in which there is little input and the wastes from one process become the substrate for another process.

e A natural ecosystem in which plants remove nutrients from the soil and return them when the leaves drop off and decay

f The wastes from another process within the system

g Open loop

2 a A process which can be maintained without damage to the environment

b They take too much material from the environment, or add too much waste to the environment.

c There are losses due to wind or water carrying materials away.

d For example, leaves blown on the wind; seeds carried away by birds

e So that there are no overall losses or gains and the system is sustainable.

3 a The sun

b Carbon dioxide is taken in by plants for photosynthesis; it is returned to the atmosphere by respiration in both plants and animals.

c It returns carbon dioxide to the atmosphere that was absorbed millions of year ago.

d Nitrates are taken up by plant roots and converted to proteins. Animals eat the plants and excrete nitrogen as urea which is broken down to nitrates again by bacteria. Bacteria also convert the protein in dead organic matter to nitrates. Some bacteria can also fix nitrogen from the air.

4 a Microorganisms use the wastes and organic matter as a substrate and release nutrients back to the soil.

b Bacteria or fungi

c Bacteria release digestive enzymes which break down dead organic matter to mineral nutrients.

5 a It explains how a closed-loop system could work – after materials are taken and used they are reused and recycled.

b It means that less inputs are required and less waste is disposed of.

c Pollen is released in huge numbers to try to make sure that pollination occurs and the plant species reproduces successfully to survive.

6 a The removal of forests to leave clear ground

b Foliage protects soil from erosion by rainfall; the soil with plant roots growing in it can absorb water and prevent flooding. The water may be released more slowly as it drains through the soil. Forests help to recycle water by increasing evaporation from the ground to produce clouds and rainfall.

c Loss of foliage exposes soil to erosion by heavy rain. The roots are lost and no longer bind soil together so it can be washed away.

d Rivers and lakes may become silted up as soil is damaged and washed away.

7 a Biodegradable means that the material can decompose naturally.

b For example, plastic and glass

8 a A life support system that we depend upon for our survival

b For example, the production of clean water from rainfall; the supply of oxygen from plant photosynthesis

c Humans removing too much material from an ecosystem making it unstable

9 a By taking too many fish (overfishing)

b Fish stocks will run out.

10 a The plant removes the nutrients from the soil and the soil loses its fertility. Organic matter is not returned to the soil and the soil structure is damaged. Eventually the soil will dry out and become eroded.

b They remove nutrients from the soil by eating vegetation; they compact the soil preventing drainage; they trample plants and reduce biodiversity.

c Herbicides kill weeds, and livestock trample plants. This limits the number of species that can survive and limits the number of insects and other herbivores living in the ecosystem.

d A range of plants on the farm will provide a wider range of habitats for insects and other animals. These may be pollinators or they may eat pests that damage the crop.

e Excess fertiliser gets washed into rivers causing algal blooms and eutrophication.

11 a Millions of years

b Incompletely decomposed organic matter

c The Sun

d The wastes (carbon dioxide and other gases) are additional inputs to the system.

12 a A set amount of material (such as fish) that can be harvested

b To prevent overfishing which will deplete fish stocks and unbalance the ecosystem

c The seas are boundaries between countries and if one country limits its harvest it will be of no use if other countries simply take more.

d Breeding fish on a farm and releasing them into the wild

e They will have had the opportunity to reproduce, ensuring that the species can survive.

13 a Selective felling (selecting certain types and sizes of trees), replanting, legislation to prevent clear felling

b Bacteria that live in the root nodules of legumes and take nitrogen out of the air to produce nitrates and proteins

c Growing legumes such as clover or beans in the fields and ploughing the dead plant roots back into the soil

d Different crops are grown in a field in successive seasons. Each crop removes different nutrients from the soil. Some crops may add nutrients to the soil; other crops may improve soil structure. Rotation also stops pests from synchronising with the crop and causing a lot of damage.

e Adding natural manure or compost to the soil, avoiding ploughing too often

14 a For example, grow plants and eat or burn the produce; convert the energy to electricity; use the energy to heat water in solar panels.

b The Sun will not fail (for the foreseeable future).

15 a For example, take small amounts of produce, return all materials to the ecosystem.

b The population gets too large and removes too many materials from the ecosystem; they may produce too many wastes for the ecosystem to cope with.

c All species have a right to live and survive. The ecosystem may be affected by the loss of a species. It is important for humans to maintain biodiversity because the natural world may provide materials and technologies that will be useful to us in the future.

d There may be unforeseen effects of losing an ecosystem – it could destabilise another ecosystem or impact upon our production of food.

16 a The concentration of a chemical (toxin) becomes more concentrated higher up a food chain.

b The toxic substances are found at lower concentrations lower down the food chain.

c If plants contain a low concentration of toxin, the primary consumers that eat several plants accumulate a higher concentration. In a secondary consumer that eats many primary consumers, the concentration increases further, and so on.

17 a Extra nutrients in a water body cause algal growth. This blocks the light and kills the plants. Bacteria act to decompose the dead plants, using up all the oxygen and killing animals.

b Increased growth of algae

c Decay and decomposition

d Bacteria

e Lack of oxygen

B7.4 GCSE-style questions

1 a A closed-loop system

b There is little or no waste; the wastes from one process are reused as inputs for another process.

c Microorganisms recycle minerals and nutrients. They do this by decomposing dead organic matter by releasing enzymes which digest the dead organic matter.

2 5/6 marks: all information in the answer is relevant, clear, organised and presented in a structured and coherent format. Specialist terms are used appropriately. Few, if any, errors in grammar, punctuation, and spelling. Answer includes 5 or 6 points from those below.
3/4 marks: most of the information is relevant and presented in a structured and coherent format. Specialist terms are usually used correctly. There are occasional errors in grammar, punctuation, and spelling. Answer includes 3 or 4 points of those listed below.
1/2 marks: answer may be simplistic. There may be limited use of specialist terms. Errors of grammar, punctuation, and spelling prevent communication of the science. Answer includes 1 or 2 points from those listed below.

Examples of points to include:
- Loss of vegetation exposes soil to rainfall.
- Loss of roots means the soil is no longer bound together.
- Soil will be eroded by rainfall and washed away.
- This may cause silting of rivers and lakes.
- Flooding is possible.
- Less water is evaporated from leaves.
- Less clouds and rainfall result.
- Drought may result.

3 a Agriculture that involves high inputs and high yields

b The crop plants remove nutrients from the soil. These must be replaced or the soil becomes infertile.

c For example, herbicides, fossil fuels

4 a Bees pollinate plant flowers; bees also make honey.

b The leaves protect the soil from heavy rain; the roots bind the soil together.

c Forests enable the evaporation of water to create clouds and rainfall. The soil can act as a sponge and holds water so that flooding does not occur. The water slowly drains through the soil providing water over a period of time after the rain – this prevents droughts.

5 Extra nutrients cause algal growth in a body of water. This blocks light, so plants die. They are decomposed by bacteria, which use up all the oxygen. This results in the death of animals.

B7.5 Workout

1 Quickly, enzymes, fermenters, vector, 100

2 C, B, D, A

3 a Chymosin is produced by fungi so it is not derived from animals.

b Stem cells are not specialised. When they develop they can differentiate into a number of different types of cell.

c The human gene for insulin can be inserted into bacteria which then incorporate the gene into their own DNA and use it to code for the proteins they make.

d Biological washing powders contain enzymes which digest the dirt on clothing.

4 True statements: heart valves can be replaced; new skin can be grown using tissue culture; fungi can be used to make medicines; bone marrow contains stem cells.

5 1 differentiation; 2 bacteria; 3 probe; 4 chymosin; 5 nanotechnology; 6 fungus; 7 antibiotic; 8 enzyme; 9 vector

6 David

B7.5 Quickfire

1 a Microscopic living things, including bacteria and fungi

b For example, they have no true nucleus, they are smaller.

c They can be used to manufacture biological molecules such as enzymes.

d They grow and reproduce quickly; they possess plasmids; they have simple biochemistry; they can make complex molecules; there are no ethical concerns over their use.

e Fungi have proper nuclei and more complex biochemistry; not all are single celled.

2 a Growing microorganisms in fermenters under ideal conditions

b Antibiotics, insulin, single cell protein, chymosin

c Temperature, nutrient levels, and waste levels

3 a A protein made by fungi and used for food.

b Fungi

c It can be processed for human food, e.g. for vegetarians, or for animal feed.

4 a Calf stomachs

b To make milk proteins coagulate for making cheese

c Genetically engineered bacteria

d The chymosin does not come from calves.

5 a Fuels made from plants that have been grown recently

b Yeast is used to ferment the sugar anaerobically.

c Growing crops for biofuels might use land that was being used for producing food.

d Lignocellulase

6 a A washing powder that contains enzymes

b Food stains – grease (fat), carbohydrate, or protein

7 a Altering the DNA of a microorganism by adding genes from another species

b Plasmids

Answers

c It needs the correct code in the sequence of DNA bases for the human protein.

d Insulin

e A method of transferring a gene into another organism

f They occur in bacteria and are small enough for bacteria to absorb as they grow.

g The gene is isolated and inserted into plasmids. The plasmids are mixed with bacteria, which absorb the plasmids.

8 a For example, herbicide resistance

b Farmers can spray their crop to kill weeds that compete with the crop without harming the crop itself.

c Some people think it is 'playing God' – interfering with nature. There may be unexpected results in the recipient organism. There is the potential to upset the natural balance if modified organisms breed in the wild.

d Selective breeding is also interfering with nature and most people have no no ethical objections to this. Research is very thorough and genetically modified organisms are carefully monitored and checked. GM plants are not allowed in areas where they may interbreed with wild plants.

9 a Very small

b 100 nm or smaller

c To inhibit the growth of bacteria, to indicate oxidisation when packages are leaking, to supply antibodies to react with bacteria

d 1000 000 000 (one thousand million)

e Silver

10 a A cell that has developed in a specialised way

b To enable them to do a specific job well

c A cell that is capable of dividing and differentiating into a range of cell types

d In bone marrow, in umbilical cord blood

11 a Growing tissues from cells in the laboratory

b To treat severe scars or burns

c Cells from the bone marrow of a healthy person are injected into the bone of a person with leukaemia.

d To replace pancreas cells in people with diabetes, to repair nervous tissue in people with paralysis, treating people with Alzheimer's disease

e The stem cells must be collected from a healthy person.

f The stem cells must be a similar type or they may be rejected by the immune system.

12 a The use of modern technology to replace human body parts

b Valves, pacemaker

c To set the rhythm of the heart beat

d If the heart keeps going into an unusual rhythm

e To ensure the blood flows the correct way

f If they leak badly and allow blood to flow in the wrong direction

g From a human or other animal donor; an artificial valve

h Resistant to wear and tear; unreactive so they do not corrode; do not stimulate the body's immune system

13 a Two chains of subunits wound into a double helix; the chains are held together by pairs of the bases adenine, thymine, cytosine, and guanine.

b The sequence of the bases provides a code for the characteristic; the bases pair in a specific way – adenine to thymine and cytosine to guanine.

c Blood

d They have no nucleus.

14 a A length of single-stranded DNA manufactured with a specific sequence complementary to the gene being looked for

b The heat separates the two chains, exposing the bases on each chain so that the probe can bind

c DNA is not visible – the marker fluoresces to make the probe visible.

d Using gel electrophoresis

e For example, cystic fibrosis, Parkinson's disease

B7.5 GCSE-style questions

1 a Bacteria and fungi

b For example, antibiotics and insulin

2 a i The rate of fermentation is affected by temperature and by enzymes. I predict that as temperature increases the rate of fermentation increases up to a certain temperature; above that temperature the rate of fermentation falls as temperature increases further.

ii Higher temperatures give the molecules more kinetic energy. However, once the temperature rises too high the enzymes are denatured and stop working.

b i A fungus (yeast)

ii A stopclock and a thermometer

c i The results match the first part of my prediction and back up the first part of the hypothesis. As the temperature rises from 10 °C to 40 °C the rate rises from 0.002 to 0.014 s^{-1}. Temperature does affect the rate of fermentation. However, the results do not show that rate of fermentation drops at higher temperatures.

ii She could repeat the experiment more times at each temperature.

3 a Production can easily be increased to meet demand; the insulin is human insulin and acts exactly as if it had been made in the pancreas.

b The production does not involve calves and is therefore suitable for vegetarians; there are no ethical issues over growing bacteria to produce chymosin.

c Production is very rapid; the protein is virtually fat free; it can be used as a meat substitute for vegetarians.

d The nanoparticles can keep the food fresher; they indicate when the wrapping is leaking or when the food is going off.

4 5/6 marks: all information in the answer is relevant, clear, organised and presented in a structured and coherent format. Specialist terms are used appropriately. Few, if any, errors in grammar, punctuation, and spelling. Answer includes 5 or 6 points from those below.

3/4 marks: most of the information is relevant and presented in a structured and coherent format. Specialist terms are usually used correctly. There are occasional errors in grammar, punctuation, and spelling. Answer includes 3 or 4 points of those listed below.

1/2 marks: answer may be simplistic. There may be limited use of specialist terms. Errors of grammar, punctuation, and spelling prevent communication of the science. Answer includes 1 or 2 points from those listed below.

Examples of points to include (must be in the correct sequence):

- The gene for human insulin is isolated.
- Plasmids are cut open.
- The isolated gene is inserted into the plasmids.

- The plasmid is used as a vector.
- The plasmids are mixed into a medium to grow bacteria.
- Bacteria are grown in the medium.
- The bacteria take up the plasmids.
- The bacteria are grown in large numbers in a fermenter.
- They produce the human protein which can be harvested.

5 a One

b Shining light that makes it fluoresce, or UV light

c The probe is used to identify a certain genetic sequence; it is mixed with DNA that has been treated to make it single stranded.

Ideas about science 1 GCSE-style questions

1 a i A single reading could be inaccurate; taking three readings provides a range so that we can compare the readings and look for repeatability; a mean gives a figure we can be more confident is close to the true value.

   ii Not use his thumb to count the pulse

  b i His resting pulse rate gets lower; his heart rate after exercise is also lower. Both these measurements suggest that his fitness has improved.

   ii In the first table there is a correlation between time from start of program and a lower pulse rate. There is an unexpected result at day 21: looking at the raw data for day 21 there is one reading that may be incorrect – the third count. This means that we have less confidence in the data for day 21. We have more confidence in the data for day 7 as all the results are close.

2 a That pondweed bubbles when in light

  b In brighter light there will be more bubbles.

  c Brighter light provides more energy for photosynthesis; more photosynthesis will produce more oxygen gas.

  d i No

   ii In dim light plants do not photosynthesise; they need bright light to make photosynthesis occur fast enough to produce oxygen.

   iii Increase the intensity of light by using several lamps

3 a To plan how to find out if the other scientists' work is reproducible; to find out what is already known about the effects of exercise and BMI on hip fracture risk.

  b The Million Women Study research reproduced some of the findings of earlier research.

  c The paper is submitted to a scientific journal. Then a few other scientists, who are experts in the same area of science, check the methods and findings. The paper may then be accepted for publication.

  d To let women know that exercising can reduce their risk of hip fractures.

4 5/6 marks: all information in the answer is relevant, clear, organised, and presented in a structured and coherent format. Specialist terms are used appropriately. Few, if any, errors in grammar, punctuation, and spelling. Answer includes 5 or 6 points from those below.
3/4 marks: most of the information is relevant and presented in a structured and coherent format. Specialist terms are usually used correctly. There are occasional errors in grammar, punctuation, and spelling. Answer includes 3 or 4 points of those listed below.
1/2 marks: answer may be simplistic. There may be limited use of specialist terms. Errors of grammar, punctuation,

and spelling prevent communication of the science. Answer includes 1 or 2 points from those listed below.
Examples of points to include:

- Population in UK is not too large.
- Sufficient food can be grown on the land available.
- Organic food is more expensive to produce.
- People are affluent enough to pay for food.
- In India the population is very large.
- It is not easy to grow enough food to feed everyone.
- Intensive farming can produce more food on land available.
- Some people are living in poverty and cannot afford more expensive food.

C7.1 Workout

1 We reduce waste by developing processes with higher atom economies, finding uses for by-products, increasing recycling at every stage of the life cycle of a product. We make processes energy efficient by insulating pipes and reaction vessels and using energy from exothermic processes to heat reactants or generate electricity. We reduce pollution from wastes by removing or destroying harmful chemicals before sending waste to air, water, or landfill sites, by neutralising hazardous acids and alkalis, or by precipitating toxic metal ions.

2 Total number of atoms in reactants = 9. Total relative atomic mass of these atoms = 173. Total number of atoms in calcium chloride = 3. Total relative atomic mass of these atoms = 111. Atom economy = 64%

3 –

C7.1 Quickfire

1 Ammonia, large, food flavourings, small, more, more

2 Bulk chemicals (red): ammonia, phosphoric acid, sodium hydroxide; fine chemicals (blue): food additives, fragrances, medicinal drugs.

3 Can the feedstocks be replaced as quickly as they are being used – if they can, the process will be more sustainable, since the feedstocks will not run out. The atom economy of the process – the higher the atom economy, the greater the proportion of reactant atoms that end up in the desired product. Waste products – the wastes, and what happens to them. Useful by-products – if the process produces useful by-products, the process is more sustainable. The environmental impacts – minimising damage to the environment makes a process more sustainable. Health and safety risks – if these are minimised, the process is more sustainable. Social benefits – greater social benefits increase the sustainability of a process. Economic benefits – greater economic benefits increase the sustainability of a process.

4 True statements: b, c.
Corrected versions of false statements:

  a The activation energy of a reaction is the energy needed to break bonds to start a reaction.

  d The activation energy of a catalysed reaction is lower than the activation energy of the same reaction without a catalyst.

  e Many enzyme catalysts are denatured above temperatures of about 37 °C.

  f Enzyme catalysts only work at certain pH values.

5 a 100

  b 98

  c 158

  d 170

Answers

    e   159.5

    f   64

    g   261

    h   148

6   D, B, C, A

7   **a** $CuCO_3 \longrightarrow CuO + CO_2$
           123.5 g   79.5 g   44 g

    b $NaOH + HCl \longrightarrow NaCl + H_2O$
         40 g   36.5 g   58.5 g   18 g

    c $2Mg + O_2 \longrightarrow 2MgO$
         48 g   32 g   80 g

    d $2NaOH + H_2SO_4 \longrightarrow Na_2SO_4 + 2H_2O$
         80 g   98 g   142 g   36 g

    e $2HCl + CaCO_3 \longrightarrow CaCl_2 + CO_2 + H_2O$
         73 g   100 g   111 g   44 g   18 g

    f $2HCl + Mg \longrightarrow MgCl_2 + H_2$
         73 g   24 g   95 g   2 g

    g $Pb(NO_3)_2 + 2KI \longrightarrow PbI_2 + 2KNO_3$
         331 g   332 g   461 g   202 g

    h $2KOH + H_2SO_4 \longrightarrow K_2SO_4 + 2H_2O$
         112 g   98 g   174 g   36 g

8   8 g of copper oxide and 9.8 g of sulfuric acid

9   **a**   111 g

    b   44 g

10   1.7 g of silver nitrate and 1.5 g of sodium iodide

C7.1 GCSE-style questions

1   **a**   **i**   Yes – oranges are produced by the trees each year, and old orange trees can be replaced by planting new ones.

         ii   The orange waste will no longer be used for animal feed.

         iii   The maize for fuel is grown on land that might otherwise be used to grow food, but orange waste is the by-product of a crop (oranges) that is already being grown and a process (producing juice) that happens anyway. No new land is being used to produce the fuel.

    b   New jobs will be created.

    c   **i**   Greenhouse gas and carbon monoxide emissions will be reduced.

         ii   Emissions caused by transporting raw materials will be minimised.

         iii   People might buy more of the cheaper fuel, so they will produce more greenhouse gases than they would have done with more expensive petrol.

    d   Overall, the energy requirements of the process will be less.

    e   **i**   Carbon dioxide is a greenhouse gas that causes global warming/climate change.

         ii $C_6H_{12}O_6 \longrightarrow 2C_2H_5OH + 2CO_2$

         iii   37 °C

         iv   The maximum concentration of ethanol solution that can be produced by fermentation contains around 14 % ethanol. The fuel must contain a greater concentration of ethanol than this.

2   5/6 marks: answer compares many advantages **and** disadvantages of each method **and** comes to a reasoned conclusion, based on evidence, about which method is more sustainable. All information in the answer is relevant, clear, organised, and presented in a structured and coherent format. Specialist terms are used appropriately. Few, if any, errors in grammar, punctuation, and spelling.

     3/4 marks: answer compares some advantages and

disadvantages of both methods **or** some advantages of both methods **or** some disadvantages of both methods **and** states which method is more sustainable **but** the reasons for the decision lack detail or do not refer to advantages and disadvantages identified. Most of the information is relevant and presented in a structured and coherent format. Specialist terms are usually used correctly. There are occasional errors in grammar, punctuation, and spelling.

1/2 marks: answer points out one or two advantages or disadvantages of one or both methods **but** does not state which method they believe to be more sustainable. There may be limited use of specialist terms. Errors of grammar, punctuation, and spelling prevent communication of the science.

0 marks: insufficient or irrelevant science. Answer not worthy of credit.

Relevant points include:

- Advantage of obtaining aluminium by recycling – less energy is required (15 MJ per kg of aluminium compared to 260 MJ per kg to obtain from its ore).

- Advantage of obtaining aluminium by recycling – no new ore is required, meaning the ore remains for the use of people in future.

- Disadvantage of obtaining aluminium by recycling – people who use aluminium have to make the effort to separate aluminium waste from their other rubbish.

- Disadvantage of obtaining aluminium by recycling – the lorries that collect the cans produce pollution near people's homes.

- Disadvantage of obtaining aluminium from its ore – large amounts of 'red mud' pollution produced.

- Health and safety risks – if these are minimised, the process is more sustainable.

- Social and economic benefits - greater social and economic benefits increase the sustainability of a process.

C7.2 Workout

1   Beer: ethanol; shampoo: an ester; pickled onions: ethanoic acid; butane camping gas: an alkane; car windscreen wash: made from methanol

2   Animal, energy, saturated, no more, esters, glycerol, fatty

3   Ab2; Af2; Ah2; Ah5; Ba3; Be1; Bh5; Ca3; Cf8; Dc7; De1; Dg4

C7.2 Quickfire

1   Ethanol – as a fuel; methanol – to make glue; ethanoic acid – to make vinegar; ethane – to make ethanol; pentyl pentanoate – as a food flavouring

2   Sweaty socks, rancid butter

3   Ethanoic acid – carboxylic acids; ethanol – alcohols; ethane – alkanes; ethyl ethanoate – esters

4   True statements: c, e.

     Corrected versions of false statements:

    a   Ethane burns in plenty of air to make carbon dioxide and water.

    b   Alkanes do not react with acids because they contain only C–H and C–C bonds, which are difficult to break and therefore unreactive.

    d   The limit to the concentration of ethanol solution that can be made by fermentation is about 14%.

    f   *E. coli* converts waste biomass to ethanol.

    g   A dilute solution of a weak acid has a higher pH than a solution of a strong acid of the same concentration.

    h   Carboxylic acids are weaker acids than hydrochloric acid.

5

Name	Molecular formula	Structural formula
methane	CH_4	
butane	C_4H_{10}	
propane	C_3H_8	
methanol	CH_3OH	
methanoic acid	$HCOOH$	
ethanoic acid	CH_3COOH	

6
a Propane + oxygen $\longrightarrow$ carbon dioxide + water
b Ethanol + oxygen $\longrightarrow$ carbon dioxide + water
c Ethanoic acid + magnesium $\longrightarrow$ magnesium ethanoate + hydrogen
d Methanoic acid + magnesium oxide/hydroxide $\longrightarrow$ magnesium methanoate + water
e Ethanoic acid + calcium carbonate $\longrightarrow$ calcium ethanoate + carbon dioxide + water
f Ethanol + sodium $\longrightarrow$ sodium ethoxide + hydrogen

7
a Ethanoic acid and ethanol
b Propanoic acid and methanol
c Ethanol and propanoic acid
d Methanol and methanoic acid

8 Advantages: feedstocks are renewable; plants take in carbon dioxide from the atmosphere as they grow. Disadvantages: sugar cane is grown on land that could be used for food; carbon dioxide is emitted by tractors and in the manufacture of fertilisers used by sugar cane farmers.

9 Ethanol reacts with sodium to make sodium ethoxide and hydrogen. Ethane does not react with sodium, because it has only C–C and C–H bonds, which are difficult to break, and so unreactive. Water and ethanol react in a similar way with sodium. This is because both molecules have an O–H bond which breaks when they react with sodium.

10 A, E, C, D, B, F, G

11
a $CH_4 + 2O_2 \longrightarrow CO_2 + 2H_2O$
b $2CH_3CH_2OH + 2Na \longrightarrow 2CH_3CH_2ONa + H_2$
c $2CH_3OH + 3O_2 \longrightarrow 2CO_2 + 4H_2O$
d $2C_2H_6 + 7O_2 \longrightarrow 4CO_2 + 6H_2O$

C7.2 GCSE-style questions

1
a To store energy
b i A. It is unsaturated/contains double bonds between carbon atoms (C=C).

ii The oil is suitable for frying potatoes to make crisps and, because oleic acid is unsaturated, it is less likely to increase a person's risk of getting heart disease.

2
a i C_2H_5OH
ii Carboxylic acids
iii To catalyse or speed up the reaction
b Any two from: synthesis is cheaper; extraction from fruit is more complex; fruit takes a long time to grow; food crops need land to grow on.

3 5/6 marks: answer clearly describes the steps for making pure, dry ethyl ethanoate **and** includes a clearly explained suggestion of why Jamie's yield is less than Ester's for each step. All information in the answer is relevant, clear, organised, and presented in a structured and coherent format. Specialist terms are used appropriately. Few, if any, errors in grammar, punctuation, and spelling.
3/4 marks: answer describes the main steps for making ethyl ethanoate **and** for some of the steps gives clear reasons for Jamie's yield being less than Ester's **or** for all of the steps gives brief reasons to explain why the yields might be different. Most of the information is relevant and presented in a structured and coherent format. Specialist terms are usually used correctly. There are occasional errors in grammar, punctuation, and spelling.
1/2 marks: answer describes some of the steps for making ethyl ethanoate **but** does not suggest why the yields of the two experimenters might be different **or** the answer describes some of the steps for making ethyl ethanoate **and** suggests why the yields of the two experimenters might be different **and** the explanation lacks detail/clarity. There may be limited use of specialist terms. Errors of grammar, punctuation, and spelling prevent communication of the science.
0 marks: insufficient or irrelevant science. Answer not worthy of credit.
Relevant points include:
- Heat the mixture of reactants, and a concentrated sulfuric acid catalyst, under reflux.
- During this step, Jamie might not have heated for long enough, **or** some of the gaseous product made might not have condensed and returned to the reaction vessel.
- Distil the mixture obtained after reflux.
- Jamie might not have carried out the distillation process for a long enough time, **or** some of the gaseous ethyl ethanoate might not have condensed in the condenser, and so left the condenser as a gas and escaped into the air.
- Pour the ethyl ethanoate from the distillation stage into a separating funnel. Add dilute sodium hydroxide solution. Shake. Discard the aqueous layer.
- Add anhydrous calcium chloride granules to the purified ethyl ethanoate and distil the mixture again.

C7.3 Workout

1 Left diagram: an exothermic reaction; energy lost to surroundings; total energy of products is less than the total energy of reactants; examples: respiration and burning.
Right diagram: an endothermic reaction; energy gained from surroundings; the energy of the products is more than the energy of reactants; example: photosynthesis.

2
a A and B
b A and B
c C
d B
e C and D

C7.3 Quickfire

1 Exothermic, less, endothermic, more
2 Exothermic – combustion and respiration; endothermic – photosynthesis and the reaction of citric acid with sodium hydrogencarbonate
3 **a** Exo **b** Exo **c** Endo **d** Endo **e** Both **f** Both
   g Exo **h** Endo
4 True statements: b, c
   Corrected versions of false statements:
   a When molecules collide, they react if they have enough energy.
   d Each reaction has its own activation energy.
5 **a** A **b** D **c** Exothermic – the energy of the products is less than that of the reactants.
6 **a** Bonds that break are H–H and Cl–Cl; bonds that are made are two H–Cl bonds.
   b Bonds that break are C–H and Cl–Cl; bonds that are made are C–Cl and H–Cl.
7 **a** False
   b True
   c False
   d True
8 **a** -185 kJ   **b** -114 kJ   **c** -487 kJ

C7.3 GCSE-style questions

1 **a** The energy needed to break bonds to start a reaction
   b Vertical arrow pointing upwards, starting at dotted line and finishing at the top of the curve
2 5/6 marks: answer includes a correct calculation of the energy change for reaction 1 **and** a correct calculation for the energy change to make the same amount of hydrogen via reaction 2 **and** compares the two values. All information in the answer is relevant, clear, organised, and presented in a structured and coherent format. Specialist terms are used appropriately. Few, if any, errors in grammar, punctuation, and spelling.
   3/4 marks: answer includes a correct calculation of the energy change for reaction 1 **or** a correct calculation for the energy change to make the same amount of hydrogen via reaction 2 **and** compares the two answers. Most of the information is relevant and presented in a structured and coherent format. Specialist terms are usually used correctly. There are occasional errors in grammar, punctuation, and spelling.
   1/2 marks: answer includes an incorrect attempt to calculate the energy change for reaction 1 **or** an incorrect attempt to calculate the energy required to make the same amount of hydrogen via reaction 2 **and** compares the two values. There may be limited use of specialist terms. Errors of grammar, punctuation, and spelling prevent communication of the science.
   0 marks: answer not worthy of credit.
   Relevant points include:
   • The energy required to make the same amount of hydrogen via reaction 2 is $(286 \times 3) = 858$ kJ.
   • The energy required to break the bonds in the reactants in reaction 1 is $(4 \times 413) + (2 \times 463) = 2578$ kJ
   • The energy released on making the bonds in the products in reaction 1 is $(1077) + (3 \times 434) = 2379$ kJ
   • The overall energy change for reaction 1 is $(2578 - 2379)$ $= 199$ kJ
   • The overall energy required for reaction 1 is approximately four times smaller than the energy required for reaction 2.
   • All other factors being equal, the industry will choose the method with the smaller energy cost.

3 **a** Bonds broken: H–H and Cl–Cl. This requires $434 + 243 = 677$ kJ.
   b $(431 \times 2) = 862$ kJ
   c **i** $(677 - 862) = -185$ kJ
      ii Its value is negative.
      iii Arrow going down from reactants line to horizontal line labelled 'products'
   d The bond energy values given in the table are average values, so they may not be exactly the same as those for the molecules given in this question.

7.4 Workout

1 **a** Forward reaction: $PCl_5 \longrightarrow PCl_3 + Cl_2$; backward reaction: $PCl_3 + Cl_2 \longrightarrow PCl_5$; formulae of chemicals at equilibrium: PCl_5, PCl_3, Cl_2
   b Forward reaction: $N_2 + 3H_2 \longrightarrow 2NH_3$; backward reaction: $2NH_3 \longrightarrow N_2 + 3H_2$; formulae of chemicals at equilibrium: N_2, H_2, NH_3
2 Purified nitrogen gas from the air; purified hydrogen gas made from methane and steam; unreacted nitrogen and hydrogen are recirculated to increase the yield of ammonia; iron catalyst used to increase the rate of reaction; 450 °C – at higher temperatures, the yield decreases; 200 atm – at higher pressures, the yield increases; reaction vessel – equilibrium is not reached here because the gases do not stay in the reactor long enough to reach equilibrium; condenser – here ammonia gas condenses to the liquid state.
3 Forward reaction favoured by lower temperatures and higher pressures; backward reaction favoured by higher temperatures and lower pressures.
4 A2 (fixation); B6 (compound); C7 (legumes); D1 (nitrates); E3 (catalysts); F4 (triple bond); G5 (energy); H8 (fertilisers)

C7.4 Quickfire

1 True statements: a, e, f
   Corrected versions of statements that are false:
   b At equilibrium, the amounts of products remain the same.
   c Equilibrium can be approached from the product or the reactant side.
   d An equilibrium mixture contains products and reactants.
2 $H_2(g) + I_2(g) \rightleftharpoons 2HI(g)$
3 $CaCO_3(s) \rightleftharpoons CaO(s) + CO_2(g)$
4 Air, peas/beans, peas/beans, enzymes, ammonia, fixation
5 Hydrogen – steam and methane; nitrogen – air
6 As the pressure increases, the yield of ammonia increases.
7 450 °C, 200 atmospheres, iron catalyst
8 **a** I
   b I
   c D
   d I
9 Obtain hydrogen from water only instead of from methane and steam – to leave stocks of non-renewable resources for future generations; use a more efficient catalyst – to reduce energy use during production; supply energy from hydroelectric plants instead of from burning fossil fuels – to reduce greenhouse gas emissions
10 Chemists are searching for new catalysts that work in a similar way to natural enzymes to reduce the energy costs of the process.
11 Nitrates run into lakes and rivers. They make algae grow quickly. The algae damage ecosystems.

12 a As temperature increases, the yield of ammonia decreases.

b Low temperatures increase the yield of ammonia. But at low temperatures the reaction is slow. The temperature chosen, 450 °C, is a compromise between the need to maximise both yield and rate.

13 The reaction shown is reversible. At equilibrium, NO_2 molecules are joining together all the time to make N_2O_4. At the same time, N_2O_4 is decomposing to make NO_2. The rates of the two reactions are the same. So the amounts of the two substances remain constant. This is dynamic equilibrium.

C7.4 GCSE-style questions

1 a Citric acid + water $\longrightarrow$ citrate ions + hydrogen ions
b Citric acid, water, citrate ions, hydrogen ions
c True statements: in solution, only some citric acid is ionised; in the equilibrium mixture, citrate ions and hydrogen ions react to make citric acid and water; in the equilibrium mixture, citric acid and water are reacting to make citrate ions and hydrogen ions.

2 a i The reaction is reversible.
ii The gases do not stay in the reaction vessel long enough to reach equilibrium.
b i To increase the yield of ammonia
ii To increase the rate of reaction
c i As temperature increases, yield decreases. The change is less rapid at higher temperatures.
ii The reaction is exothermic, meaning it gives out energy. Le Chatelier's principle states that, when conditions change, an equilibrium mixture responds so as to counteract the effect of the change. At lower temperatures, more of the heat energy given out by the reaction can be absorbed, thus tending to counteract the effect of the change.
d The equation shows four gas molecules on the left and two on the right. Increasing the pressure shifts the equilibrium to the right, since this decreases the pressure, in line with Le Chatelier's principle.

3 5/6 marks: answer includes correct reasons for the choice of temperature **and** pressure **and** refers to data from the graph **and** equation. All information in the answer is relevant, clear, organised, and presented in a structured and coherent format. Specialist terms are used appropriately. Few, if any, errors in grammar, punctuation, and spelling.
3/4 marks: answer includes a correct reason for the choice of temperature **or** pressure **and** refers to data from the graph **or** the equation. Most of the information is relevant and presented in a structured and coherent format. Specialist terms are usually used correctly. There are occasional errors in grammar, punctuation, and spelling.
1/2 marks: answer includes a correct reason for the choice of temperature **or** pressure **or** refers to data from the graph **or** the equation in giving a partial reason for the choice of temperature **or** pressure. There may be limited use of specialist terms. Errors of grammar, punctuation, and spelling prevent communication of the science.
0 marks: answer not worthy of credit.
Relevant points include:
- The graph shows that the yield of sulfur trioxide at 450 °C is high.
- The rate of reaction would increase with temperature, but for this reaction the yield decreases at temperatures higher than 450 °C.
- The equation shows that 3 molecules of gas react to make 2 molecules of gas. This means that high pressures favour the forward reaction.

- The yield would increase as pressure increases.
- But atmospheric pressure is chosen for the reaction, perhaps because equipment and operating costs increase at higher pressures.

C7.5 Workout

1 From top: lid; solvent front; yellow – this dye moves up the paper faster; blue – this dye moves up the paper slower; paper – stationary phase; water – mobile phase and an aqueous solvent; equilibrium lies towards the right; equilibrium lies towards the left.
2 a A **b** D **c** A **d** A
3 TLC: A; GC: C, E, H; paper chromatography: D; TLC and paper: B, F; all: G
4 a Left, from top: sodium hydroxide solution of known concentration, flask, indicator; middle, from top: pipette, hydrochloric acid; right: burette
b i 25.0 cm³ **ii** 24.9–25.1 cm³

C7.5 Quickfire

1 Qualitative analysis – to find out which chemicals are in a sample; quantitative analysis – to find out the amounts of the chemicals in a sample; store samples safely – to prevent samples being contaminated or tampered with; follows a standard procedure to collect samples – to be able to compare samples to each other or to standard results
2 C, A, D, B, E
3 a A solid sample cannot move up the chromatography plate.
b Pencil marks are not soluble in the solvent and so do not move up the chromatography plate; ink might be soluble in the solvent and interfere with the chromatography.
c To prevent evaporated solvent escaping
d When the chromatogram is removed from the chromatography tank, the solvent will evaporate, so the position of the solvent front cannot be seen. The distance the solvent front travels must be known in order to calculate values for R_f.
e To locate the spots, if they are not visible
4 X 0.3, Y 0.9
5 a Accurately weigh out 1.0 g of sodium hydroxide.
b Dissolve the sodium hydroxide in a small volume of pure water.
c Transfer the solution to a 250 cm³ graduated flask.
d Rinse all of the solution from the beaker using more pure water.
e Add more water up to the 250 cm³ mark of the graduated flask.
f Place a stopper in the flask and shake it.
6 a Jess's results will give a better estimate because the data have a smaller range which means they are more consistent and so closer to the true value.
b The mean of each set of data lies in the range of the other set of data.
7 Copper sulfate 4 g/dm³; sodium chloride 30 g/dm³; magnesium sulfate 300 g/dm³; zinc bromide 160 g/dm³
8 a 40 g
b 1.5 g
c 3 g
d 50 g
9 a 4.7 g/dm³
b 12.1 g/dm³

C7.5 GCSE-style questions

1 a i To sterilise his skin so the needle did not cause an infection. The wipe was alcohol free because using a wipe that contains alcohol could increase the amount of alcohol in the sample.

Answers

    ii To ensure that the sample was not muddled with that of anyone else

    iii To check that the sample had not been tampered with

    iv To make sure the sample did not 'go off'

 b **i** 1.0 minute

    ii Four (one not named)

 c No, it does not support Ron's belief that the results of the first analysis are incorrect because the printouts from the two analyses are identical.

2 5/6 marks: the answer identifies **and** compares the compounds present in each fruit juice **and** compares their amounts. All information in the answer is relevant, clear, organised, and presented in a structured and coherent format. Specialist terms are used appropriately. Few, if any, errors in grammar, punctuation, and spelling.

3/4 marks: the answer identifies **or** compares the compounds present in each fruit juice **and** compares their amounts **or** the answer identifies and compares the compounds present in each fruit juice **but** does not compare their amounts. Most of the information is relevant and presented in a structured and coherent format. Specialist terms are usually used correctly. There are occasional errors in grammar, punctuation, and spelling.

1/2 marks: the answer identifies the compounds present in one type of juice but does not compare their amounts. There may be limited use of specialist terms. Errors of grammar, punctuation, and spelling prevent communication of the science.

0 marks: answer not worthy of credit.

Relevant points include:

- Five compounds were detected in cranberry juice, and four in blackcurrant juice.
- Cranberry juice contains compounds A, B, D, E, and G.
- In cranberry juice, there is a greater amount of compound D than of the other compounds.
- Blackcurrant juice contains compounds B, C, E, and F.
- In blackcurrant juice, there is a greater amount of compound C than of any other compound, and also a relatively large amount of compound F.

Ideas about science 2 GCSE-style questions

1 **a** Graph 1 – reaction D; graph 2 – reaction B or reaction C; graph 3 – reaction A

 b **i** Percentage of sulfur trioxide in the equilibrium mixture

    ii Three factors that might affect the outcome: pressure, temperature, amounts of sulfur dioxide and oxygen in starting mixture. The chemist must control temperature and amounts of sulfur dioxide and oxygen in starting mixture, because these would affect the outcome if not controlled, making the investigation invalid.

 c As the percentage of catalyst increases, so the percentage of sulfur dioxide that is converted to sulfur trioxide increases.

For each percentage of catalyst, at first the percentage of sulfur trioxide rises rapidly as the percentage of oxygen increases. In all cases, the percentage of sulfur trioxide reaches a maximum when the percentage of oxygen is between 1% and 2%.

 d Answers might include statements such as:

- Carrie's statement is incorrect: in fact, the higher the temperature, the smaller the percentage that is converted.
- Joe's statement is also incorrect: some factor other than temperature change could cause the change in percentage of sulfur dioxide that is converted.

- Leah's statement is partly correct, in that, for the temperatures shown on the graph the percentage converted is higher at lower temperatures. But the graph does not show the percentage converted below 300 °C.
- Ezekiel's statement is incorrect: the graph does not give any information about catalysts.

2 **a** He was not there when life began so could not observe what happened (or any other sensible answer).

 b Two correct statements are: if the prediction is correct, we can be more confident that the explanation is correct; if the prediction is wrong, we can be less confident that the explanation is correct.

 c Yes. The experiments simulated the conditions described by Explanation 1, and the chromatogram shows that amino acids were formed, as stated in the explanation.

 d **i** A and C

    ii The scientists could do an experiment based on Explanation 2, simulating the conditions of a hydrothermal vent and analysing the products to find out whether amino acids are formed. If they are not, this might suggest that explanation 1 is better.

P7.1 Workout

1 Position 5 – full moon – light circle. Position 1 – new moon – dark circle. Position 3 – first quarter – circle with left half shaded. Position 7 – last quarter – circle with right half shaded.

2 **a** See diagram in P7.1 Factbank.

 b Months 3–5

P7.1 Quickfire

1 **a** Planets

 b East to west

 c 24

 d Solar

2 Time for Earth to rotate once about its axis – 23 hours and 56 minutes; time for Earth to complete one orbit of the Sun – 365¼ days; time for the Moon to move across the sky once – 24 hours and 49 minutes; time for the Moon to orbit the Earth – about 28 days; time for the Sun to next reappear in the same place in the sky as it is now – 24 hours

3 True statements: b, f, i. Corrected versions of false statements:

 a During a solar eclipse the Moon comes between the Earth and the Sun.

 c During the night, stars in the northern hemisphere appear to move in circles about the Pole Star.

 d The Moon can be seen during the night and the day, depending on its rise and set times.

 e In a lunar eclipse the Earth's shadow blocks sunlight from reaching the Moon.

 g Two angles are needed to pinpoint the position of a star at any particular time.

 h Eclipses of the Moon are more frequent than eclipses of the Sun.

4 From smallest: Earth's Moon, planet, Sun, solar system, galaxy, Universe

5 **a** **i** Moon rise times get later each day.

    ii The Earth rotates on its axis once every 23 hours and 56 minutes. The Moon orbits the Earth from west to east in about 28 days.

 b 21 May

 c 7 May, since it is 14 days before the new Moon, and it takes about 28 days for the Moon to orbit the Earth.

 d Thin crescent on right side of circle.

e The Moon has already set – it is over the horizon.

f **i** On a given day, the Moon rises earlier in Ulaanbaatar than in London.

ii Because the Earth spins on its axis. Ulaanbaatar arrives at a point where the Moon can be seen before London arrives at this point.

g It might be cloudy or she might be looking in the wrong direction.

P7.1 GCSE-style questions

1 a Constellation

b Angle of declination and angle of right ascension

c The Earth has rotated on its axis.

d It is the Pole Star, directly above the axis of rotation / the North Pole.

e After 6 months, the Earth has moved halfway around its orbit. Orion is now in the direction of the Sun and can't be seen due to the sunlight.

f The Moon orbits the Earth.

2 a Observe the position of the object/ over several nights. / If its position changes relative to the fixed stars then it is a planet.

b A star is a source of light and heat / is luminous. A planet orbits a star / is seen by reflected light. Both star and planet must be mentioned to get both marks.

3 5/6 marks: answer compares the two diagrams in detail **and** comes to a reasoned conclusion about which is a better representation. All information in the answer is relevant, clear, organised, and presented in a structured and coherent format. Specialist terms are used appropriately. Few, if any, errors in grammar, punctuation, and spelling.
3/4 marks: answer compares some aspects of the two diagrams **and** comes to a reasoned conclusion about which is better. Most of the information is relevant and presented in a structured and coherent format. Specialist terms are usually used correctly. There are occasional errors in grammar, punctuation, and spelling.
1/2 marks: answer makes one or two comparisons **but** does not state which diagram they believe to be better. There may be limited use of specialist terms. Errors of grammar, punctuation, and spelling prevent communication of the science. Answer includes 1 or 2 points of those listed below.
0 marks: insufficient or irrelevant science. Answer not worthy of credit.
Relevant points include:

- Diagram 1 shows the Sun orbiting Earth, which is incorrect. Diagram 2 does not show an orbit of the Sun or Earth.
- Both diagrams show the Moon orbiting the Earth, which is correct.
- Both diagrams show that a solar eclipse is caused when the Moon is between the Earth and the Sun.
- Diagram 2 shows rays of light being emitted from the Sun, and how these form the edge of a shadow of the Moon on the Earth.
- Diagram 1 does not show rays of light being emitted from the Sun, but it does show areas of shadow on the Earth and Moon.

P7.2 Workout

1 Correct diagrams: b, d, f, h

2 From left to right: 3, 1, 2

3 a Diagram showing image marked 5 cm from lens, 3 cm below principal axis

b Inverted, magnified

P7.2 Quickfire

1 Dioptre – the unit for measuring the power of a lens; convex lens – a lens that is thicker in the centre than the edges, causing light rays to converge; spectrum – the continuous band of colours seen when light passes through a prism; magnification – how much bigger an image is than the object; focal length – the distance between the focus and the centre of a lens; objective lens – in a telescope, the lens that is nearer the object

2 a Reflection

b Refraction

c Diffraction

3 True statements: a, e, f. Corrected versions of false statements:

b When light waves travel from air to glass, they slow down.

c The frequency of a wave cannot change once it has been made.

d The wavelength of a wave changes when it passes from one medium to another.

4 Diffraction is least in diagram B because the gap is bigger than those in the other diagrams and the waves have the smallest wavelength.

5 a O

b E

c B

d O

e E

6 a 2, 5, 10, 2.5 (Hint: don't forget to change the cm to metres.)

b Guy's

c Nikhita's and Guy's

d Nikhita's

7 Concave, reflecting, lenses, easier

8

Focal length of objective lens (cm)	Focal length of eyepiece lens (cm)	Magnification
20	5	4
30	4	7.5
25	3	8.3

P7.2 GCSE-style questions

1 a A marked as objective lens. Horizontal line marked as principal axis. Distance from centre of lens to place where rays cross marked as focal length of A.

b The stars are a very long way away so the angle they make at the telescope is too small to be measured.

c 1/0.80 = 1.25 dioptres

d 80/5 = 16

e Focal length of objective lens = 20 × 2 cm = 40 cm. Alex: distance between lenses = 40 cm + 2 cm = 42 cm. Rebekah: distance between lenses = 80 cm + 5 cm = 85 cm. So Rebekah's telescope is longer.

2 a **i** A

ii The width of the gap is the same as the wavelength.

b **i** Arecibo, because it has the greatest aperture.

ii Parkes has a bigger aperture, so the waves were diffracted least, causing sharper signals.

P7.3 Workout

1 Graph labels: vertical – speed of recession; horizontal – distance of galaxy from Earth. Period, variable, distance, light, away, Universe, redshift, galaxy, speed, graph, Hubble, uncertain, measure, accurately

2 1 Milky Way, 2 nebula, 3 Shapley, 4 Cepheid variable, 5 light-year, 6 temperature, 7 redshift. Leavitt; a method of measuring the distance to galaxies.

P7.3 Quickfire

1 Parallax – the way stars seem to move over time relative to more distant ones; parsec – the distance to a star with a parallax angle of 1 second of arc; light-year – the distance that light travels in 1 year; nebula – name once given to any fuzzy object seen in the night sky; galaxy – a group of thousands of millions of stars; Cepheid variable – a star whose brightness varies periodically

2
- **a** A
- **b** B
- **c** 5.88 pc

3
- **a** Parallax angle or observed intensity
- **b** Luminosity
- **c** Distance from Earth
- **d** Luminosity
- **e** Luminosity and distance from Earth

4 Shapley: I think they are clouds of gas within the Milky Way. Hubble: I have used a Cepheid variable star to measure the distance to one nebula. My measurements show that it is much further away than any other stars in our galaxy. So Curtis must be right.

5
- **a** From top: 4.00, 3.5, 2.70
- **b** The parallax angles are too small to be measured.
- **c** 4.3 light-years

6 True statements: b, e, h. Corrected versions of false statements:
- **a** The parallax angel of a star is half the angle apparently moved against a background of very distant stars in 6 months.
- **c** A megaparsec is one million parsecs.
- **d** Typical interstellar distances are measured in parsecs.
- **f** The greater the period of a Cepheid variable, the greater its luminosity *or* the smaller the period of a Cepheid variable, the smaller its luminosity.
- **g** The Sun is one of millions of stars in the Milky Way galaxy.
- **i** There is no relationship between the luminosity of a star and its distance from Earth.
- **j** Scientists believe the Universe began with a big bang about 14 thousand million years ago.

7 A, D, C, B

8
- **a** 6000 km/s
- **b** 1×10^{21} km
- **c** $4.6 \times 10^{-18}\,s^{-1}$

P7.3 GCSE-style questions

1
- **a** Cepheid variable
- **b** Answer in range 2.0–2.1 days
- **c** Answer in range 2050–2100 units
- **d** 5/6 marks: answer clearly and correctly explains how the luminosity **and** distance data in table A explain the data in table B **and** the explanation is detailed. All information in the answer is relevant, clear, organised, and presented in a structured and coherent format. Specialist terms are used appropriately. Few, if any, errors in grammar, punctuation, and spelling.

  3/4 marks: answer correctly explains how the luminosity **and** distance data in table A explain the data in table B **but** the explanation lacks detail. **Or** answer correctly explains how the luminosity **or** distance data help to explain the data in table B **and** the explanation is detailed. Most of the information is relevant and presented in a structured and coherent format. Specialist terms are usually used correctly. There are occasional errors in grammar, punctuation, and spelling.

  1/2 marks: answer explains how the luminosity **and** distance data in table A explain the data in table B **but** the explanation lacks detail and clarity. There may be limited use of specialist terms. Errors of grammar, punctuation, and spelling prevent communication of the science. Answer includes 1 or 2 points of those listed below.

  0 marks: insufficient or irrelevant science. Answer not worthy of credit.

  Relevant points include:
  - The observed intensity depends on the luminosity of a star and its distance from Earth.
  - For stars at the same distance from Earth, as luminosity increases, so does observed intensity.
  - For stars of the same luminosity, as the distance from Earth increases, the observed intensity decreases.
  - If all the stars in table B were of the same luminosity, the order of observed intensity would be Epsilon Cassiopeiae, Alpha Cassiopeiae, Beta Cassiopeiae.
  - But both factors must be taken into account to explain observed intensity. For example, the fact that Alpha is closer to Earth than Epsilon is is more significant than Epsilon's greater brightness in determining their observed intensities.
  - The fact that Beta is closer to Earth than Epsilon is is more significant than Epsilon's greater brightness in determining their observed intensities.

2
- **a** Parallax is the apparent shift of an object against a more distant background as the position of the observer changes.
- **b** Sirius A is closest to Earth because it has the biggest parallax angle.
- **c** 1/0.286 = 3.50 parsecs
- **d**
  - **i** Alpha Cygni is further from Earth than 61 Cygni is. This shows that the distances from Earth of the stars in a constellation can be very different from each other.
  - **ii** Data on the distances from Earth of other stars in the constellation

3
- **a** A galaxy is a collection of thousands of millions of stars held together by gravity.
- **b** Milky Way
- **c** In another galaxy, because distances between galaxies are measured in megaparsecs.
- **d** $2.3 \times 10^{-18}\,s^{-1}$
- **e** It is hard to get an accurate measurement for the distance to a very distant galaxy.

P7.4 Workout

1 Gravity pulls gases together to form a protostar.
Main sequence star fusing hydrogen into helium.
Red giant fusing helium into larger nuclei.
White dwarf gradually cools.
Red supergiant fusing helium and other nuclei to make much larger nuclei up to iron.
Supernova
Neutron star
Black hole

2 Correct diagram is C.

3 Correct diagrams are B and C.

P7.4 Quickfire

1 a Top line – hottest star, bottom line – coolest star
  b Colours from top: white, yellow, red

2

Temperature (°C)	Temperature (K)
0	273
200	473
−200	73
−273	0
−266	7
27	300

3 a 300 cm³
  b 5 dm³
4 2×10^5 Pa
5 1333 Pa
6 True statements: a, d
7 a In space, gravity compresses a cloud of hydrogen and helium gas.
  b Correct
  c Correct
  d The volume of the cloud has decreased.
  e As the gas particles fall towards each other they move more and more quickly, so the temperature and pressure increase.
8 a $^{12}_{6}C + ^{1}_{1}H \rightarrow ^{13}_{7}N$
  b $^{13}_{7}N \rightarrow ^{13}_{6}C + ^{0}_{+1}e$
  c $^{13}_{6}C + ^{1}_{1}H \rightarrow ^{14}_{7}N$
  d $^{15}_{7}N + ^{1}_{1}H \rightarrow ^{12}_{6}C + ^{4}_{2}He$
9 Box 1: a, f. Box 2: b, d, g. Box 3: c, e
10 See Hertzsprung–Russel diagram in P7.4 Factbank.

P7.4 GCSE-style questions

1 5/6 marks: answer clearly refers to each piece of evidence and draws a sensible overall conclusion based on the evidence **and** points out uncertainties in the conclusion **and** identifies any evidence not used. All information in the answer is relevant, clear, organised, and presented in a structured and coherent format. Specialist terms are used appropriately. Few, if any, errors in grammar, punctuation, and spelling.
3/4 marks: answer refers to two or three pieces of evidence and draws a sensible overall conclusion based on the evidence **and** points out uncertainties in the conclusion **or** identifies any evidence not used. Most of the information is relevant and presented in a structured and coherent format. Specialist terms are usually used correctly. There are occasional errors in grammar, punctuation, and spelling.
1/2 marks: answer refers to one piece of evidence and suggests what this piece of evidence shows. There may be limited use of specialist terms. Errors of grammar, punctuation, and spelling prevent communication of the science. Answer includes 1 or 2 points of those listed below.
0 marks: insufficient or irrelevant science. Answer not worthy of credit.
Relevant points include:
- Evidence A suggests that the star is a main sequence star.
- Evidence B suggests that the star is a main sequence star, since it is mostly hydrogen and helium.
- However, the star also includes other elements – these suggest that the star might not be a main sequence star or...

- ...that the star was created from dust expelled by a supernova.
- Evidence C supports evidence A and B by showing that the star is a main sequence star.
- The lines on the absorption spectrum for star X are also present in the spectrum for hydrogen...
- ...This suggests that star X contains hydrogen, and is a main sequence star.
- There are lines on the absorption spectrum of star X that are not on the hydrogen spectrum...
- ... From the evidence given, it is not possible to identify the element they are from.

2 a Positron
  b 2
  c He
  d i Reaction 1: mass change = 0.00101 u
      Reaction 2: mass change = 0.00590 u
    ii Reaction 3 releases most energy. The mass change is greatest for this reaction. Since $E = mc^2$ the reaction with the greatest change in mass will also have the greatest change in energy.
  e 4.3×10^9

P7.5 Workout

1 Disadvantages of space telescopes are that they are – expensive to set up and maintain; computers are used to control telescopes because they can – enable a telescope to track a distant star while the Earth rotates, allow the telescope to be used by an astronomer not at the observatory; international cooperation in astronomy allows – the cost of new major telescopes to be shared, the pooling of scientific expertise; in deciding where to site a new observatory it is necessary to consider – the amount of light pollution, common local weather conditions, the environmental and social impact of the project.
2 a Several miles from the smoke of London
  b The land did not need to be purchased.
  c Light from cities / other sources on Earth which make it harder to see astronomical objects
  d Cloud / mist / rain obscuring the night sky
  e Above the clouds; less affected by refraction from the atmosphere

P7.5 Quickfire

1 True statements: b, c, d, f
  Corrected versions of false statements:
  a Space telescopes do not necessarily have bigger lenses or mirrors than Earth-based ones.
  e Light pollution makes it harder to see stars.
2 Australia, Canary Islands, Chile, Hawaii
3 a S
  b O
  c O
  d S
  e S
  f S
  g O
  h O
  i O
  j S
4 Data, travel, track, positioned, record, process, communicate
5 a Reflector – it has a mirror.
  b Expertise and cost can be shared.

Answers

c It is above the atmosphere; it avoids absorption and refraction effects of the atmosphere

6 a Gran Telescopio Canarias, because it has the largest aperture, so can collect the most light

b Gran Telescopio Canarias, Southern African Large Telescope

7 Keck 1 and Subaru

P7.5 GCSE-style questions

1 a 5/6 marks: answer compares many advantages **and** disadvantages of each site **and** comes to a reasoned conclusion, based on evidence, about which site is better. All information in the answer is relevant, clear, organised and presented in a structured and coherent format. Specialist terms are used appropriately. Few, if any, errors in grammar, punctuation, and spelling.

3/4 marks: answer compares some advantages and disadvantages of one site **or** some advantages of both sites **or** some disadvantages of both sites **and** states which site is better **but** reasons for conclusion lack detail / do not refer to advantages and disadvantages identified. Most of the information is relevant and presented in a structured and coherent format. Specialist terms are usually used correctly. There are occasional errors in grammar, punctuation, and spelling.

1/2 marks: answer points out one or two advantages or disadvantages of one or both sites site **but** does not state which site they believe to be better. There may be limited use of specialist terms. Errors of grammar, punctuation, and spelling prevent communication of the science. Answer includes 1 or 2 points of those listed below.

0 marks: insufficient or irrelevant science. Answer not worthy of credit.

Relevant points include:

- Astronomical advantage of Leh – it is at a higher altitude than Mumbai.
- Astronomical advantage of Leh – the climate suggests that it is less cloudy than Mumbai.
- Astronomical advantage of Leh – the town is much smaller than Mumbai, so there is likely to be less light pollution.
- Astronomical advantage of Leh – the town is smaller so its air is likely to be less polluted than that of Mumbai.
- Disadvantage of Leh – cost of building telescope and of bringing in supplies for workers is high since it is inaccessible in winter.
- Disadvantage of Leh – fewer potential workers compared to Mumbai, which has many computer experts and a higher proportion of literate people.
- Disadvantage of Leh – might cause visual pollution in a beautiful area.

b Number of cloudy nights in each location, actual levels of air pollution

2 a Four from: supernovae, neutron stars, black holes, main sequence stars, remains of supernovae

b AGILE and RadioAstron

c Hubble and Herschel

d Costs and expertise are shared.

Ideas about science 3 GCSE-style questions

1 a Volume of gas

b i Temperature of gas, pressure of gas, mass of gas

ii Pressure of gas, mass of gas

iii To make sure the test is fair

c

Temperature (°C)	Height of column (mm)	Volume of air (mm³)
0	0	80
15	18	94
20	24	99
25	32	106
31	47	118
36	58	126

ii Temperature scale on x-axis: 0–40 °C. Volume scale on y-axis: 80–130 mm³. Points plotted correctly. Line of best fit sloping from bottom left to top right.

iii There is a linear relationship between volume and temperature.

iv As temperature increases, the particles have more energy and move around more quickly. They spread out, which increases the volume.

2 a As temperature increases, luminosity increases.

b i Outcome – luminosity; input factor – surface area

ii For a given temperature of star, the luminosity of a red giant is greater than that of a main sequence star because the surface area of a red giant is greater. Therefore, for the temperature range of red giants, red giants appear above main sequence stars on the Hertzsprung–Russell diagram.

3 a Tom is correct – the data show that the typical annual radiation dose of a nuclear power station worker is less than that of a typical pilot.

b Barbara is more familiar with flying, so her perception of the size of the risk is less than the statistically calculated risk. Barbara is afraid of the invisible radiation from power stations, but perhaps is less aware that flying also exposes people to ionising radiation.

4 a Two points from: observations used to find out more about Cepheid variable stars, black holes, and the expansion of the Universe; images sent to Earth, including collision of comet with Jupiter

b i For example: the Space Shuttle they travel on may break up on re-entry to Earth's atmosphere, and kill them.

ii Astronomers / scientists (other answers are possible)

iii Families of astronauts (other answers are possible)

c 5/6 marks: answer discusses the benefits and risks of each option in detail **and** states, with detailed reasons, which option they believe to be best. All information in the answer is relevant, clear, organised, and presented in a structured and coherent format. Specialist terms are used appropriately. Few, if any, errors in grammar, punctuation, and spelling.

3/4 marks: answer discusses the benefits and risks of one or two options **or** the benefits of some options and the risks of other options **and** states with brief reasons which option they believe to be best. Most of the information is relevant and presented in a structured and coherent format. Specialist terms are usually used correctly. There are occasional errors in grammar, punctuation, and spelling.

1/2 marks: answer discusses the benefits **or** risks of one option or the benefits of one option **and** the risks of one option **or** states with brief reasons which option they believe to be best. There may be limited use of specialist terms. Errors of grammar, punctuation, and spelling prevent communication of the science. Answer includes 1 or 2 points of those listed below.

0 marks: insufficient or irrelevant science. Answer not worthy of credit.

Relevant points include:

- Option 1 benefit – tried and tested method of servicing the HST to a high standard.
- Option 1 benefit – humans can respond to changing situations and make decisions about how best to service the HST in the light of their observations when they arrive.
- Option 1 risk – risk to life and health of astronauts during the whole mission.

- Option 1 benefit – risk above mitigated by possibility of travelling on to International Space Station if an in-flight problem develops.
- Option 2 benefit – less risk to human life and health.
- Option 2 risk – time needed to develop robots for this purpose, during which the HST may develop further faults.
- Option 3 benefit – no risk to life and health of humans, and low cost.
- Option 3 risk – the HST might develop faults or stop working altogether, so preventing its further contributions to an understanding of astronomy.

Index